ABHANDLUNGEN

AUS DEM

STAATSWISSENSCHAFTLICHEN SEMINAR

ZU

STRASSBURG i. E.

HERAUSGEGEBEN

VON

G. F. KNAPP UND W. WITTICH.

HEFT XXII.

HERMANN MAUER:
DAS LANDSCHAFTLICHE KREDITWESEN PREUSSENS.

STRASSBURG
VERLAG VON KARL J. TRÜBNER
1907

DAS

LANDSCHAFTLICHE KREDITWESEN PREUSSENS

AGRARGESCHICHTLICH UND VOLKSWIRTSCHAFTLICH BETRACHTET.

EIN BEITRAG ZUR GESCHICHTE DER BODENKREDITPOLITIK DES PREUSSISCHEN STAATES

VON

HERMANN MAUER
DOKTOR DER STAATSWISSENSCHAFTEN.

STRASSBURG.
VERLAG VON KARL J. TRÜBNER
1907.

M. DuMont Schauberg, Straßburg.

VORWORT.

Die Literatur über das landschaftliche Kreditwesen Preußens ist umfangreich und vielseitig. Es bedarf daher der Rechtfertigung, warum wir zu den zahlreichen Schriften über diesen Gegenstand noch eine neue hinzufügen.

Veranlassung zu der vorliegenden Arbeit gab der Umstand, daß es bisher noch an einer Darstellung fehlte, die das landschaftliche Kreditwesen als ein einheitliches Ganzes behandelt. Die Literatur setzt sich nämlich in der Hauptsache aus Monographieen über die einzelnen Landschaften zusammen. Im Gegensatz hierzu soll jetzt das landschaftliche Kreditwesen als ein einheitliches Ganzes, als ein Kreditsystem, betrachtet werden.

Der Zweck der vorliegenden Arbeit ist die Untersuchung dieses Systems nach einer ganz bestimmten Richtung hin: Wir wollen das Kreditwesen agrargeschichtlich betrachten; die Beziehungen zwischen Kreditsystem und Agrarverfassung sollen klargelegt werden. Zugleich soll aber auch dargelegt werden, wie das Kreditsystem die Entwicklung der Landwirtschaft überhaupt volkswirtschaftlich beeinflußt hat.

Diese Ausdehnung des Themas ermöglicht es, die Gesamtentwicklung des landschaftlichen Kreditwesens in großen Zügen darzustellen und gleichzeitig die Tätigkeit des Staates auf dem Gebiete des ländlichen Bodenkreditwesens kurz zu skizzieren. Im Hinblick hierauf glauben wir, unsere Arbeit als einen Beitrag zur Geschichte der preußischen Bodenkreditpolitik bezeichnen zu können.

Der agrargeschichtliche Teil der vorliegenden Arbeit entstammt in der Hauptsache meiner von der rechts- und staatswissenschaftlichen Fakultät der Kaiser Wilhelms-Universität Straßburg i. E. preisgekrönten Schrift: „Das landschaftliche Kreditsystem Preußens agrarhistorisch betrachtet“.

Bei Anfertigung des zweiten Teiles und insbesondere bei der Behandlung bodenkredittechnischer Fragen ist mir meine langjährige Tätigkeit im Bank- und Bodenkreditfach in hohem Maße zustatten gekommen.

Die vorliegende Schrift basiert im wesentlichen auf bisher unveröffentlichtem Aktenmaterial, das jedoch nirgends einheitlich vorhanden ist. Es bedurfte daher umfassender Aktenstudien in den verschiedensten Archiven.

Benutzt wurden das Geheime Staatsarchiv und das Archiv des Landwirtschaftsministeriums in Berlin, ferner die Landschaftsarchive in Breslau, Königsberg, Stettin, Danzig, Posen und Halle, die Staatsarchive in Königsberg, Stettin, Danzig und Posen und endlich das Archiv der Kur- und Neumärkischen Hauptritterschaftsdirektion, sowie das landständische Archiv in Berlin.

Für meine Quellenstudien bei den Landschaften war das freundliche Entgegenkommen der Generallandschafts- und Landschaftsdirektionen unerläßliche Voraussetzung. Ihnen möchte ich daher vor allem meinen Dank sagen für die mir auf Veranlassung des Königlich Preußischen Ministeriums für Landwirtschaft, Domänen und Forsten erwiesene bereitwillige Unterstützung.

Zu besonderem Danke verpflichtet bin ich ferner meinem hochverehrten Lehrer, Herrn Professor Dr. Knapp, der meine Arbeit mit Rat und Tat in der bereitwilligsten Weise gefördert hat.

Auch der freundlichen Unterstützung von seiten Sr. Exzellenz des Herrn Wirkl. Geheimen Oberregierungsrates Ministerialdirektors Dr. H. Thiel und des Herrn Wirkl. Geheimen Oberregierungsrates Ministerialdirektors Küster habe ich dankbar zu gedenken.

Bei der Suche nach dem einschlägigen Material unterstützte mich Herr Archivar Dr. Klingenborg vom Geheimen Staatsarchiv in liebenswürdigster Weise.

Sehr wertvolle Ratschläge wurden mir von Seiten des leider inzwischen verstorbenen Generallandschaftsdirektors Bon in Königsberg zuteil. Dem weitgehenden Entgegenkommen, das er und Herr Generallandschaftssyndikus Dr. Leweck mir erwiesen haben, ist es zuzuschreiben, daß die Behandlung der ostpreußischen Verhältnisse in besonders ausführlicher Weise erfolgen konnte.

In Einzelfragen durfte ich den Rat der Herren Professor Dr. Wittich, Straßburg i. E., Ministerialdirektor Dr. Hermes, Berlin, Generallandschaftssyndikus Justizrat Lucas, Breslau und Generallandschaftsrat Ausner, Posen, in Anspruch nehmen.

Allen den Herren, die mir bei meinen Forschungen behilflich waren, spreche ich hierdurch meinen aufrichtigen Dank aus.

Zum Schlusse möchte ich noch der Herren Landschaftsbeamten gedenken, denen ich so manche — wenn auch notwendige — Mühe und Arbeit verursacht habe.

Straßburg i/E., im Mai 1907.

Hermann Mauer.

INHALTSÜBERSICHT.

ABKÜRZUNGEN IN DEN QUELLENANGABEN:

St. A. = Staats-Archiv.
L. A. = Landschafts-Archiv.
M. A. = Archiv des Ministeriums für Landwirtschaft, Domänen und Forsten, Berlin.
L. S. = Landschaftssachen.
H. R. A. = Archiv der Kur- und Neumärk. Haupt-Ritterschaftsdirektion, Berlin.
L. Oek. C. = Landes-Oekonomie-Collegium.
D. Lwr. = Deutscher Landwirtschaftsrat.
G. L. D. = General-Landschafts-Direktion.
G. L. T. = General-Landtag.
G. V. = General-Versammlung.
E. A. = Engerer Ausschuß.

EINLEITUNG.

In der Geschichte des ländlichen Bodenkredits sind drei Entwicklungsstufen zu unterscheiden, die sich charakterisieren lassen durch die Worte Gebundenheit — Freiheit — Organisation.

Erstens: Gebundenheit, insofern die Grundbesitzer bei der Ausnutzung des Bodenkredits, d. h. der Verpfändung ihres Grundbesitzes zwecks Aufnahme und Sicherstellung von Darlehen, an die Zustimmung teils der Lehns- oder Grundherren, teils der Landespolizeibehörden gebunden sind.

Zweitens: Freiheit, insofern die Beschränkungen zugunsten Dritter in Wegfall kommen, die Ausnutzung des Bodenkredits jedem Grundbesitzer freisteht, er aber hinsichtlich der Befriedigung seines Kreditbedarfes, nach wie vor auf die private Darlehnsgewährung — den Individualkredit angewiesen ist.

Drittens: Organisation, insofern die Ausnutzung des Bodenkredits durch besondere zum Zwecke der Bodenkreditgewährung geschaffene Institute erleichtert und gefördert, der Individualkredit somit durch den organisierten Kredit ersetzt wird.

Die erste Stufe gehört fast überall der Vergangenheit an, in Deutschland ist auch die zweite bereits überwunden. Der Übergang zu der letzten Stufe vollzieht sich der Regel nach in der Weise, daß zunächst eine Ordnung des Hypothekenwesens, insbesondere die Einrichtung mit Publizität versehener Hypothekenbücher stattfindet.

In Preußen ist die Regelung des Hypothekenwesens im Jahre 1723 erfolgt. Schon bald hiernach tauchten die ersten Vorschläge zur Schaffung einer Kreditorganisation auf. Am 28. Mai 1729 erging eine Kabinetsordre, durch die Friedrich Wilhelm I. die Errichtung einer Landes-Kredit-Kasse für die adeligen und köllmischen Gutsbesitzer Ostpreußens anordnete[1]). Dieses Projekt gelangte aber, wie so viele andere Friedrich Wilhelms I. nicht zur Ausführung. Erst unter Friedrich dem Großen wurde die Organisation des ländlichen Bodenkredits in Angriff genommen und der Grundstein zu dem landschaftlichen Kreditsystem gelegt.

Die Errichtung des landschaftlichen Kreditsystems ist auf die Anregung eines Berliner Kaufmanns, namens Büring zurückzuführen. Dieser unterbreitete dem Könige Friedrich II. im Jahre 1767 einen Plan[2]), in dem die Schaffung einer Kreditorganisation für den grundbesitzenden Adel in Vorschlag gebracht wurde. Dem Büringschen Projekt lag der Gedanke zugrunde, daß fortan nicht mehr der einzelne Grundbesitzer für die Befriedigung seiner Kreditbedürfnisse zu sorgen hätte, vielmehr ein Institut geschaffen werden müßte, daß diese Aufgabe für alle Gutsbesitzer gemeinschaftlich übernehmen könnte.

Man akzeptierte diesen Gedanken und rief nach und nach mehrere derartige Institute[3]) ins Leben. Es geschah dies in der Weise, daß die Gutsbesitzer einer Provinz zu einem Verbande zusammentraten, der „Landschaftliches Kreditinstitut“ oder kurzweg „Landschaft“ genannt wurde. Dieser Korporation gehörten in der Kur- und Neumark diejenigen Gutsbesitzer an, die sich ausdrücklich angeschlossen hatten, in Schlesien, Pommern, Ost- und Westpreußen alle Besitzer aufnahmefähiger Güter eo ipso.

Die Landschaften darf man sich nicht als Kreditinstitute im Sinne der heutigen wissenschaftlichen Terminologie vorstellen. Es fehlten ihnen nämlich zwei Kriterien der modernen Kreditinstitute: Eigenes Kapital und Erwerbstendenz. Sie pflegten den Bodenkredit nicht, um dadurch einen Gewinn zu erzielen, sondern im Sinne einer Genossenschaft, die von ihren Mitgliedern nur soviel über die Selbstkosten hinaus verlangt, als zur Be-

---

[1]) St. A. Königsberg 84 d.

[2]) Beilage II.

[3]) Die Schlesische Landschaft (1770), das Kur- und Neumärkische Ritterschaftliche Kreditinstitut (1777), die Pommersche Landschaft (1781), die Westpreuß. Landschaft (1787) und die Ostpreuß. Landschaft (1788).

streitung der Verwaltungskosten erforderlich ist. Eigenes Vermögen besaßen die Landschaften im Anfange überhaupt nicht, erst im Laufe der Zeit sammelten sie „eigentümliche Fonds" an, die aber auch dann nur zur Deckung von Ausfällen und nicht zur Kreditgewährung benutzt werden durften. Die Mittel zur Beleihung der Rittergüter verschafften sich die Landschaften durch Aufnahme von Kapitalien bei Dritten. Dies waren in erster Linie die städtischen Kapitalisten, die eine Anlage für ihre flüssigen Gelder suchten. Ihnen gegenüber standen die ländlichen Grundbesitzer mit ihren Kreditbedürfnissen. Zwischen diese beiden Gruppen traten die Landschaften als Vermittlungsorgan. Sie gewährten den Gutsbesitzern einen unkündbaren Bodenkredit durch Aufnahme von Darlehen bei Kapitalisten. Diesen wurden für die gegebenen Darlehen seitens der Landschaften Urkunden ausgestellt, welche ihnen, als den Gläubigern, eine persönliche und dingliche Sicherheit bezüglich ihrer Darlehensforderung gewährten.

Diese Urkunden — Pfandbriefe genannt — wurden in den Landschaftsreglements übereinstimmend in folgender Weise definiert: „Pfandbriefe sind Hypothekeninstrumente, welche von den verbundenen Ständen auf adlige Güter ausgefertigt und in Ansehung des Kapitals sowie wegen prompter und richtiger Abführung der Zinsen ihren Inhabern garantiert werden".

Diese Definition läßt aber den wahren Charakter der Pfandbriefe nicht erkennen; denn sie spricht einerseits von hypothekarischer Sicherheit, wo eine solche nach modernen Rechtsbegriffen nicht besteht, während sie andererseits die Rechtstypen, die vorliegen, nicht klar hervortreten läßt. Tatsächlich gewährte der Pfandbrief zwei klar umschriebene Rechte. Erstens eine rein persönliche Forderung gegenüber den verbundenen Landständen, indem in ihm ausdrücklich bekundet wurde „die besondere Garantie der verbundenen Stände"[1]. Es haftete

[1]) Diese „Generalgarantie" hatte Büring nicht vorgeschlagen. Die entgegengesetzte Angabe von Stadelmann (a. a. O. II. 125), die sich auch an anderen Stellen in der Literatur findet, ist unzutreffend. Es heißt in Bürings Plan ausdrücklich: „es wird keine Garantie der Landstände erfordert".

demnach zunächst dem Inhabergläubiger des Pfandbriefes das Kapitalvermögen der verbundenen Stände d. h. der Landschaft. Infolge dieser persönlichen Haftung war nun aber die Landschaft berechtigt und verpflichtet, falls ihre liquiden Mittel zur Befriedigung der Pfandbriefgläubiger nicht ausreichten, die Haftung der zu ihr verbundenen Güter in Anspruch zu nehmen, da diese ihr auf Grund der Zugehörigkeit zum landschaftlichen Verbande ersatzpflichtig waren[1]).

Zum zweiten stellte die Pfandobligation dar:

Die Verbriefung der lediglich dinglichen Haftung des beliehenen Grundstückes dem Inhabergläubiger gegenüber, was durch die Worte zum Ausdruck kam: „Pfandbrief, welcher auf das im Kreise X. gelegene Gut Y. ausgefertigt worden". Modernrechtlich bedeutet dies, daß der Eigentümer für den jeweiligen Inhaber des Pfandbriefes nicht etwa eine Hypothek, sondern eine Grundschuld bestellte, mit andern Worten, daß hier lediglich das Grundstück, auf das der Pfandbrief ausgestellt war, nicht aber das Kapitalvermögen des Schuldners haftete. Der Pfandbrief schuf sonach zwei Rechtsbeziehungen, von denen die eine rein obligatorischer Natur — die Haftung der Stände —, die andere rein dinglicher Natur — die Haftung des dem Schuldner gehörigen Gutes — bewirkte.

Nach dieser Klarstellung des juristischen Charakters des Pfandbriefes soll nun der Hergang einer landschaftlichen Beleihung geschildert werden. Die erste Phase des Beleihungsgeschäftes war ein Antrag des kreditsuchenden Gutsbesitzers auf Bewilligung eines landschaftlichen Darlehns. Hierauf erfolgte die Abschätzung des zu beleihenden Gutes durch eine landschaftliche Taxkommission. Auf diesem Wege wurde das Maximum

[1]) Die Frage, ob sich die Haftung gegenüber der Landschaft über das Immobiliarvermögen hinaus auch auf das sonstige Vermögen der Gutsbesitzer erstreckte, ist strittig. Rabe, der älteste und erste Schriftsteller, der die Pfandbriefe juristisch zu konstruieren versucht hat, verneint die Frage (Darstellung des Wesens der Pfandbriefe (1818) I 25), während W. von Brünneck sie auf Grund eingehender historischer Untersuchungen bejaht. (Beiträge zur Erläuterung des Deutschen Rechts. III. Flge. VIII. Jahrg. 335.)

des Kredits, den der Gutsbesitzer beanspruchen konnte, festgestellt. In der Kur- und Neumark, sowie in Westpreussen hatten die Gutsbesitzer Anspruch auf ein Darlehen bis zur Hälfte, in Pommern und Ostpreußen aber bis zu zwei Drittel des Taxwertes. Bei der Schlesischen Landschaft, bei der man, um den Pfandbriefen in den Augen des Publikums eine höhere Sicherheit zu verleihen, die beleihbare Quote des Taxwertes gleichfalls auf die Hälfte normiert hatte, war das Taxsystem derartig gestaltet, daß tatsächlich eine Zweidrittelbeleihung stattfand[1]).

Nach Bewilligung des Landschaftsdarlehns erfolgte am nächsten Johanni bezw. Weihnachtstermin von seiten der Landschaft die Aushändigung der Pfandbriefe an die Gutsbesitzer[2]). Diese stellte im Verhältnis zwischen Landschaft und Gutsbesitzer die Hingabe des Darlehens dar[3]). Die Gutsbesitzer konnten nun die Pfandbriefe auf zwei verschiedenen Wegen in bares Geld umsetzen. Zunächst konnten sie von der Landschaft selbst nach vorhergegangener halbjähriger Kündigung die Einlösung der Pfandbriefe in bar verlangen. Erhielt z. B. ein Gutsbesitzer am Johannitermin Pfandbriefe, so konnte er sie für den nächsten Weihnachtstermin zur Einlösung anmelden. Das Geld zur Bezahlung der Pfandbriefe verschaffte sich die Landschaft, indem sie anderweitige Abnehmer für dieses Wertpapier suchte. Sie fand solche leicht, da die Pfandbriefe, die zuerst mit 5%, später mit $4^1/_2$% verzinst wurden, dank der ihnen innewohnenden Sicherheit als eine gute Kapitalanlage angesehen wurden. Anfänglich galt es als ganz selbstverständlich, daß bei einer Weiterbegebung der Pfandbriefe nur der Nominalbetrag für sie bezahlt wurde. Die Nachfrage nach Pfandbriefen war aber bald so groß, daß die Kapitalisten ein Aufgeld von $^1/_4$—$^1/_2$% über den Nominalbetrag hinaus entrichteten. Dieses Agio stieg immer mehr

---

[1]) Geh. St. A. 96. 426. R. Immediatbericht Carmers an Friedrich II. v. 3. Febr. 1771.

[2]) Bei Ablösung von Privathypotheken wurden die Pfandbriefe im Anfang zumeist den Privatgläubigern unmittelbar ausgeliefert.

[3]) Nur das Kur- und Neumärk-Kr.-Inst. zahlte von 1783—1806 die Darlehen in bar aus. (Vgl. v. Voss, a. a. O.)

und mehr, so daß die Pfandbriefe zeitweise einen Kurs von 110% und mehr erreichten[1]). Seitdem die Pfandbriefe im freien Verkehr den Parikurs überschritten hatten, war es für die Gutsbesitzer vorteilhafter, den zweiten Weg einzuschlagen, nämlich ihre Pfandbriefe an Kapitalisten zu veräußern, statt sie der Landschaft zur Einlösung zu kündigen. Dies hatte zur Folge, daß die Landschaften sich keine Kapitalien mehr zur Bezahlung der Pfandbriefe zu beschaffen brauchten[2]). Die Gelder, deren sie zur Bezahlung der Pfandbriefzinsen bedurften, erhielten sie durch die von den Gutsbesitzern zu entrichtenden Darlehenszinsen. Blieb ein Gutsbesitzer mit der Zinszahlung im Rückstand, so hatte die Landschaft das Recht, das betreffende Gut in Sequestration zu nehmen. Führte auch diese nicht zum Ziele, so kam das Gut zum Zwangsverkauf, wobei aber der Zuschlag nur dann erteilt wurde, wenn mindestens das landschaftliche Darlehn ausgeboten wurde.

Im Laufe der Zeit sind nun in dem landschaftlichen Kreditwesen mancherlei Änderungen eingetreten. Sie betrafen aber hauptsächlich das Verhältnis der Pfandbriefinhaber zu der Landschaft.

Mit der Konvertierung der Pfandbriefe in den 30er Jahren des XVIII. Jahrhunderts wurde eine Maßregel verbunden, die eine Änderung des bisherigen Rechtszustandes involvierte. Es war dies die gänzliche Beseitigung des dem Pfandbriefinhaber bis dahin zustehenden Kündigungsrechtes. Der Gutsbesitzer ist seitdem darauf angewiesen, die Pfandbriefe, die er als Darlehnsvaluta erhält, im freien Verkehr zu versilbern. Da dies auch bereits vorher allgemein üblich gewesen war, so waren die praktischen Folgen der Entziehung der Kündigungsbefugnis nicht so bedeutend, als man vielleicht annehmen könnte. Auch der Beliebtheit der Pfandbriefe hat diese Maßregel keinen Eintrag getan.

Das Rechtsverhältnis, in dem die Gutsbesitzer als Mitglied zur Korporation stehen, ist von den anläßlich der Konvertierungen

---

[1]) Jahrbücher der preuß. Monarchie I. 271.

[2]) Posen O. P. XV. A. 3 II. Mitteilung der Schles. G. L. D.

vorgenommenen Änderungen nicht berührt worden[1]). Dies ist für uns, da wir hauptsächlich die Beziehungen zwischen Landschaft und Gutsbesitzer behandeln, entscheidend. Deshalb erübrigt es sich auch, auf die sonstigen Änderungen einzugehen, die im Laufe der Zeit in den Beziehungen zwischen den Landschaften und den Pfandbriefinhabern eingetreten sind.

Der Vollständigkeit halber sei aber noch erwähnt, daß die seit der Mitte des vorigen Jahrhunderts von den Landschaften ausgegebenen Pfandbriefe dem Inhaber kein dingliches Recht mehr, sondern nur ein Forderungsrecht gegen die Landschaften gewähren. Die alten Pfandbriefe mit „Spezialhypothek" sind nach und nach fast ganz aus dem Verkehr verschwunden.

[1]) v. Brünneck i. Beiträge zur Erl. d. D. R. III. F. VIII, 494.

I.

DAS LANDSCHAFTLICHE KREDITWESEN UND DER GROSSGRUNDBESITZ.

1. DIE LANDSCHAFTEN IN IHRER POLITISCHEN BEDEUTUNG.

Unter der Regierung Friedrichs des Großen ist der schon unter seinen Vorgängern stark geschwächte Einfluß der Stände völlig bedeutungslos geworden. Die Ritterschaft, die beim Regierungsantritt des Königs sehr lebhaft für die Wiederherstellung der früheren ständischen Rechte eingetreten war, sah bald ein, daß an eine Erfüllung ihres Wunsches nicht zu denken war. In den neuerworbenen Landesteilen Schlesien und Westpreußen hatte der König die noch bestehenden Stände sogar förmlich aufgehoben[1]). Die politische Bedeutung der Stände war somit vernichtet; die ständische Gliederung der Gesellschaft blieb jedoch erhalten. Infolgedessen repräsentierte jeder der drei Stände nach wie vor eine Interessengemeinschaft, ohne aber als solche organisiert zu sein. Dies änderte sich aber mit der Errichtung des landschaftlichen Kreditsystems. Der grundbesitzende Adel wenigstens wurde in den Landschaften genossenschaftlich organisiert. Die Landschaften gewannen dadurch eine über ihre ursprüngliche Bestimmung hinausgehende Bedeutung. Dies machte sich so stark bemerkbar, daß man sogar angenommen hat, Friedrich der Große habe durch die an die frühere ständische Verfassung anknüpfende Organisation der Schlesischen Landschaft den dortigen Adel für die Aufhebung der ständischen Rechte gewissermaßen entschädigen wollen[2]). Diese Auffassung

---

[1]) Bornhak, C. Preuss. Staats- und Rechtsgeschichte S. 213.

[2]) Gebel, A.: Über die tiefe Verschuldung der Schles. Rittergüter. S. 15.

ist jedoch nicht zutreffend. Wenn man bei der Organisation der Landschaften vielfach auf alte ständische Einrichtungen zurückgegriffen hat, so ist dies nicht aus politischen, sondern aus technischen Gründen geschehen[1]).

Es entsprach durchaus nicht der Absicht Friedrichs des Großen, durch die Errichtung der Landschaften eine Neubelebung des ständischen Einflusses herbeizuführen. Daß diese Wirkung trotzdem eingetreten ist, erklärt sich eben aus dem ausgeprägt ständischen Charakter der Landschaften und der ihnen gewährten Selbstverwaltung. Die Leitung der landschaftlichen Kreditinstitute lag nämlich völlig in den Händen eingesessener Gutsbesitzer, und auch der an der Spitze stehende Präsident, dessen Ernennung dem Könige oblag, sollte diesem Kreise entnommen werden[2]). Die laufenden Geschäfte der Landschaften wurden von den Landschafts-, bezw. Ritterschafts-Direktionen erledigt. Als Aufsichtsorgan war diesen eine mindestens alljährlich einmal zusammentretende Kommission, der sogenannte „Engere Ausschuß", beigegeben. Die Wahl aller dieser Verwaltungsorgane erfolgte durch den landschaftlichen Generallandtag, der sich aus den Deputierten des ritterschaftlichen Grundbesitzes zusammensetzte. Auf den Kreistagen, die die Wahl dieser Deputierten vornahmen, konnte jeder Rittergutsbesitzer seine die Landschaft betreffenden Wünsche und Bedenken vortragen[3]). Es lag nahe, daß man sich bei diesen Zusammenkünften nicht nur auf die Erörterung landschaftlicher Angelegenheiten beschränkte, sondern auch andere Dinge von allgemeinem Interesse zur Sprache brachte. Dies entsprach keineswegs den Intentionen Friedrichs des Großen, der nach der Erwerbung von Schlesien ausdrücklich bestimmt hatte, daß Versammlungen von Gutsbesitzern nur in Anwesenheit der Landräte stattfinden dürften[4]). Er ordnete deshalb an, daß ihm fortdauernd genauer

[1]) v. Görtz: Zu dem 100 jähr. Jubiläum der Schlesischen Landschaft. S. 8.

[2]) Schles. L. Regl. v. 1770, Teil II, Cap. I, § 1.

[3]) Cf. z. B. Westpr. L. Regl. v. 1787, T. II, Cap. VI, § 1.

[4]) Geh. St. A. 74, I. IV, Schlesien 2.

Bericht über die Landschaft erstattet würde, damit rechtzeitig eingeschritten werden könnte, wenn der in der Landschaft vereinigte Adel versuchen sollte, einen Einfluß auf die Regierung zu gewinnen[1]). Ferner wurde bestimmt, daß in den von den Landschaftsdirektionen ausgehenden Zirkularien nur Dinge enthalten sein dürften, die das landschaftliche Kreditwesen beträfen. Es ergingen auch wiederholt Anordnungen, die die Landschaften auf ihren ursprünglichen Wirkungskreis verwiesen. So ermahnte der König in einer Kabinetsordre vom 4. Oktober 1783 die Pommersche Landschaft, sich nicht mit allgemeinen Landesangelegenheiten zu befassen, sondern ihre ganze Aufmerksamkeit dem Kreditwesen zuzuwenden[2]).

Aus allen diesen Maßregeln geht hervor, daß Friedrich der Große über die Bestrebungen des Adels, mit Hilfe der Landschaften eine Neubelebung des ständischen Einflusses herbeizuführen, sehr wohl unterrichtet war. Diese Erkenntnis mag ihn auch bestimmt haben, die Einführung des Kreditsystems in Ostpreußen abzulehnen; denn gerade in Ostpreußen hatte sich der Adel eine größere Unabhängigkeit der Regierung gegenüber bewahrt, als in den anderen Provinzen[3]). Es mußte dem Könige daher höchst unerwünscht erscheinen, diesen Adel durch die Errichtung einer Landschaft noch mehr zu stärken. Die Berechtigung dieser Bedenken ist durch die weitere Entwicklung in Ostpreußen bestätigt worden. Friedrich Wilhelm II. gab nämlich, im Gegensatze zu seinem Vorgänger, alsbald nach seinem Regierungsantritt seine Zustimmung zur Errichtung einer Landschaft für Ostpreußen. Deputierte des Adels wurden zusammenberufen, um ein Landschaftsreglement auszuarbeiten und die sonstigen Vorbereitungen für die Organisation der Landschaft zu treffen. Die Folge hiervon war, daß das ständische Leben, das

[1]) Geh. St. A. 89, 62 B, Immedialbericht des Grafen Hoym v. 17. März 1798.

[2]) L. A. Stettin, Generalia betr. E. A. v. 1783.

[3]) In einer Kabinetsordre vom 1. Juni 1781 heißt es mit Beziehung auf den Ostpreußischen Adel „sie dienen nicht und wollen nichts thun, also werden Höchstdieselben auch für sie nichts thun". (St. A. Königsberg 84 d.)

in Ostpreußen nie völlig unterdrückt worden war, einen neuen Impuls erhielt[1]). Die Landschaftsdeputierten beschränkten sich nicht auf ihren eigentlichen Wirkungskreis, sondern betätigten sich auch als Standesvertretung des Adels. In dieser Eigenschaft richteten sie am 30. September 1789 eine Eingabe an die Regierung, in der sie baten, den Verkauf adliger Güter an Personen bürgerlichen Standes fortan nicht mehr gestatten zu wollen[2]).

Als Friedrich Wilhelm III. im Jahre 1798 zur Regierung kam, fand er in Ostpreußen eine vollkommene Organisation des Adels vor, deren Mittelpunkt die Landschaft bildete. Das starke Solidaritätsgefühl, das in jener Zeit innerhalb des Adels herrschte, kam auf dem damals abgehaltenen Huldigungslandtag besonders deutlich zum Ausdruck[3]). Die Deputierten der Ritterschaft, die hier und späterhin in einer Immediateingabe an den König die Wünsche des Adels zur Sprache brachten, gehörten — was höchst charakteristisch ist — sämtlich den Landschaftskollegien an. Auch das behufs Abänderung der Gemeindeordnung gewählte ständische Comité bestand fast nur aus Mitgliedern der Landschaftsdirektionen. Infolgedessen trat in jener Zeit eine auffallende Vermischung von ständischen und landschaftlichen Angelegenheiten ein, die auch in den Landschaftsakten ihren Ausdruck findet. Die Grenzlinie zwischen der landschaftlichen und der ständischen Interessensphäre verwischte sich immer mehr und mehr. Selbst die Regierung gewöhnte sich nach und nach daran, die Landschaften als die offizielle Vertretung des grundbesitzenden Adels anzusehen.[4]) So ermächtigte der Minister Freiherr vom Stein im Jahre 1808 den landschaftlichen Generallandtag in Ostpreußen über die Einkommensteuer, eine rein ständische Angelegenheit, in Beratung zu treten.

Der Ostpreußische Landtag von 1808 ist auch noch in anderer Beziehung von der größten politischen Bedeutung ge-

---

[1]) Vgl. Voigt, Darstellung der ständischen Verhältnisse Ostpreußens (1822).

[2]) St. A. Königsberg 88d.

[3]) Lehmann, Max „Freiherr vom Stein“ II. 44.

[4]) Denkschrift zur Feier des 100jähr. Bestehens der Ostpr. L. S. 11.

wesen. Er hatte darüber zu entscheiden, ob die Domänen in die Landschaft aufgenommen werden sollten. Diese Frage war für den Staat von der größten Bedeutung, da die Regierung Pfandbriefe auf die Domänen aufnehmen und diese als Sicherheit für die an Frankreich zu zahlende Kriegskontribution verpfänden wollte[1]). Die Verhandlungen mit dem französischen Gouvernement über die Zahlung einer Kriegskontribution seitens Preußens hatten nämlich bereits mehrere Monate gedauert, ohne zu einem Resultate zu führen, und Preußen war deshalb immer noch von französischen Truppen besetzt. Alle Versuche, die Kontribution durch eine Anleihe vom Auslande zu beschaffen, waren gescheitert. Die französischen Unterhändler verlangten schließlich die Abtretung eines Teils der preußischen Domänen. Diesen Vorschlag erklärte der Freiherr vom Stein für indiskutabel[2]). Da er aber wohl einsah, daß die Domänen das einzig verfügbare Vermögensobjekt des Staates waren, so entschloß er sich, sie als Sicherheit für die Kriegskontribution zu verpfänden. Dies konnte am einfachsten geschehen, indem die Domänen in die Landschaften aufgenommen und Pfandbriefe auf sie ausgefertigt wurden. Stein hoffte nun, daß die Aufnahme der Domänen in die Landschaften ohne Schwierigkeiten erfolgen würde[3]). Hierin hatte er sich jedoch getäuscht. Die Ostpreußische Landschaft, an die man sich zuerst gewandt hatte, verhielt sich den Wünschen der Regierung gegenüber durchaus ablehnend. Die für den landschaftlichen Generallandtag erwählten Deputierten erhielten von ihren Kreisen übereinstimmend die Instruktion, gegen die Aufnahme der Domänen zu stimmen und erklärten sich auch demgemäß zu Beginn der Beratung[4]). Als es aber zur Abstimmung kam, fielen sämtliche Deputierte um. Die Aufnahme der Domänen in die Landschaft wurde einstimmig genehmigt. Dem waren allerdings mehrtägige Verhandlungen vorausgegangen. Hierbei scheint der Ostpreußische Adel den Umstand, daß die

---

[1]) Lehmann M. Freiherr vom Stein II. 172.

[2]) Pertz, G. H. Das Leben des Ministers Freiherrn vom Stein. II. 50 u. 62.

[3]) Pertz, G. H. II. 74.

[4]) L. A. Königsberg XII. 54.

Regierung von ihm in der Domänenangelegenheit Entgegenkommen verlangte, dazu benutzt zu haben, von der Regierung seinerseits eine Konzession zu erlangen.

Daß auf dem Generallandtag von 1808 [1]) eine Do ut Des-Politik inauguriert worden ist, hat auch Lehmann gefühlt, obwohl hiervon natürlich nichts in den Akten steht [2]). Nur ist bisher die Frage unbeantwortet, welche Konzession der Adel damals für die Aufnahme der Domänen hat eintauschen wollen. Zweierlei konnte dabei in Frage kommen: einmal die Gestaltung des gerade zur Beratung stehenden Einkommensteuer-Reglements und ferner die längst erwartete Deklaration des Ediktes vom 9. Oktober 1807. Wegen dieser beiden Angelegenheiten waren Vertreter des Adels gerade in jener Zeit bei der Regierung vorstellig geworden. In Sachen der Einkommensteuer hat nun der Adel keinerlei Konzession erhalten, wohl aber hinsichtlich der Deklaration des Oktober-Ediktes. Wenige Tage, nachdem der Adel in die Aufnahme der Domänen in die Landschaft eingewilligt hatte — am 14. Februar 1808 — erschien eine „Verordnung über die Zusammenziehung bäuerlicher Grundstücke oder die Verwandlung derselben in Vorwerksland", die vom Standpunkte Steins aus den Wünschen des Adels außerordentlich entgegenkam [3]).

Es ist mehr als wahrscheinlich, daß man dem Adel diese Verordnung versprochen hatte, falls er den Widerspruch gegen die Aufnahme der Domänen aufgeben würde. Hierfür spricht auch der Umstand, daß der Minister Freiherr von Schrötter den Freiherrn vom Stein ausdrücklich gebeten hat, die Verordnung noch während der Tagung des Landtages zu publizieren; „man möchte sonst glauben", so schreibt Schrötter, „daß man die ganze Sache hinhalten wolle". Deutlicher kann wohl kaum

---

[1]) Über den Generallandtag von 1808 schrieb von Altenstein an Stägemann: „Einmal geht ein solcher Landtag, allein nicht öfter".

Vgl. Rühl, F., Aus der Franzosenzeit II.

[2]) Lehmann, II. 198.

[3]) Knapp, G. F.: Die Bauern-Befreiung und der Ursprung der Landarbeiter in den älteren Theilen Preussens. I. 137 ff. II. 197 ff.

zum Ausdruck gebracht werden, daß ein Versprechen hinsichtlich jener Verordnung gegeben worden war. Daß der Ostpreußische Adel nachher mit den ihm gemachten Konzessionen noch nicht zufrieden war, spricht nicht gegen die hier dargelegte Auffassung. Die Interessenten behaupten bei derartigen politischen Tauschgeschäften erfahrungsgemäß stets, daß sie bei dem Kompromiß zu schlecht weggekommen seien.

Mit dem Jahre 1808 hat die politische Bedeutung der Ostpreußischen Landschaft ihren Höhepunkt erreicht. An die Stelle der Landschaft trat jetzt das ständische Komitee, das durch eine Kabinetsordre vom 27. Februar 1808 als die Vertretung des Landeigentums anerkannt wurde[1]). Seit der Errichtung dieses Komitees hielt die Regierung darauf, daß sich die Landschaft nicht mehr in ständische Angelegenheiten einmischte. Als der Engere Ausschuß sich im Jahre 1809 gegen die beabsichtigte Aufhebung der bäuerlichen Naturalprästationen aussprach, erhielt er von der Regierung einen Verweis, weil er mit diesem Beschlusse seine Kompetenz überschritten habe. Seitdem überließ es die Ostpreußische Landschaft dem ständischen Komitee, die Interessen der ländlichen Grundbesitzer der Regierung gegenüber zu vertreten. Hierbei ging aber das Komitee stets im Einverständnis mit der Landschaft vor. Dies war um so leichter durchzuführen, als das Komitee in seiner Mehrheit stets aus Mitgliedern der Landschaft bestand.

Ebenso wie bei der Ostpreußischen Landschaft traten auch bei der Schlesischen während der Regierung Friedrich Wilhelms III. politische Tendenzen zutage. Bereits im Jahre 1798 berichtete der Schlesische Provinzialminister, Graf Hoym, daß er eine besondere Amtsführungsinstruktion für den Generallandschaftsdirektor entworfen habe, da eine strenge Staatsaufsicht notwendig sei, damit die Landschaft nicht über ihre eigentliche Bestimmung hinausginge[2]). Dies ist aber trotzdem geschehen. Hoym selbst beschwerte sich im Jahre 1803 darüber, daß die Landschaft sich als ständische Vertretung giriere und es wage,

[1]) Geh. St. A. 74. J. IV. L. u. Stände Ostpr. 2.

[2]) Geh. St. A. 89. 62. B. Immediatbericht Hoyms vom 17. Mai 1798.

Einspruch gegen Regierungsverfügungen zu erheben. Auch an der im Jahre 1812 in Schlesien betriebenen Agitation gegen das Regulierungsedikt vom 14. September 1811 war die Landschaft beteiligt. Mehrere Landräte berichteten damals, es seien Versammlungen angeblich in landschaftlichen Angelegenheiten einberufen worden, deren wahrer Zweck gewesen sei, gegen die Reformgesetze Stimmung zu machen[1]).

Im Jahre 1812 haben dann ferner sowohl die Schlesische wie die Pommersche Landschaft sich direkt an das Finanzkollegium gewandt, um gegen einzelne Bestimmungen des Regulierungsediktes zu protestieren. Auch die Ostpreußische Landschaft war bereits in dem gleichen Sinne vorstellig geworden. Diese Proteste der Landschaften veranlaßten die Regierung, in der bisher den Landschaften gegenüber beobachteten wohlwollenden Haltung eine Änderung eintreten zu lassen. Zunächst beantragte das Finanzkollegium bei dem Staatskanzler, daß die landschaftlichen Versammlungen in Zukunft stets von einem Königlichen Kommissar geleitet würden, damit Debatten über Gegenstände, die außerhalb des landschaftlichen Kreditwesens lägen, verhindert werden könnten[2]).

Außerdem wurden die eine Abänderung des Regulierungsediktes bezweckenden Anträge entschieden zurückgewiesen. Der Staatskanzler Fürst Hardenberg und seine Mitarbeiter brachten hierbei die Ansicht zum Ausdruck, daß die Landschaften bei der Reformgesetzgebung keine andere Berücksichtigung finden dürften, als die übrigen Hypothekengläubiger[3]). Ob dieser Standpunkt berechtigt war, wird an anderer Stelle zu erörtern sein. Jedenfalls wurde er von der Regierung mit aller Entschiedenheit vertreten.

Während nun die Pommersche Landschaft und das Kur- und Neumärkische Kreditinstitut sich so gut als möglich mit der Reform abzufinden versuchten, verharrten die Landschaften in Ostpreußen und Schlesien in ihrem Widerstande gegen die

[1]) Geh. St. A. 74. J. IV. Schlesien 2.
[2]) Geh. St. A. 74. J. IV. 2.
[3]) M. A. Landsch. S. Pommern I. 5.

Regulierungsgesetze. Die Folge hiervon war, daß sich innerhalb der Regierung eine lebhafte Mißstimmung gegen diese beiden Institute geltend machte[1]), die zunächst in der Tonart der Ministerialreskripte ihren Ausdruck fand.

Als die Schlesische Landschaft im Jahre 1817 in einer Eingabe an den Minister des Innern behauptete, die Deklaration von 1816 habe die Besorgnisse wegen einer Gefährdung des landschaftlichen Kredits noch erhöht, erhielt sie die Antwort: „Die gesamte Einmischung der Landschaft könne nur als ein Versuch betrachtet werden, die auf größere Begünstigung der Gutsbesitzer abzweckenden Vorstellungen der Letzteren zu unterstützen und denselben dadurch eine scheinbare Wichtigkeit zu geben". Die hier zutage tretende Anschauung, wonach die Landschaft als eine Interessen-Vertretung der Gutsbesitzer angesehen wird, zeigte sich auch der Ostpreußischen Landschaft gegenüber. In einem Bericht des Ministers von Schuckmann über die Beschlüsse des Ostpreußischen Generallandtags von 1819 heißt es[2]): Die Landschaft sei in Sachen der Reformgesetzgebung nicht kompetent. Die von ihr behauptete Gefährdung ihrer Interessen sei ein leerer Vorwand, sie wolle nur das Gewicht ihrer Körperschaft dazu benutzen, die Gutsbesitzer zu unterstützen.

Das Mißtrauen des Ministers gegen die Landschaften fand eine scheinbare Bestätigung darin, daß die Schlesische Landschaft in jener Zeit versuchte, ihren Präsidenten in den Staatsrat[3]) zu bringen. Die Bestrebung der Landschaft, einen Einfluß auf die innere Politik auszuüben, trat hierbei deutlich hervor[4]). Dieser Versuch scheiterte aber an dem Widerstand der Regierung, die jetzt ängstlich darauf bedacht war, die Landschaften völlig ihres politischen Charakters zu entkleiden. Dies ging so weit,

---

[1]) Geh. St. A. 87. B. XVIII. 42. I.

[2]) Geh. St. A. 87. B. XVIII. 42. I. Schuckmann an Humboldt 7. Decbr. 1819.

[3]) Über den „Staatsrat" vgl. Meier, E.: Die Reform der Verwaltungs-Organisation unter Stein u. Hardenberg (1881).

[4]) Geh. St. A. 87. B. XVIII. 42. I. Bericht des Ministers des Innern an den Staatskanzler vom 7. Mai 1817.

daß dem Oberpräsidenten von Schön durch ein Ministerialreskript ausdrücklich untersagt wurde, die landschaftlichen Angelegenheiten in seinen Berichten als „ständische" zu bezeichnen [1]).

Nach der Einführung der Provinzialverfassung im Jahre 1823 sind die Landschaften politisch nur noch selten hervorgetreten. Eine Ausnahme bildete in dieser Beziehung nur der im Jahre 1821 errichtete Kreditverein für das Großherzogtum Posen [2]). Dieses Institut befand sich nämlich von Anfang an völlig in den Händen des regierungsfeindlichen polnischen Adels, der alle landschaftlichen Stellen mit seinen Anhängern besetzte. Selbst die bei der Landschaft angestellten, sehr zahlreichen Subalternbeamten rekrutierten sich ausschließlich aus „polnischen Patrioten". Infolge dieses Umstandes konnte die Landschaft, die ja über die ganze Provinz verzweigt war, sehr leicht in eine revolutionäre Regierung verwandelt werden, und dies war auch wohl das Ziel, das die polnischen Revolutionäre im Auge hatten. Die Staatsregierung scheint anfänglich die Bedeutung der landschaftlichen Organisation nach dieser Richtung hin nicht erkannt zu haben, während ihr sehr wohl bekannt war, daß ein Teil der dem Adel durch den Landschaftskredit zugeflossenen Mittel zur Förderung der revolutionären Bewegung verwandt worden war. Hauptsächlich aus diesem Grunde lehnte sie es im Laufe der 30er Jahre wiederholt ab, Gutsbesitzern noch nachträglich den Beitritt zu dem im Jahre 1828 geschlossenen Kreditverein zu gestatten. Wie berechtigt der Standpunkt der Regierung war, zeigte sich aufs deutlichste in den 40er Jahren. Infolge wiederholten Drängens von seiten der Posenschen Provinzialstände erklärte sich nämlich die Regierung im Jahre 1842 damit einverstanden, daß der Kreditverein auf weitere 5 Jahre zum Beitritt geöffnet würde. Von dieser Erlaubnis wurde alsbald in ausgiebiger Weise Gebrauch gemacht. Über 11¾ Mil-

[1]) M. A. L. S. Generalia 33.

[2]) Die nachfolgende Darstellung über den Posener Kreditverein beruht ausschließlich auf Berichten des Ministeriums des Innern, die — soweit ersichtlich — von dem Geh. Ober-Reg.-Rat Noah bearbeitet worden sind. (M. A. L. S. spec. Provinz Posen Nr. 20 I.).

lionen Taler flossen dem ritterschaftlichen Grundbesitze im Laufe der 40er Jahre von seiten des Kreditvereins zu. Ein großer Teil dieser Gelder kam in polnische Hände und diente zur Förderung der regierungsfeindlichen Bestrebungen, die in den Aufständen von 1846 und 1848 ihren Höhepunkt erreichten. Der Kreditverein hat aber nicht nur indirekt durch die Kreditgewährung die revolutionäre Bewegung unterstützt, sondern die polnisch gesinnten Beamten haben auch direkt die Organisation des Kreditvereins zur Förderung der gegen Preußen gerichteten Verschwörung mißbraucht. Sie vermittelten die Korrespondenz zwischen den Verschwörern, gaben ihnen Gelegenheit zu Zusammenkünften und leisteten ihren Unternehmungen in jeder Weise Vorschub. Dies veranlaßte die Regierung zum Einschreiten. Durch Königliche Kabinetsordre vom 28. Mai 1846 wurde die Leitung des Kreditvereins staatlichen Organen übertragen. Im Jahre 1848 wurde jedoch die Selbstverwaltung des Institutes wieder hergestellt. Die Landschaft rechtfertigte aber das hierdurch zum Ausdruck gebrachte Vertrauen nicht, sondern benutzte die erste Gelegenheit zu einer politischen Demonstration. Man besetzte nämlich die landschaftlichen Ämter nur mit solchen Personen, die an den regierungsfeindlichen Bestrebungen direkt teilgenommen hatten und präsentierte dem Könige als Generallandschaftsdirektor unter anderen eine der am schwersten kompromittierten Persönlichkeiten. Hieraus ergab sich für die Regierung die Notwendigkeit, jedem Versuch einer Erweiterung des landschaftlichen Wirkungskreises entgegenzutreten. Die Tätigkeit des Kreditvereins wurde daher auf die Abwicklung der bereits eingegangenen Darlehnsgeschäfte beschränkt und neue Beleihungen nicht zugelassen. Wie notwendig diese Maßnahmen waren, bestätigte eine im Jahre 1849 vorgenommene Revision des landschaftlichen Kreditwesens. Diese ergab, daß die Landschaftsdirektion sich sogar in ihrer Verwaltungstätigkeit von politischen Rücksichten hatte leiten lassen, indem sie Deutsche und laue Polen anders behandelte, als polnische Patrioten. In Anbetracht dieser Umstände hielt es die Regierung für richtiger, daß die Pflege des ländlichen Bodenkredits in der Provinz Posen einem neu zu errichtenden, unter staatlicher Leitung stehenden Institute übertragen würde.

Mit der Errichtung des in politischer Hinsicht völlig neutralen „Neuen landschaftlichen Kreditvereins" hat die politische Bedeutung des landschaftlichen Kreditwesens in Posen ihren Abschluß gefunden. Der ältere Kreditverein hat zwar noch bis zum Jahre 1877 bestanden, ist aber politisch nicht mehr hervorgetreten.

2. DAS LANDSCHAFTLICHE KREDITSYSTEM UND DIE KAPITALISTISCHE ENTWICKLUNG DER OSTELBISCHEN GUTSWIRTSCHAFT AM AUSGANG DES 18. JAHRHUNDERTS.

Nach dem siebenjährigen Kriege befand sich der ritterschaftliche Grundbesitz in den östlichen Provinzen des preußischen Staates in einer sehr bedrängten Lage[1]. Es fehlten den Gutsbesitzern die Mittel, um den durch die lange Kriegszeit völlig in Verfall geratenen Wirtschaftsbetrieb wieder aufzurichten. Die Beschaffung der hierzu erforderlichen Kapitalien machte ungemeine Schwierigkeiten, da der Kredit des grundbesitzenden Adels erheblich gesunken war. Am schlimmsten war die Lage in Schlesien[2]. Die Kreditverhältnisse des ritterschaftlichen Grundbesitzes waren hier vor dem Kriege relativ günstig gewesen. Bedurfte ein Rittergutsbesitzer früher größerer Mittel, so wandte er sich an einen Makler, der ihm gegen eine Provision von $^1/_2$ % oder 1 % von einem Kapitalisten Geld verschaffte, in der Regel zu einem Zinsfuß von 6 %. Dieses Darlehn wurde dann meistens, wenn auch nicht immer, gerichtlich versichert, oder — wie wir heute sagen — im Grundbuch hypothekarisch eingetragen. Die gerichtlichen Versicherungen erfolgten aber nur für Darlehen, die die Hälfte des letzten Kauf-

---

[1]) v. Struensee: Über das landschaftliche System in Schlesien. (1777.) S. 164.

[2]) Geh. St. A. 96. 249 D. Promemoria Carmers über die Schles. Landschaft.

preises des Gutes nicht überschritten. Die gerichtlich versicherten Hypotheken galten daher für absolut sicher. So wurden sie z. B. im Fürstentum Schweidnitz, wo sie wegen ihrer Ausfertigung auf Pergament allgemein „lederne Briefe" genannt wurden, bei Gutskäufen wie bares Geld in Zahlung genommen[1]). Dies änderte sich aber, als die Regierung während des Krieges auf Drängen kreditbedürftiger Gutsbesitzer gestattete, daß auch über die festgesetzte Grenze hinaus Hypotheken gerichtlich versichert würden. Diese verloren damit vollkommen den Charakter der absoluten Sicherheit und fielen auch häufig bei Subhastationen aus[2]). Dies veranlaßte die Kapitalisten, sich jetzt selbst über den Zustand und den Wert der von ihnen beliehenen Güter zu unterrichten. Wie schlecht es damals um den Gutsbetrieb bestellt war, wurde bereits erwähnt. Es kann daher nicht Wunder nehmen, daß die Kapitalisten die Hergabe neuer Darlehn nunmehr unterließen und obendrein versuchten, ihre auf ländlichen Grundbesitz ausgeliehenen Kapitalien zurückzuziehen. Hierzu waren sie allerdings erst in der Lage, nachdem der am 31. März 1759 erlassene Indult, durch den alle Exekutionen gegen Grundbesitzer bis zur Beendigung des Krieges untersagt worden waren, mit dem Friedensschluß sein Ende erreicht hatte. Die Sequestrationen häuften sich nun von Tag zu Tage, unzählige Konkurse waren unvermeidlich, viele Güter schienen dem Adel verloren. Da griff die Regierung mit einem neuen Indult ein. Dieser erging am 1. August 1765[3]) und bestimmte, daß Niemand verpflichtet sei, seine vor Erlaß des Indultes gemachten Schulden oder Zinsrückstände vor dem 1. August 1768 zurückzuzahlen. Die Gewährung dieses neuen Moratoriums rief in den Kreisen der Kapitalisten eine große Verstimmung hervor und veranlaßte sie, für die nächste Zukunft von jeder Kreditgewährung an den ritterschaftlichen Grundbesitz abzusehen. So kam es, daß nach Beendigung des zweiten Indultes eine förmliche Kreditkrisis[4]) im

---

[1]) Gedanken eines Patrioten. (1770.) S. 18.

[2]) Zöllner: Briefe über Schlesien. (1793.) Th. II. 395.

[3]) Kornsche Edikten-Sammlung. Bd. VIII. S. 715.

[4]) Möser, Justus: „Patriotische Phantasien". (1804.) III. 381.

Bereiche des ländlichen Grundbesitzes ausbrach. Binnen kurzem wurden mehr als 400 Rittergüter zur Subhastation gestellt. Die Güterpreise fielen rapid, und der Ruin des grundbesitzenden Adels erschien unausbleiblich. Zu diesem Zeitpunkte erging die berühmte Kabinetsordre vom 25. August 1769, der das landschaftliche Kreditsystem seine Entstehung verdankt. Im Juli 1770 trat die Schlesische Landschaft ins Leben, und damit erreichte die Kreditkrisis ihr Ende. Einzig und allein der Errichtung der Landschaft hatte es der Schlesische Adel zu verdanken, daß er sich in seinem Besitz erhalten konnte. Ähnlich günstige Wirkungen erzielten auch die nach dem Vorbilde der Schlesischen Landschaft errichteten Landschaften in Pommern, Westpreußen und Ostpreußen. Die Pommersche Landschaft bewahrte annähernd 100 Rittergutsbesitzer vor dem Untergang, und auch in den beiden letztgenannten Provinzen konnten sich zahlreiche Gutsbesitzer nur mit Hilfe des Landschaftskredits auf ihren Gütern behaupten. Das im Jahre 1777 errichtete Kur- und Neumärkische Kreditinstitut kam den bisher genannten Landschaften an Bedeutung nicht gleich. Immerhin hat auch dieses Institut wesentlich zur Verbesserung der ländlichen Kreditverhältnisse beigetragen. Im ganzen haben die fünf alten Landschaften dem ritterschaftlichen Grundbesitz bis zum Jahre 1805 etwa 54 Millionen Taler zugeführt. Hiervon entfallen:

auf	die	Schlesische Landschaft	ca.	24,2	Mill.	Taler,
„	„	Westpreußische „	„	9,9	„	„
„	„	Ostpreußische „	„	9,0	„	„
„	„	Pommersche „	„	6,8	„	„
„	das	Kur- u. Neumärk. Kredit-Inst.	„	3,8	„	„
			Summa:	53,7	Mill.	Taler.

Die Kapitalien, die dem Adel von seiten der Landschaften zuflossen, wurden teils zur Ablösung hochverzinslicher Hypotheken, teils zur Vornahme von Meliorationen verwandt; hauptsächlich aber wurde der Landschaftskredit zwecks Erwerb von Grundbesitz in Anspruch genommen. Mit der Errichtung der Landschaften hatte nämlich der Kreis derjenigen Personen, für die die Erwerbung eines Rittergutes in Frage kommen konnte, eine wesentliche Erweiterung erfahren. Auch die weniger Vermögenden konnten jetzt Rittergüter erwerben. Dank der landschaftlichen Beleihung waren hierzu bare Mittel kaum erforderlich[1]). Der Gutskäufer konnte mit Hilfe des Landschaftsdarlehns den größten Teil des Kaufpreises bestreiten. Da der Kredit der Rittergutsbesitzer sich seit der Errichtung der Landschaften sehr gehoben hatte, so machte auch die Beschaffung von Nachhypotheken, die hinter dem Landschaftsdarlehn rangierten, keine Schwierigkeiten[2]). Mit den auf diesem Wege erlangten Kapitalien konnte dann das Restkaufgeld, falls es der Vorbesitzer nicht überhaupt stehen ließ, abbezahlt werden. Der Ankauf von Rittergütern war somit jetzt sehr erleichtert. Dies war um so bedeutungsvoller, als die hohen Getreidepreise, die den Ackerbau zu einem rentablen Erwerbszweig machten, gleichzeitig eine lebhafte Nachfrage nach ländlichem Grundbesitz hervorriefen.

Man begegnet vielfach der Anschauung, daß der Besitzwechsel innerhalb des ländlichen Grundbesitzes in früheren Zeiten nicht annähernd so häufig gewesen sei, wie heutzutage. Diese Behauptung trifft für die Epoche von 1780—1806 jedenfalls nicht zu. Der Güterhandel innerhalb des ritterschaftlichen Grundbesitzes in den östlichen Provinzen Preußens hatte nämlich damals einen enormen Umfang.

In seinem Werke „Schlesien vor und seit dem Jahre 1740“[3]) schreibt von Klöber, daß in den letzten Dezennien des XVIII. Jahrhunderts in Schlesien mit Landgütern fast wie mit Pferden gehandelt worden sei. „Der Geist der Spekulation habe den Kauf und Verkauf der Güter zu einem Handlungsverkehr gemacht“. Ferner berichtet Deßmann[4]), daß die Mobilisierung des ritterschaftlichen Grundbesitzes damals so groß gewesen sei, daß nur

---

[1]) Krüger: Über das landschaftliche Institut für das Großherzogtum Posen. (1822.) XLI.

[2]) Geh. St. A. 89. 62 B. (Die schlesische L. 1797—1804.)

[3]) Th. II. S. 329.

[4]) Deßmann, G.: Geschichte der Schlesischen Agrarverfassung S. 248. (1904.)

wenige Adelige auf ihren ererbten Gütern verblieben seien. Am deutlichsten aber ist der Umfang des schlesischen Güterhandels gekennzeichnet durch die Tatsache, daß zwischen 1785 und 1799 wiederholt Edikte [1]) zu seiner Bekämpfung ergingen, ohne aber ihren Zweck zu erreichen. Die Güterspekulation blieb unausrottbar. Allein im Jahre 1798 wurden 118 Schlesische Rittergüter für ungefähr 6,7 Mill. Taler freiwillig verkauft [2]).

Ähnliche Zustände wie in Schlesien, herrschten in jener Zeit auch in Ostpreußen. Die Güter des Adels waren ein Gegenstand der Spekulation geworden. Seit der Errichtung der Landschaft herrschte darin, um mit von Haxthausen [3]) zu reden, ein Handel und Wandel, wie mit holländischen Blumenzwiebeln. Zahlreiche Güter wechselten in kurzer Zeit ihren Besitzer nicht ein-, sondern mehreremal. Diese Bewegung dauerte noch bis zum Ausbruch des Krieges fort. Im Jahre 1805 fanden 123 und im Jahre 1806 weitere 92 Verkäufe von Ostpreußischen Rittergütern statt.

Hinsichtlich des Güterhandels in Westpreußen genügt es, darauf hinzuweisen, daß im Jahre 1787 sich erst ungefähr 50, im Jahre 1807 aber bereits 221 von insgesamt 765 Rittergütern in den Händen von deutschen Besitzern befanden [4]).

Sehr zahlreich waren auch die Besitzwechsel in der Kur- und Neumark und Pommern [5]); in letzterer Provinz wurden 1805/06 nicht weniger als 136, in ersterer gar 151 Rittergüter veräußert. Leider liegen für diese Provinzen keine ziffernmäßigen Angaben über die Besitzwechsel während der letzten Jahrzehnte des XVIII. Jahrhunderts vor, doch gewinnt man aus den Akten den Eindruck, daß die Verkäufe von Rittergütern

[1]) Vgl. Kornsche Ediktensammlung.

[2]) Schles. Provbl. 1799. S. 72.

[3]) von Haxthausen: Die ländliche Verfassung in den einzelnen Provinzen der preuß. Monarchie S. 184.

[4]) Vgl. Holsche, A. K.: Geographie und Statistik von West-, Süd- und Neu-Ostpreußen. (1807.)

[5]) Vgl. Versuch über das Steigen der Preise von allen Grundstücken, besonders der Landgüter in Hinterpommern. (1798.)

damals nicht weniger zahlreich waren, als in den Jahren 1805 und 1806.

Die Grundbesitzverschiebungen am Ende des XVIII. Jahrhunderts hatten nun zur Folge, daß zahlreiche Rittergüter den alteingesessenen Familien verloren gingen. Für die neuen Besitzer waren aber die Rittergüter vielfach nichts weiter als eine Rentenquelle. Ein kapitalistischer Geist zog damit in die Landwirtschaft ein. Dieser Übergang zu der kapitalistischen Landwirtschaft wurde durch die reiche Kapitalzufuhr seitens der Landschaften auf das Entschiedenste gefördert. Dies war aber nicht die einzige Beziehung, welche zwischen dem Kreditsystem und der Umwandlung der bisherigen Bedarfdeckungswirtschaft in eine Erwerbswirtschaft bestand. Auch das schnelle Eindringen des rationalistisch-kapitalistischen Geistes in die Landwirtschaft ist zum großen Teil auf das landschaftliche Kreditsystem, oder, genauer gesagt, auf das landschaftliche Taxwesen zurückzuführen.

Die Taxgrundsätze der Landschaften beruhten auf dem System der Ertragstaxe. Das Charakteristische dieser Taxmethode besteht darin, daß zunächst der Reinertrag des abzuschätzenden Grundstücks festgestellt und erst aus diesem unter Zugrundelegung eines bestimmten Zinsfußes der Kapitalwert ermittelt wird. Bei dieser Abschätzungsart war also nicht der Umfang des Gutes und die Bodenbeschaffenheit, sondern einzig und allein der Ertrag das entscheidende Moment. Die starke Betonung des Ertragsmomentes beeinflußte nun die Gutsbesitzer in kapitalistischem Sinne. Dies geschah in um so höherem Maße, als die Landschaftstaxen allgemein als ein objektiver Maßstab für die Bewertung der Güter angesehen und auch von der Gesetzgebung anerkannt wurden[1]). Es würde zu weit führen, wenn wir auf alle Einzelheiten der landschaftlichen Taxgrundsätze eingehen wollten, um so mehr, da sie bei den einzelnen Landschaften nur unerheblich von einander abwichen. Wir beschränken uns daher darauf, das Taxwesen der Schlesischen Landschaft kurz zu charakterisieren.

---

[1]) Meitzen, A. III. 180.

Bei der Abschätzung eines Gutes durch die landschaftliche Taxkommission wurde zunächst der tatsächliche Ausdrusch ermittelt. Hiervon kamen in Abzug die Aussaat, die „den Wirtschaftsbedienten zustehenden Getreidedeputate“, weiterhin die sogenannte Mandel und Hebe, d. i. die Entschädigung der Dreschergenossenschaft, sowie endlich das sonstige etwa zu Wirtschaftszwecken erforderliche Getreide. Zu dem alsdann verbleibenden Quantum wurde noch das Zinsgetreide der Untertanen hinzugerechnet. Der so ermittelte Getreideertrag wurde nun nach bestimmten Sätzen in Geld umgerechnet. Dies war der erste und größte Posten auf der Einnahmeseite der Taxe. Es folgten sodann die sehr sorgfältig ermittelten Einkünfte aus der Viehzucht, dem Obstbau, den Forsten und Wäldern, der Jagd und Fischerei, sowie etwaiger gewerblicher Nebenbetriebe. Den Schluß bildeten die Einnahmen aus den bäuerlichen Abgaben. Nach einem ganz bestimmten Modus wurde der jährliche Ertrag der Laudemien der Loslassung-, Schutz- und Dienstgelder festgestellt und in die Taxe eingesetzt. Von dem Gesamtertrag wurden dann die dauernden Lasten abgezogen. Hierzu gehörten in erster Linie Steuern, geistliche Abgaben, Gesindelohn und die jährlichen Ausgaben für die Unterhaltung der Gebäude. Der nach Abrechnung der Lasten verbleibende Reinertrag wurde nun unter Zugrundelegung eines Zinsfußes von 5% kapitalisiert. Zu der Kapitaltaxe wurde schließlich noch ein bestimmter Betrag für den Wert der Wohngebäude zugeschlagen, und andererseits eventuelle Inventardefekte in Abzug gebracht. Das Endresultat dieser Rechnung wies den Taxwert aus, der dann die Grundlage für die Kreditbemessung abgab.

Das Abschätzungsverfahren vollzog sich bei den übrigen Landschaften in der Hauptsache nach denselben Prinzipien, wie in Schlesien. Ein wesentlicher Unterschied bestand darin, daß in den Marken und Vorpommern die bäuerlichen Dienste in Geld berechnet und als Einnahme in der Taxe aufgeführt wurden, während sie in den übrigen Landschaftsbezirken „als zur Bewirtschaftung notwendig“ nicht besonders in Anschlag gebracht wurden. In Hinterpommern mußte genau ermittelt werden, ob überflüssige Dienste vorhanden waren; nur diese durften in Geld berechnet und in der Taxe als Einnahme verzeichnet werden. — Trotz einzelner Verschiedenheiten war aber den Taxprinzipien der Landschaften das Eine gemeinsam, daß überall die Frage nach der Höhe des Reinertrages in den Vordergrund gestellt wurde.

Gegen Ende des XVIII. Jahrhunderts trat nun innerhalb des ritterschaftlichen Grundbesitzes in den östlichen Provinzen des preußischen Staates allgemein das Bestreben nach einer Erhöhung der Gutserträge hervor. Hierbei griff man zu den verschiedensten Mitteln. Das Bedeutsamste von ihnen war der Übergang zu einer rationelleren Wirtschaftsweise, der vielfach durch die Aufnahme von Landschaftsdarlehen erleichtert wurde. Nicht nur die Kosten der Umgestaltung des Wirtschaftsbetriebes konnten jetzt mit Hilfe des Landschaftskredits gedeckt werden, auch die Zinsersparnisse, die infolge der Ablösung hochverzinslicher Hypotheken durch die landschaftliche Beleihung eintraten, wurden vielfach zur Vornahme von Meliorationen verwandt. Die Bedeutung des landschaftlichen Kreditwesens für die Hebung der Landeskultur hat allgemeine Anerkennung gefunden. So heißt es z. B. bei Jacobi[1]) mit Bezug auf Schlesien: „Schon durch die von aufgeklärten und erfahrenen Landwirten aufgenommenen Gütertaxen verbreiteten sich richtige Wirtschaftskenntnisse; mancher Gutsbesitzer wurde mit der wahren Beschaffenheit seines Gutes und mit den für dasselbe angezeigten Wirtschaftsverbesserungen erst durch die landschaftliche Taxe bekannt gemacht. Mit den Pfandbriefen wurden nicht nur Schulden bezahlt, sondern auch die zerrütteten Güter wieder instandgesetzt, Inventarienstücke ergänzt, gutes Saatgetreide beschafft, Düngmittel gekauft, Meliorationen ausgeführt, Wüstungen urbar gemacht, neue Vorwerke und Kolonieen erbaut usw.

Von ähnlich günstigen Wirkungen des Kreditsystems auf die Landeskultur wird auch aus den übrigen Provinzen be-

---

[1]) Jacobi: Ländliche Zustände in Schlesien während des vorigen Jahrhunderts (1884) S. 115.

richtet[1]). In dem Berichte der Ostpreußischen Generallandschaftsdirektion vom Jahre 1798 ist in dieser Beziehung gesagt: „Die Erfahrung habe gelehrt, wie wohltätig das Kreditsystem auf die Kultur der Landgüter sei. Die mit Sorgfalt gehaltenen Taxen der Güter haben die Besitzer derselben über deren Zustand belehrt, ihnen Hilfsquellen gezeigt, die bisher verborgen geblieben seien, und sie zu wichtigen Meliorationen ermuntert“[2]).

Ganz besonders günstige Folgen hatte das landschaftliche Kreditsystem für die in wirtschaftlicher Hinsicht sehr zurückgebliebenen Gutswirtschaften in Oberschlesien. In einer sich mit diesem Landesteil speziell beschäftigenden anonymen Schrift[3]), in der die Wirkungen des Kreditsystems einer scharfen Kritik unterzogen werden, wird behauptet, „daß der einzige unbezweifelte Vorteil der Landschaft in ihrer Einwirkung auf die Landeskultur bestehe“. Der Einfluß des Kreditsystems in dieser Richtung wurde so hoch geschätzt, daß man ernstlich daran dachte, dem Kleebau in Oberschlesien mit Hilfe der Landschaft zu einer weiteren Ausbreitung zu verhelfen[4]). Man schlug nämlich vor, daß jedem Gutsbesitzer, der nicht wenigstens den sechsten Teil des Brachfeldes mit Klee angepflanzt hätte, entsprechend weniger Kredit von der Landschaft gewährt werden sollte. Dieser Vorschlag entsprang der durchaus richtigen Beobachtung, daß die Gutsbesitzer sich leichter zu einer Veränderung der Wirtschaftsweise entschlossen, wenn ihnen dadurch die Aussicht auf eine höhere Kreditgewährung eröffnet wurde. Eine Erhöhung der Landschaftstaxe trat nun nicht nur auf Grund derartiger wirtschaftstechnischer Maßnahmen ein, sondern wurde auch durch jede anderweitige Steigerung des Gutsertrages bewirkt. Diese konnte den verschiedensten Quellen entspringen. Ein einfaches Mittel zur Erreichung eines höheren Reinertrages bestand darin, daß man die Nutzungsrechte der Bauern ein-

[1]) Vgl. u. a. Holsche, A. C.: Der Netzedistrikt (1793).

[2]) L. A. Königsberg XVI. 30. S. 22.

[3]) Sieben Kapitel, veranlaßt durch die Verordnung vom 31. Dezember 1789. S. 31.

[4]) Schles. Provinzialbl. VI. 295.

schränkte oder ihnen mehr Lasten als bisher aufbürdete. Beides kam in Oberschlesien vor, wo den Bauern vielfach Hütungsrechte und Holznutzungen entzogen wurden[1]). An anderen Orten schaffte man Gesinde ab und vermehrte die bäuerlichen Dienste. Die Wirtschaftsausgaben wurden auf diese Weise geringer, der Reinertrag entsprechend höher. Die häufig vorkommende Verminderung des Gesindes veranlaßte die Schlesische Landschaft, zu bestimmen, daß in der Taxe nicht die Kosten für das tatsächlich vorhandene Gesinde, sondern für das eigentlich erforderliche Gesinde in Abzug gebracht werden müßten[2]). Eine Vermehrung der bäuerlichen Dienste ohne gleichzeitige Abschaffung von Gesinde hatte in Schlesien keine Erhöhung der Landschaftstaxe zur Folge. Dagegen trat eine solche ein, wenn die Gutsherren ihre Bauern von den Diensten befreiten und sie auf bares Geld setzten. Wenn z. B.[3]) zu einem Gute 24 Bauern gehörten, die sämtlich Spanndienste leisteten, so kam hierfür nichts auf der Einnahmeseite der Taxe in Anschlag. Lösten aber die Bauern die Dienste durch Übernahme einer jährlichen Rente von je 80 Taler ab, so erhöhte sich die Einnahmeseite der Taxe um 38400 Taler. Auf der anderen Seite kamen allerdings die für die Vermehrung des Gesindes und des Spannviehes nunmehr entstehenden Ausgaben in Abzug. Trotzdem verblieb aber noch ein ansehnliches Plus gegenüber der vor der Dienstablösung aufgenommenen Taxe. Dieser Umstand soll, wie Krüger berichtet, mehrfach die Veranlassung zu derartigen Dienstreluitionen gewesen sein. Daß die Ablösung der bäuerlichen Dienste den Gutsbesitzern tatsächlich materielle Vorteile brachte, zeigt das folgende Beispiel[4]). In Otterndorf im Kreise Sprottau kauften sich die Bauern im Jahre 1785 durch Kapitalzahlungen von ihren Diensten los. Der Loskauf brachte

[1]) Knapp, G. F.: Die Bauern-Befreiung und der Ursprung der Landarbeiter in den älteren Teilen Preußens. (1887.) I. 71.

[2]) Rev. Detaxations-Prinzipien v. 20. Febr. 1775.

[3]) Dieses Beispiel ist entnommen: Krüger: Über das landschaftliche Institut für das Großh. Posen etc. (1822.) XLIII.

[4]) Schles. Provinzialblätter (1785.) I. 360.

dem Gutsherrn ein Kapital von 15 000 Talern ein. In Wirklichkeit soll nach zuverlässiger Schätzung die Hälfte der Zinsen dieser Summe zum Ersatz der Dienste genügt haben. Das betreffende Gut erhielt infolge dieser Dienstablösung nach landschaftlichen Taxgrundsätzen einen Mehrwert von 6000 Talern. Der Einfluß des landschaftlichen Kreditsystems auf diese in Schlesien mehrfach vorgekommenen privaten Dienstablösungen ist unverkennbar.

Auch in Pommern wurden in jener Zeit vielfach Veränderungen in dem gutsherrlich-bäuerlichen Verhältnis durch private Abmachungen herbeigeführt, mit denen der Gutsherr in der Hauptsache eine Erhöhung der Einkünfte aus seinem Besitze bezweckte[1]). Seit 1780 — das ist gerade seit Gründung der Landschaft – setzten viele Gutsherren die Pachtgelder der Bauern nach und nach erheblich herauf. Da dies rechtlich nur bei den Zeitpachtbauern zulässig war, so wurden zahlreiche bisher erbliche Lassiten in solche verwandelt. Dies geschah in der Weise, daß die Gutsherren ihre Bauern zum Abschluß eines schriftlichen Pachtkontraktes veranlaßten, in dem eine bestimmte Reihe von Jahren, meistens sechs, als Pachtzeit festgesetzt und gleichzeitig ein höheres Pachtgeld, als bisher, stipuliert wurde. In diese Bedingung willigten viele Bauern ein, weil sie fürchteten, andernfalls ihre Stellen zu verlieren. Für die Gutsherrn war diese Transaktion in mehrfacher Hinsicht von Vorteil. Einmal brachte sie ihnen eine sofortige Erhöhung ihrer Einnahmen. Außerdem aber war ihnen die Möglichkeit gegeben, die Bauernstelle nach Ablauf der Pachtzeit an einen anderen Bauern, der ein höheres Gebot darauf machte, zu verpachten. Jede Erhöhung der Pachtsumme hatte selbstverständlich auch eine Erhöhung der Landschaftstaxe zur Folge. Dies war um so wichtiger, als gerade in Pommern die landschaftlichen Taxen verhältnismäßig niedrig waren[2]) und nicht annähernd die Ausnützung des Landschaftskredits zuließen, wie z. B. in Ostpreußen. Es ist also sehr gut

[1]) Knapp I. 63.

[2]) Krug, Leopold: Betrachtungen über den National-Reichtum des preuß. Staates (1805) I. 40.

denkbar, daß manche Gutsbesitzer durch eine allzu knappe Kreditbemessung zu der geschilderten Methode der Ertragssteigerung angeregt wurden. Wahrscheinlich gab auch das landschaftliche Taxsystem den Anstoß zu dem Abschluß der schriftlichen Pachtkontrakte. War nämlich ein derartiger Vertrag vorhanden, so gestaltete sich die Abschätzung der bäuerlichen Leistungen sehr einfach, da das schriftlich vereinbarte Pachtgeld ohne Weiteres als dauernder Ertrag in die Taxe eingestellt werden durfte. Fehlte ein schriftlicher Pachtvertrag, dann mußten die Gutsbesitzer durch Zeugen oder aus ihren Büchern nachweisen, wieviel die Bauern tatsächlich in den letzten Jahren entrichtet hatten. Bei der mangelhaften Buchführung jener Zeit[1]) war dieser Nachweis häufig recht schwer zu erbringen. Die Gutsherren ergriffen daher gern die Gelegenheit, um durch eine schriftliche Fixierung des Pachtgeldes diesen Schwierigkeiten zu entgehen.

Bestrebungen der Gutsherren, durch höhere Belastung der bäuerlichen Untertanen eine Vermehrung der Gutseinnahmen zu erzielen, traten damals auch in Ostpreußen zutage. Während man aber in Pommern dieses Ziel durch eine Verschlechterung des bäuerlichen Besitzrechtes zu erreichen versuchte, trat in Ostpreußen der umgekehrte Fall ein. Verschiedene Gutsbesitzer verwandelten nämlich ihre unerblichen Scharwerksbauern in erbliche Hochzinser[2]). Mit dieser Verbesserung des Besitzrechtes ging aber eine wesentliche Erhöhung der bäuerlichen Abgaben Hand in Hand. So hatten die Bauern von Groß-Beynuhnen vor der Umwandlung je 12 Taler 20 gr., nach derselben 20 Taler 30 gr. an jährlichen Zinsen zu entrichten. Mit der Umwandlung fand vielfach gleichzeitig eine umfangreiche Herabsetzung der Spann- und Handdienste statt. In diesem Falle konnte die ganze Transaktion für die Bauern bisweilen recht vorteilhaft sein. In höherem Maße war sie es jedenfalls für den Gutsherrn, der die Dienste nur dann verminderte, wenn er sie entbehren konnte.

[1]) Vgl. Verlieren oder gewinnen die Gutsbesitzer d. Pr. St. durch d. Ed. v. 14. Sept. 1811? (1812).

[2]) Böhme: Gutsherrlich-bäuerliche Verhältnisse in Ostpreuß. während der Reformzeit 1770—1830. (1902) S. 14.

Eines ist allen den von uns beschriebenen Maßnahmen gemeinsam, einerlei, ob sie nun in Dienstablösung, wie in Schlesien, bestehen, oder — wie in Pommern — in Pachterhöhung, oder — wie endlich in Ostpreußen — in Zinserhöhung und Diensterleichterung: Sie alle sind der Ausdruck des Wunsches der Gutsbesitzer, ihre Einnahmen auf einfache Art zu steigern. Sie legen somit Zeugnis ab von dem Erwachen des Erwerbstriebes in den Kreisen der ostelbischen Gutsherren. Vorgänge, wie die von uns geschilderten, sind nur in Wirtschaften denkbar, die durchaus von kapitalistischem Geiste erfüllt sind. Wir tragen daher, im Gegensatze zu Sombart[1]), kein Bedenken, die ostelbische Gutswirtschaft am Ausgange des XVIII. Jahrhunderts als eine kapitalistische zu bezeichnen.

3. DIE WIRTSCHAFTLICHE BEDEUTUNG DES LANDSCHAFTLICHEN KREDITWESENS FÜR DEN GROSSGRUNDBESITZ IN DER ZEIT VON 1805—1905.

Die Blüteperiode, die für die Landwirtschaft in den letzten Dezennien des XVIII. Jahrhunderts begonnen und bis in die ersten Jahre des XIX. Jahrhunderts angedauert hatte, erreichte mit dem Zusammenbruch des preußischen Staates ein jähes Ende. Die Kriegszeit von 1806—1813 traf die aufblühende Landwirtschaft mit vernichtenden Schlägen. Ungeheure materielle Opfer mußte der ritterschaftliche Grundbesitz in jener schweren Zeit bringen. So hatten 20 Güter im Breslauer Kreise, deren Jahresertrag auf etwa 30 000 Taler geschätzt war, Kriegskontributionen in Höhe von 28 125 Talern zu entrichten[2]). Noch größer waren die Verluste der ostpreußischen Gutsbesitzer: Es betrugen z. B. von 1806—1807 die Kriegsverluste der Güter:

Angerapp[3])	15 824 Taler,
Beynuhnen[4])	18 090 „

---

[1]) Sombart, W.: Der moderne Kapitalismus. II. 87.

[2]) Vgl. v. der Goltz, H.: Über das Verhältnis der Grundeigentümer zu den übrigen Staatsbürgern. (1815).

[3]) u. [4]) Böhme a. a. O. S. 61 ff.

Krafftshagen[1])	13 220 Taler,
Schwaraunen u. Borcken[2])	26 923 „
Metgethen[3])	14 661 „

Dazu kamen aber noch die Schädigungen, die die Güter im Jahre 1812 infolge des Durchmarsches der großen Armee erlitten. Diese betrugen z. B. bei den oben aufgeführten Beynuhner Gütern fast 19 000 Taler. Hierbei sind die Lieferungen an die preußischen und russischen Truppen noch nicht einmal mitgerechnet.

Mit der Bewirtschaftung der Güter war es während der Kriegsperiode sehr schlecht bestellt. Den großen Ausgaben standen daher nur geringe Einnahmen gegenüber. Überall machte sich ein dringendes Bedürfnis nach Notstandskredit bemerkbar. Die Landschaften, die einzige Kreditquelle der Gutsbesitzer während der Kriegszeit, wurden mit Darlehnsgesuchen bestürmt. Selbst als die Pfandbriefkurse bereits stark gefallen und der Landschaftskredit hierdurch sehr verteuert war, gingen noch zahlreiche Beleihungsanträge ein. So hat die Ostpreußische Landschaft in den Jahren 1809—1811 bei einem Pfandbriefkurs von durchschnittlich 60 % gegen 30 Rittergüter neubeliehen und Pfandbriefe in Höhe von ungefähr 1/2 Million Taler ausgefertigt. Als aber der Kurs der Pfandbriefe im Jahre 1812 bis auf 33 % fiel, veranlaßte die Regierung die Landschaft, ihre Beleihungstätigkeit wesentlich einzuschränken[4]). Diese Maßregel entsprang der Anschauung, daß die Aufnahme von Darlehen, die eine 10 %ige Verzinsung erforderten, dem wirtschaftlichen Interesse der Gutsbesitzer zuwiderlaufe.

Auch die Westpreußische Landschaft, die durch die Abtretung eines großen Teils ihres Gebietes an das Großherzogtum Warschau auf das Schwerste erschüttert worden war, sah sich damals mit Rücksicht auf den niedrigen Kurs ihrer Pfandbriefe, zu einer zeitweiligen Einstellung ihrer Beleihungstätigkeit gezwungen.

---

[1]) u. [2]) Strehl, W.: Chronik von Krafftshagen (1905).

[3]) Rühl, Fr.: „Verluste eines samländ. Gutes" im Jahre 1807. (Altpr. Monats. XXXX.).

[4]) L. A. Königsberg XVI. 64.

Im Gegensatz zu der Ostpreußischen und der Westpreußischen Landschaft erhielten die landschaftlichen Kreditinstitute in Schlesien, Pommern und Brandenburg die uneingeschränkte Kreditgewährung auch während des Krieges aufrecht.

Wie hoch sich die Summen belaufen, die dem ritterschaftlichen Grundbesitz während der Kriegsperiode von den Landschaften zur Verfügung gestellt wurden, läßt sich nur schätzungsweise feststellen. Es dürften 8—10 Millionen Taler gewesen sein. Von diesen Beträgen entfiel ein sehr großer Teil auf Neubeleihungen. Viele Gutsbesitzer, die den Landschaftskredit noch nicht in Anspruch genommen hatten, taten dies nunmehr und verschafften sich auf diesem Wege die zur Beseitigung der Kriegsschäden erforderlichen Mittel. In dieser Beziehung wirkte daher das Kreditsystem während der Kriegszeit außerordentlich segensreich. In noch höherem Maße trifft dies für die erste Zeit nach dem Friedensschluß zu. In den Jahren 1815—1820 bewilligten die fünf Landschaften Darlehen in einem Gesamtbetrage von mehr als 12 Millionen Talern. Ein großer Teil dieser Darlehen diente zum Ersatz für Privatkapitalien, die zur Rückzahlung gekündigt worden waren[1]). Dies war nämlich in so großem Umfange geschehen, daß ohne das Eingreifen der Landschaften[2]) eine Kreditkrisis unvermeidlich gewesen wäre. Bei der Pommerschen Landschaft allein wurden während der bezeichneten fünf Jahre mehr Rittergüter neubeliehen, als insgesamt während der Zeit von 1795—1815.

Bei der Schlesischen Landschaft stieg der Gesamtbetrag der Beleihungen in den Jahren 1815—1820 um 5 240 000 Taler. Da sich nun die Gesamtverschuldung aller Schlesischen Ritter-

---

[1]) Vgl. Geh. St. A. 74. J. IV. L. u. St. Pommern 2. vol. 3. u. Strehl: Chronik v. Krafftshagen.

[2]) Böhme behauptet (a. a. O. S. 80), daß die Ostpr. Landschaft damals „soweit ihr irgend Mittel zur Verfügung standen" die Güter beliehen habe. Er geht hierbei offenbar von der Anschauung aus, daß die Landschaft in ihrer Beleihungstätigkeit von dem Besitze barer Mittel abhängig war. Dies ist jedoch unzutreffend, da die Landschaft die Darlehen nicht in „bar", sondern in „Pfandbriefen" auszahlte.

güter in dieser Zeit nur um $2\,^1/_2$ Millionen erhöhte[1]), so muß die Landschaft damals Privathypotheken im Betrage von fast 3 Millionen Talern abgelöst haben. Diese Zahlen geben uns ein klares Bild von den Verschiebungen, die in jener Zeit im Bereiche des ländlichen Bodenkreditwesens stattfanden. Das Privatkapital, das bei einer Anlage in Staatspapieren eine Verzinsung von sechs oder gar sieben Prozent erzielen konnte, wandte sich mehr und mehr vom Grundbesitz ab[2]) und wurde durch den Landschaftskredit ersetzt. Dieser Vorgang entsprach durchaus den wirtschaftlichen Interessen der Grundbesitzer. Die teuern und kündbaren Privathypotheken wurden in großem Umfange durch die billigeren und unkündbaren Landschaftsdarlehen abgelöst. Die hierbei eintretende Zinserleichterung war besonders wichtig in einer Zeit, in der den Gutsbesitzern ohnehin durch Erhöhung der Steuern und Abgaben viele neue Lasten aufgebürdet wurden. So hat der Kredit, den die Landschaften dem Grundbesitz zur Verfügung stellen konnten, manchem Grundbesitzer über die damalige schwere Zeit hinweggeholfen. Hierin bestand die wirtschaftliche Bedeutung des landschaftlichen Kreditsystems für den ritterschaftlichen Grundbesitz in der Zeit von 1806—1820.

Während der zwanziger Jahre des XIX. Jahrhunderts stand das landschaftliche Kreditwesen völlig im Zeichen der Agrarkrisis. Hervorgerufen war diese durch einen rapiden Fall der Getreidepreise, die zeitweilig so niedrig waren, daß sie nicht einmal die laufenden Produktionskosten zu decken vermochten[3]). Unter diesen Umständen war die Mehrzahl der Gutsbesitzer außerstande, die Landschaftszinsen regelmäßig zu entrichten. Infolge dieser Stockung in der Zinszahlung sahen sich die Landschaften genötigt, eine große Zahl von Rittergütern in Sequestration zu nehmen. Bei der Westpreußischen Landschaft betrug die Zahl

[1]) Meitzen III. 193.

[2]) v. Bülow-Cummerow: Über die Verwaltung des Staatskanzlers Fürsten Hardenberg (1821) S. 31.

[3]) Vgl. Ucke, A.: Die Agrarkrisis in Preußen während der 20er Jahre dieses Jahrhunderts. (1888.)

der sequestrierten Güter im Jahre 1821 schon 135 und stieg bis 1826 auf 250. In dieser Zeit waren in Ostpreußen 154 Rittergüter, d. i. mehr als ein Viertel aller beliehenen Güter, in landschaftlicher Zwangsverwaltung. Bei der Pommerschen Landschaft befanden sich von 1826—1829 stets mehr als 100 Güter in Sequestration. Ähnlich lagen die Dinge bei der Schlesischen Landschaft, wo die Zahl der sequestrierten Güter bis auf 114 anwuchs. Während es nun mit Hilfe der Sequestrationen in früheren Zeiten fast immer möglich gewesen war, die Landschaftszinsen aus dem Gutsertrag zu decken, versagte dieses Mittel jetzt vollkommen. Es blieb den Landschaften daher nichts anderes übrig, als die betreffenden Güter zur Subhastation zu stellen. Infolge der obwaltenden mißlichen Verhältnisse waren die Güterpreise aber bereits derartig gefallen, daß bei den Subhastationen oft nicht einmal die landschaftliche Beleihung ausgeboten wurde. Auf diese Weise brachten die Zwangsverkäufe den Landschaften große Ausfälle. Die Ostpreußische und Westpreußische Landschaft mußten sogar eine Anzahl Güter, da andere Käufer nicht zu finden waren, selbst übernehmen und konnten sie nur mit Verlust weiterverkaufen.

Diese Vorgänge brachten die Landschaften zu der Überzeugung, daß die bisher von ihnen gewährten Kredite zu hoch gewesen seien und veranlaßten sie, fortan die äußerste Vorsicht bei der Kreditbemessung zu beobachten. Am weitesten ging hierin die Ostpreußische Landschaft. Sie beschloß bereits im Jahre 1823, daß fortan nicht mehr zwei Drittel, sondern nur die Hälfte des Taxwertes als Darlehn gegeben werden sollte. Auch die Beleihungen, die ohne Taxe auf Grund des letzten Erwerbspreises erfolgten, wurden viel niedriger als zuvor angesetzt. Seit 1826 wurden ferner die bäuerlichen Leistungen nicht mehr mit der Hälfte, sondern nur mit einem Viertel ihres Wertes in Anschlag gebracht. Die Taxen ergaben daher viel niedrigere Resultate, als in früheren Zeiten. Waren die Landschaftstaxen ehemals zu hoch gewesen, so blieben sie jetzt meistens hinter dem wirklichen Werte zurück.

Ähnliche Maßnahmen zur Beschränkung der Kreditgewährung wie die Ostpreußische, traf auch die Westpreußische Landschaft. Da nun ihre Beleihungen so wie so nicht über die Hälfte des Taxwertes hinausgingen, so waren ihre Bestrebungen in erster Linie darauf gerichtet, möglichst niedrige Taxen zu erzielen. Wie rigoros sie hierbei vorging, soll an einem Beispiele gezeigt werden[1]). Der Besitzer des Gutes Kl. Tromnau, das von der Landschaft mit 38 200 Talern beliehen war, hatte auf den ihm bei der Regulierung zugefallenen Ländereien zwei neue Vorwerke errichtet und hierfür laut Attest der Generalkommission 10 770 Taler aufgewandt. Er beantragte nun auf Grund dieses Wertzuwachses eine Nachbeleihung bei der Landschaft, die ihm von Rechts wegen bis zur Hälfte des Taxwertes der neuen Vorwerke ohne weiteres hätte zugestanden werden müssen. Dies geschah aber nicht; die Landschaft nahm vielmehr eine Neuabschätzung des gesamten Gutes vor, die nur eine Erhöhung des Taxwertes um ungefähr 5000 Taler ergab, obwohl die Neuanlagen mit 17 650 Talern in Anschlag gebracht wurden. Diese künstliche Herabsetzung der Taxe ist zwar von dem Minister des Innern mißbilligt worden, sie entsprach aber völlig den Intentionen des Oberpräsidenten von Schön, der von einer Beleihungstätigkeit der Landschaft in jener Zeit nichts wissen wollte. Schön sprach sich wiederholt dahin aus, daß die gesamte Tätigkeit der Landschaft darauf berechnet sein müsse, für den prompten und richtigen Eingang ihrer Forderungen Sorge zu tragen[2]). Er bestimmte deshalb, daß ohne seine Zustimmung keine Landschaftsdarlehen bewilligt werden dürften. Dieser Maßregel ist es in erster Linie zuzuschreiben, daß die Westpreußische Landschaft in den zwanziger und dreißiger Jahren nur verhältnismäßig wenig zur Befriedigung der Kreditbedürfnisse der Westpreußischen Gutsbesitzer hat beitragen können.

Die Ostpreußische und Westpreußische Landschaft haben somit in jener Periode die Benutzung des Landschaftskredites systematisch erschwert. In so schroffer Weise, wie bei diesen beiden Instituten, kam die Neigung, die Kreditgewährung ein-

---

[1]) Geh. St. A. 87. B. XXIII 42. vol. 2.

[2]) St. A. Danzig. 161. 503. Schön an von Lavergne, 9. Dezember 1828.

zuschränken, bei den übrigen Landschaften nicht zum Ausdruck. Immerhin ließen auch die Schlesische und Pommersche Landschaft in der Taxation der Güter die Tendenz einer niedrigen Bemessung der Gutswerte und damit der Kredite deutlich erkennen. Es wurde also zwar nicht die Beleihungstätigkeit selbst, wohl aber die Kreditbemessung eingeschränkt. In Schlesien ging man hierin so weit, daß sich im Laufe der dreißiger Jahre in den Kreisen der Rittergutsbesitzer eine lebhafte Mißstimmung gegen die Landschaft geltend machte[1]). Hierdurch sah sich die Regierung veranlaßt, die Verfassung und Verwaltung der Schlesischen Landschaft einer eingehenden Untersuchung zu unterziehen. Diese ergab, „daß die Beleihung nur bis zur Hälfte des Wertes bei den veränderten Besitz- und Verkehrsverhältnissen um so weniger ausreichend sei, als die Taxprinzipien der Landschaft veraltet und bei dem derzeitigen Kulturzustande und der Bewirtschaftungsweise der Güter nicht mehr passend seien".

Der Umstand, daß die Schlesische Landschaft den wirtschaftlich berechtigten Kreditansprüchen des ritterschaftlichen Grundbesitzes nicht Rechnung trug, bestimmte die Regierung dazu, ein neues, mit staatlicher Garantie ausgestattetes Kreditinstitut ins Leben zu rufen. Durch Verordnung vom 8. Juni 1835 wurde das sogenannte „Königliche Kreditinstitut für Schlesien" errichtet. Seine Aufgabe bestand darin, den Gutsbesitzern hinter der landschaftlichen Beleihung bis zu zwei Dritteln des Gutswertes Darlehen zu gewähren. Durch die Errichtung dieses Institutes wurde nunmehr vor allem denjenigen Gutsbesitzern geholfen, die den Landschaftskredit bereits bis zur äußersten Grenze ausgenutzt und bislang keinen weiteren Kredit hatten finden können, um ihren Gutsbetrieb in einer den veränderten Wirtschaftsverhältnissen entsprechenden Weise umzugestalten. Das Königliche Kreditinstitut wurde während der ersten zehn Jahre seines Bestehens sehr stark in Anspruch genommen. Die von ihm gewährten Darlehen beliefen sich im Jahre 1845 bereits auf mehr als 5 Millionen Taler. Ein Verlust ist hierbei für das Institut nicht eingetreten. Daß die von dem Königlichen

[1]) M. A. L. S. Schlesien 48. vol. 1.

Kreditinstitut gewährten Kredite sich noch innerhalb der Sicherheitsgrenze befanden, beweist, daß die Schlesische Landschaft bei der Kreditbemessung eine übertriebene Vorsicht hat walten lassen, der eine innere Berechtigung nicht zugesprochen werden kann. Daß das Verhalten der Landschaft in Hinblick auf die während der Agrarkrisis gemachten Erfahrungen psychologisch verständlich ist, liegt auf einem ganz anderen Felde.

Den wirtschaftlichen Interessen der Gutsbesitzer lief die repressive Kreditpolitik, wie sie bei den meisten Landschaften in den zwanziger und dreißiger Jahren geherrscht hat, geradewegs zuwider; denn diese Kreditbeschränkungen traten gerade in einer Zeit ein, als die Gutsbesitzer für die infolge der Regulierung erforderliche Neuorganisation ihres Wirtschaftsbetriebes Kredit nötiger hatten, als je zuvor[1]). Wir kommen daher zu dem Resultat, daß die Landschaften in der Periode von 1820—1840 im allgemeinen ihrer Aufgabe als Kreditinstitute nicht in dem wünschenswerten Maße gerecht geworden sind[2]).

In gewisser Weise kam die Tendenz, die landschaftliche Kreditgewährung einzuschränken, auch bei dem im Jahre 1821 errichteten Kreditverein für das Großherzogtum Posen zum Ausdruck. Der Beitritt zu diesem Institut wurde den Gutsbesitzern nur auf die Dauer von fünf Jahren gestattet. Nach Ablauf dieser Frist wurde der Kreditverein für geschlossen erklärt[3]) und nur den bereits beigetretenen Gutsbesitzern gestattet, Nachbeleihungen bis zur Hälfte des Werts ihrer Güter in Anspruch zu nehmen[4]). Aber trotz dieser Beschränkung hat der Posener

---

[1]) Vgl. Avenarius, L.: Über den Verkauf zahlreicher adliger Güter in der Provinz Preußen (1827).

[2]) Es erscheint daher nicht zutreffend, wenn v. d. Goltz ausführt: „In der Periode 1820—40 war es wesentlich der Mitwirkung der Landschaften zu danken, daß der überwiegende Teil des Großgrundbesitzes über Wasser gehalten wurde.“ — (Wörterbuch der Volkswirtschaft, Artikel: Landschaften.)

[3]) Durch Kabinetsordre vom 15. April 1842 wurde der Kreditverein wiederum für 5 Jahre zum Beitritt geöffnet. (S. a. S. 39.)

[4]) Von 1824—1828 erhielten 22 Gutsbesitzer Nachtragsdarlehen. Ein Ministerialreskript vom 21. März 1828 erklärte dann Nachbeleihungen für unzulässig; im Jahre 1836 wurden sie aber von Neuem gestattet.

Kreditverein sehr segensreich gewirkt; durch ihn wurden die tiefverschuldeten Gutsbesitzer in die Lage versetzt, sich mit ihren Gläubigern zu arrangieren und dadurch viele von ihnen vor dem sonst unvermeidlichen Zusammenbruch bewahrt[1]).

Außerdem aber kommt dem Kreditverein von 1821 eine besondere Bedeutung deswegen zu, weil er es war, der dem Amortisationsprinzip Eingang in das landschaftliche Kreditwesen verschafft hat. Die Schuldner des Posener Institutes hatten nämlich außer den 4 % Zinsen und einem Verwaltungskostenbeitrag von ¼ % noch 1 % jährlich für die Amortisation ihrer Schuld zu entrichten. Die Amortisationsbeiträge wurden zur Rückzahlung von Pfandbriefen verwandt.

Das Amortisationssystem gelangte Ende der dreißiger Jahre auch bei den übrigen Landschaften zur Einführung und zwar anläßlich der damals stattfindenden Herabsetzung der Zinsen der landschaftlichen Pfandbriefe von 4 % auf 3½ %. Die Landschaften ließen nämlich die Zinszahlung ihrer Schuldner nach der Konversion in der bisherigen Höhe fortbestehen und benutzten die den Pfandbriefinhabern nicht zufließenden Beträge zu Amortisationszwecken.

Mit dieser Maßregel war ein großer Teil der Gutsbesitzer durchaus nicht einverstanden. Sie waren der Meinung, daß eine Herabsetzung ihrer Jahresleistungen, wie sie anläßlich der Konversion der Pfandbriefe hätte eintreten können, ihren Interessen mehr entsprochen hätte, als die Einführung des Amortisationszwanges. Von diesem Standpunkt ausgehend, entschlossen sich viele von ihnen dazu, die Landschaftsdarlehen zurückzuzahlen und Privatkapitalien aufzunehmen. Letztere standen ihnen infolge der allgemeinen Geldflüssigkeit seit Ende der dreißiger Jahre zu verhältnismäßig günstigen Bedingungen und in reichem Maße zur Verfügung.

Bei der Schlesischen Landschaft gelangten von 1836—1845 Darlehen in Höhe von mehr als 7 Millionen Talern zur Rück-

---

[1]) Klebs, J.: Die Landeskulturgesetzgebung, deren Ausführung und Erfolge im Großhzt. Posen (1860). S. 174.

zahlung. Diese umfangreichen Ablösungen haben einzelne Schriftsteller[1]) darauf zurückgeführt, daß die hohen Getreidepreise es den Schlesischen Gutsbesitzern damals ermöglicht hätten, ihre Hypothekenschulden zu tilgen. Diese Auffassung ist jedoch nicht zutreffend. Der bei weitem größere Teil der in jener Zeit zur Rückzahlung gelangten Landschaftsdarlehen wurden vielmehr durch Privatkapitalien ersetzt. Diesem Prozeß stand nur dann ein Hindernis im Wege, wenn der betreffende Gutsbesitzer bei dem Königlichen Kreditinstitut ein Darlehen aufgenommen hatte. Diesem durfte nämlich reglementsmäßig nur ein Landschaftsdarlehen vorangehen. Wie groß aber in jener Zeit das Übergewicht des Privatkredits über den Landschaftskredit war, beweist der Umstand, daß man diese Bestimmung abändern mußte: Eine Kabinetsordre vom 17. Mai 1847 bestimmte, daß auch Privathypotheken vor den Darlehen des Königlichen Kreditinstitutes im Hypothekenbuche stehen bleiben dürften.

Ebensolche Verschiebungen innerhalb des ländlichen Hypothekenverkehrs, wie in Schlesien, fanden in den vierziger Jahren in Ostpreußen statt. Die Ostpreußische Generallandschaftsdirektion konstatierte bereits in ihrem Berichte von 1841, daß zahlreiche Landschaftsdarlehen durch niedriger verzinsliche Privatkapitalien abgelöst worden seien. Im Jahre 1844 bemerkte sie, daß diese Bewegung noch andauere und mit der Abneigung der Gutsbesitzer gegen die Zwangsamortisation in Zusammenhang stehe. Die Ostpreußische Landschaft wurde damals durch die Gutsbesitzer hauptsächlich in der Weise in Anspruch genommen, daß diese ihre Güter von ihr abschätzen ließen, um sich auf Grund der Landschaftstaxen Darlehen von Privaten verschaffen zu können[2]).

Auch die übrigen landschaftlichen Kreditinstitute hatten infolge der Konkurrenz seitens des Privatkapitals in dem Dezennium 1840—1850 nur geringe Forschritte zu verzeichnen. In Pommern und Brandenburg sollen die Kapitalisten damals

---

[1]) Z. B. Hübner: „Die Banken" (1853) I. S. 56.

[2]) L. A. Königsberg II. Gen. 107. Aufsatz des G. Ldr. v. Jachmann.

Gelder zu $3^1/_2$ % auf Rittergüter ausgeliehen haben[1]), sodaß die Gutsbesitzer in keiner Weise auf den Landschaftskredit angewiesen waren. Erst gegen Ende der 40er Jahre zog sich das Privatkapital wieder mehr vom Hypothekenverkehr zurück und wandte sich der Anlage in Eisenbahnwerten zu[2]). Von dieser Zeit an gewannen dann die Landschaften als Kreditquelle des ritterschaftlichen Grundbesitzes wieder eine erhöhte Bedeutung.

Ein ganz anderes Bild, als in den dreißiger und vierziger Jahren bietet das landschaftliche Kreditwesen in der Zeit von 1850—1870. Die völlige Umwälzung auf landwirtschaftlichem Gebiete, die seit der Mitte des XIX. Jahrhunderts in Gang gekommen war, steigerte den Kreditbedarf des ländlichen Grundbesitzes im höchsten Maße[3]). Dieses vermehrte Kreditbedürfnis fand nun in der Hauptsache seine Befriedigung bei den Landschaften. Diese waren besonders während der sechziger Jahre, als sich das Privatkapital in schreckenerregendem Umfange von dem ländlichen Hypothekenverkehr abwandte[4]), die einzige Kreditquelle für den größeren ländlichen Grundbesitz. Der damals in den nordöstlichen Provinzen Preußens herrschenden Kreditnot haben die Landschaften allerdings nur teilweise abzuhelfen vermocht[5]). Die völlige Beseitigung der Kreditkrisis durch die Landschaften war aber auch garnicht zu erwarten, da sie im wesentlichen auf einen Mangel an Betriebskredit zurückzuführen war[6]). Dessen Beschaffung gehörte aber garnicht zu den Aufgaben der Landschaften. Zum Teil beruhte die Notlage allerdings auch auf dem unbefriedigten Bedarf nach einem über die zulässigen Land-

---

[1]) v. Thünen: Der isolierte Staat. II_1. 140.

[2]) Kahn, J.: Geschichte des Zinsfußes in Deutschland seit 1815. (1884) S. 99.

[3]) Vgl. Lette: Das landwirtschaftliche Kredit- und Hypothekenwesen (1868).

[4]) Schles. Zeitung v. 7. Januar 1868.

[5]) Vgl. Mascher: Der landwirtschaftliche Real- und Gewerbekredit (1863) u. Matern, J.: Die volkswirtschaftliche Aufgabe der landschaftlichen Hypotheken-Kredit-Institute (1868).

[6]) Vgl. Rodbertus-Jagetzow: Zur Erklärung und Abhülfe der heutigen Kreditnoth des Grundbesitzes (1868).

schaftsdarlehen hinausgehenden Bodenkredit. Um diesen gewähren zu können, mußten die Landschaften die Grenzen ihrer Beleihungen bedeutend erweitern. Dies geschah bei den meisten Instituten in der Weise, daß die beleihbare Quote des Taxwertes von der Hälfte auf zwei Drittel heraufgesetzt wurde. Diese Maßnahme erfolgte in Brandenburg und Schlesien bereits im Jahre 1858. In der letztgenannten Provinz war der Wunsch nach einer erweiterten Tätigkeit der Landschaft besonders dringend geworden, weil das Königliche Kreditinstitut seit dem 4. März 1856 für weitere Beleihungen geschlossen worden war[1]).

Im Jahre 1866 folgte die Ostpreußische Landschaft und 1868 die Westpreußische Landschaft dem Beispiel der beiden eben erwähnten Institute, indem sie die Beleihungsgrenze auf zwei Drittel bezw. sechs Zehntel des Taxwertes erhöhten. Diese Maßregel gestattete den Landschaften eine erhöhte Beleihungstätigkeit und machte es ihnen vor allem möglich, Privatdarlehen, die über die bisherige Beleihungsgrenze hinausgingen, abzulösen.

Von 1850—1870 führten die fünf alten Landschaften dem Großgrundbesitz mehr als 80 Millionen Taler zu. Der Gesamtbetrag ihrer Ausleihungen hat sich in dieser Zeit fast verdoppelt. Sie beliefen sich im Jahre 1870 auf über 510 Millionen Mark.

Daß die Landschaften in der vorstehend besprochenen Periode eine so umfangreiche Beleihungstätigkeit entfalten konnten, war, abgesehen von der Erhöhung der Beleihungsquote, vielfach auf eine Umgestaltung des landschaftlichen Taxwesens zurückzuführen. Die Landschaften hatten sich nicht länger der Überzeugung verschließen können, daß ihre meist sehr alten Taxprinzipien mit den völlig veränderten wirtschaftlichen Verhältnissen nicht mehr im Einklang standen. Sie nahmen daher jetzt endlich die lange hinausgeschobene Revision ihres Tax-

---

[1]) Die Budgetkommission der II. Kammer hatte nämlich bereits im Jahre 1850 die Ansicht ausgesprochen, daß das Fortbestehen der staatlichen Garantie mit der veränderten Staatsverfassung nicht vereinbar sei. (Poschinger II. 252.)

Vgl. Brämer, H.: Die Grundkredit-Institute in Preußen. Zeitschr. d. Kgl. pr. statist. Bureaus 1867.

systems in Angriff. In Pommern und Schlesien fand Ende der fünfziger Jahre, in Ostpreußen, Brandenburg und Westpreußen während der sechziger Jahre eine Revision der landschaftlichen Taxprinzipien statt. — Bei der Westpreußischen Landschaft führte die Revision der Taxgrundsätze zu einem völligen Bruch mit dem Ertragstaxsystem, das durch die Methode der Grundtaxation ersetzt wurde. Die Veränderung des Abschätzungsverfahrens führte eine Erhöhung der Landschaftstaxen und damit eine erweiterte Kreditgewährung herbei. Außerdem gestaltete sich die Taxation selbst wesentlich einfacher. Hierdurch wurde eine schnellere Erledigung der Beleihungsanträge ermöglicht. In dieser Beziehung wurde noch ein weiterer Fortschritt dadurch erzielt, daß man als Maßstab für die Darlehensbemessung neben den Taxen auch die Grundsteuer-Reinertrags-Schätzungen benutzte. So beschloß die Westpreußische Landschaft im Jahre 1867, um ein schnelleres Verfahren bei der Beleihung zu ermöglichen, Darlehen bis zum fünfzehnfachen Grundsteuer-Reinertrag ohne jede Taxe zu bewilligen. Ähnliche Bestimmungen trafen in der Folgezeit auch die übrigen Institute.

Ausschließlich auf der Grundsteuerveranlagung beruhte die Kreditbemessung bei dem im Jahre 1867 errichteten landschaftlichen Kreditverband der Provinz Sachsen, wo der dreißigfache Grundsteuer-Reinertrag als Taxwert angenommen wurde. Dieses Institut hatte übrigens im Jahre 1870 erst sechs Rittergüter beliehen; es ist daher für die Periode, mit der wir uns augenblicklich befassen, nur von untergeordneter Bedeutung.

Anders verhält es sich mit dem 1857 begründeten Neuen landschaftlichen Kreditverein für die Provinz Posen. Dieser war während der sechziger Jahre ebenso wie die 5 alten Landschaften eifrig bestrebt, den wachsenden Kreditbedürfnissen des größeren ländlichen Grundbesitzes gerecht zu werden. Seine Beleihungstätigkeit erreichte daher bald einen ansehnlichen Umfang. Im Jahre 1870 hatte er bereits über 700 Rittergüter mit einer Gesamtsumme von mehr als 80 Millionen Mark beliehen.

Von den Landschaftsdarlehen, die im Jahre 1870 auf etwa 6000 Rittergütern in den 6 östlichen Provinzen ruhten, war weit mehr als die Hälfte erst in den vorangegangenen zwanzig Jahren eingetragen worden. In dieser Zeit zeigte es sich, eine wie hohe wirtschaftliche Bedeutung einem organisierten Kredit zukommt, der nicht nur in einer Periode des Geldüberflusses, sondern auch in Zeiten des Geldmangels dem Grundbesitz zur Verfügung steht. Diesem Vorteil gegenüber fällt es nur wenig ins Gewicht, daß in Zeiten teuren Geldes auch die Landschaften ihren Zinsfuß für neue Darlehen erhöhen müssen, und zwar besonders deshalb, weil sie, sobald die Verhältnisse des Geldmarktes es gestatten, wieder eine Herabsetzung des Zinsfußes vornehmen.

In den letzten drei Dezennien des vorigen Jahrhunderts haben die Landschaften ihre Organisation noch weiter ausgebaut und hierdurch den Weg für eine erhöhte Nutzbarmachung des Landschaftskredits geebnet. Unter den von ihnen zu diesem Zweck geschaffenen Einrichtungen sind an erster Stelle die landschaftlichen Darlehenskassen und Banken zu nennen. Derartige Institute existieren zur Zeit (1906) in:

	Stammkapital:
Breslau: Schlesische landschaftliche Bank . .	Mk. 5.000.000,
Königsberg: Bank der Ostpreußischen Landschaft	„ 3.000.000,
Berlin: Kur- u. Neumärk. ritterschaftl. Darlehnsk.	„ 4.144.740,
Danzig: Westpreuß. landschaftl. Darlehnskasse	„ 1.200.000,
Posen: Posener landschaftliche Bank . . .	„ 2.000,000,
Stettin: Pommersche landschaftliche Bank . .	„ 2.000.000,
Halle: Landschaftl. Bank der Provinz Sachsen	„ 2.000.000.

Diese Banken und Darlehenskassen waren ihrem ursprünglichen Charakter nach Personalkredit-Institute und ausschließlich zur Unterstützung und Ergänzung des landschaftlichen Kreditwerkes bestimmt[1]). Sie gewährten Vorschüsse zur Hypotheken-Regulierung und erleichterten hierdurch, sowie durch die Beschaffung zweitstelliger Hypotheken die Vornahme der landschaftlichen Beleihungen. Unter Beibehaltung dieser Tätigkeit erweiterten sie im Laufe der Zeit ihre Wirksamkeit über den Kreis der Kreditverbundenen hinaus und betreiben heute alle

---

[1]) Hermes: „Landschaften" im Handw. d. Staatsw.

Arten von Bankgeschäften, mit Ausnahme solcher spekulativen Charakters. Infolgedessen sind sie in der Lage, den Landschaften große Gewinne zuzuführen, die zur Verstärkung der landschaftlichen Fonds dienen und somit der Gesamtheit der Kreditverbundenen zugute kommen.

Ein weiteres Mittel zur Ausbreitung des Landschaftskredits bestand in der Schaffung des „Zentralpfandbriefes". Er verdankt seine Entstehung der im Jahre 1868 seitens des Norddeutschen Bundes veranstalteten Enquete über das Hypothekenwesen. Gelegentlich der hierbei stattgehabten Beratungen wurde nämlich darauf hingewiesen, daß die Pfandbriefe der verschiedenen Landschaften, obwohl sie ganz gleichwertig seien, im Kurse sehr erheblich differierten[1]).

So standen z. B. 1867 die Ostpreußischen und die Westpreußischen Landschafts-Pfandbriefe durchschnittlich 8—10 % niedriger im Kurse, als die Pfandbriefe der Schlesischen Landschaft. Dies hatte zur Folge, daß die Gutsbesitzer in Ost- und Westpreußen bei Inanspruchnahme des Landschaftskredits gegenüber denjenigen in den übrigen Provinzen im Nachteil waren. Diesem Übelstand glaubte man dadurch abhelfen zu können, daß man für alle Landschaften einen gemeinschaftlichen Pfandbrief schuf. Zu diesem Zwecke traten im Jahre 1873 sämtliche landschaftlichen Kreditinstitute, mit Ausnahme derjenigen von Schlesien und Posen, zu einem Verbande zusammen, der den Namen „Zentrallandschaft für die preußischen Staaten" erhielt. Dieser Verband erhielt das Recht, für jedes seitens einer Provinziallandschaft gegebenen Darlehen sogenannte „Zentralpfandbriefe" auszufertigen, die der kreditnehmende Gutsbesitzer als Darlehensvaluta erhielt. Der leitende Gesichtspunkt für diese Einrichtung war, daß, wenn die Gutsbesitzer in allen Provinzen die Landschaftsdarlehen in den gleichen Pfandbriefen erhielten, sie auch überall den gleichen Zinsfuß für die Landschaftsdarlehen zu entrichten hätten.

---

[1]) Franz, R. Die landschaftlichen Kreditinstitute in Preußen. S 36. (1902).

Der Zentralpfandbrief hat sich aber nicht in dem Maße einzubürgern vermocht, wie man dies erwartet hatte. Die meisten Institute sind im Laufe der Zeit wieder zur Ausgabe von Provinziallandschafts-Pfandbriefen zurückgekehrt. Hierbei haben mehrere Gründe mitgesprochen. Einmal ist bereits während der siebziger Jahre ein gewisser Ausgleich in den Kursen der Provinzial-Pfandbriefe eingetreten, der die Benutzung des Zentralpfandbriefes überflüssig machte. Fernerhin sind aber einige Landschaften aus der Zentrallandschaft wieder ausgeschieden, weil sie mit der Zentralisation unvermeidlich verbundene Beschränkung ihrer Selbständigkeit störend empfanden[1]). Das letztere Moment ist bisher in der Literatur als der entscheidende Grund für das geringe Gedeihen der Zentrallandschaft angesehen worden. Demgegenüber möchten wir annehmen, daß die Zentrallandschaft sich trotz der erwähnten Beschränkungen eines großen Zuspruchs zu erfreuen gehabt hätte, wenn die Kursverschiedenheiten bestehen geblieben wären. Die Existenzberechtigung der Zentrallandschaft ist neuerdings erst wieder dadurch erwiesen worden, daß die im Jahre 1895 für den Großgrundbesitz errichtete Schleswig-Holsteinische Landschaft sich bei ihrer Kreditgewährung ausschließlich der Zentralpfandbriefe bedient. Auch bei dem Kur- und Neumärkischen Kredit-Institut ist dies der Fall. Im Ganzen sind von 1873—1905 landschaftliche Zentralpfandbriefe in Höhe von fast 800 Millionen Mark ausgegeben worden. Hiervon waren im Jahre 1905 noch Mk. 406.755.550.— im Umlauf.

Der Gesamtbetrag der umlaufenden landschaftlichen Pfandbriefe betrug im Jahre 1905 mehr als 2 1/2 Milliarden Mark. Von diesen sind etwa 1 3/4 Milliarden Mark zwecks Beleihung von Gütern ausgegeben worden, die dem Großgrundbesitz zuzurechnen sind.

Von 1870—1905 haben die Landschaften dem Großgrundbesitz etwa 1100 Millionen Mark neu zugeführt und nahezu 6000 Güter in einer Größe von mehr als 100 ha neu beliehen. Die Zahl der landschaftlich beliehenen Güter dieser Größen-

---

[1]) Hermes: „Landschaften“ Handw. d. Staatsw.

klassen belief sich 1905 auf 11—12 000, sie hat sich also seit 1870 ungefähr verdoppelt, ein deutlicher Beweis für die gewaltigen Fortschritte, die der Landschaftskredit in den letzten drei Dezennien in den Kreisen des größeren ländlichen Grundbesitzes gemacht hat. Erst in dieser Epoche gelangte der Kampf zwischen dem Individualkredit und dem organisierten Kredit zur endgiltigen Entscheidung zugunsten des letzteren.

Das landschaftliche Kreditsystem hat somit nach langen Kämpfen dem organisierten Kredit, der allein der eigenartigen Natur der Landwirtschaft voll und ganz gerecht wird, zum endgiltigen Siege im Bereiche des Großgrundbesitzes verholfen.

II. DAS LANDSCHAFTLICHE KREDITWESEN UND DIE AGRARVERFASSUNG.

1. DER EINFLUSS DER LANDSCHAFTLICHEN KREDITORGANISATION AUF DIE GROSSGRUNDBESITZBILDUNG AM ENDE DES XVIII. JAHRHUNDERTS.

Die Bedeutung des landschaftlichen Kreditsystems für die Grundbesitzverteilung hat man bereits frühzeitig erkannt. Schon im Jahre 1777 erklärte der nachmalige Minister von Struensee, daß die landschaftliche Kreditorganisation „zu einer Auskaufung des minderbemittelten Adels durch den reicheren" führen müsse[1]). Diese Behauptung fand zwar bald heftigen Widerspruch[2]); die Erfahrung hat Struensee aber recht gegeben.

In den achtziger und neunziger Jahren des XVIII. Jahrhunderts entstand in Schlesien eine Bewegung, die man am treffendsten als „Konzentration des adeligen Grundbesitzes" bezeichnen kann. Durch das Kreditsystem wurde nämlich nicht nur der Ankauf von Gütern überhaupt erleichtert, sondern ganz besonders auch die Vereinigung mehrerer Güter in einer Hand gefördert. Wer im Besitze eines unverschuldeten Gutes war, konnte ohne jegliche baren Mittel, schon mit Hilfe der landschaftlichen Beleihung, leicht mehrere Güter zukaufen. Betrug der Wert seines ersten Gutes z. B. 100000 Taler, so erhielt er hierauf von der Landschaft 50000 Taler in Pfandbriefen, die aber, da ihr Kurs über pari stand, entsprechend höher bezahlt wurden. Der Gutsbesitzer konnte also jetzt ein zweites Gut im Werte von etwa 55000 Talern ankaufen und den Kaufpreis voll ent-

---

[1]) Vgl. von Struensee: Über das landschaftliche System in Schlesien (1777).

[2]) Vgl.: Bemerkungen über die Schlesische Landschaft, besonders in den gegenwärtigen Zeitläuften (1778).

richten. Auf dieses zweite schuldenfreie Gut konnte er dann wiederum Pfandbriefe aufnehmen, hiermit ein drittes Gut ankaufen, und so fort.

Diese Methode des Güterzusammenkaufens war zu jener Zeit in Schlesien ganz allgemein üblich. So fand auf diesem Wege allmählich eine Verdrängung des kleineren grundbesitzenden Adels durch den größeren statt. Rittergüter, die vorher zehn verschiedenen Besitzern gehört hatten, kamen nunmehr in die Hand eines Einzigen[1]).

Diese Entwicklung blieb in den Kreisen der Regierung nicht unbemerkt. Als Erster wies der Justizminister Freiherr von Danckelmann, dem die Oberaufsicht über die Schlesische Landschaft übertragen war, auf sie hin[2]). Die starke Vermehrung der landschaftlichen Beleihungen in den Jahren 1787 und 1788 hatte seine Aufmerksamkeit erregt und ihn veranlaßt, ihren Ursachen nachzugehen. Hierbei stellte sich heraus, daß zahlreiche Gutsbesitzer nur deshalb den Landschaftskredit so stark in Anspruch genommen hatten, um mit Hilfe des Landschaftsdarlehens weitere Güter ankaufen zu können. Danckelmann berichtete hierüber am 29. September 1789 an den König Friedrich Wilhelm II. und reichte gleichzeitig Vorschläge ein, wie dem Mißbrauch des Landschaftskredits gesteuert werden könne. Der König übergab die Angelegenheit dem Minister Wöllner zur weiteren Bearbeitung. Dieser trat der Ansicht Danckelmanns, daß das landschaftliche Kreditsystem „ein Rettungs- und kein Erwerbungsmittel sei“ voll und ganz bei. Er riet dem Könige, Danckelmann mit der Ausarbeitung einer Verordnung gegen die Güterkäufe zu beauftragen. Dies geschah, und bereits am 22. Oktober 1789 übergab Danckelmann den Entwurf zu einer solchen Verordnung. Hierin waren folgende Bestimmungen vorgesehen:

1. Es sollte kein Gutsbesitzer, auf dessen Gut noch Pfandbriefe hafteten, ein anderes Gut ankaufen dürfen.

---

[1]) Vgl.: Ausführliche Nachrichten über Schlesien (1794).

[2]) Grundlage der nachfolgenden Darstellung sind: Acta des Kabinets König Friedrich Wilhelms II. Die Landschaft und das Kreditwesen in Schlesien (Geh.St.A. 96, 249, D.).

2. Es sollte kein Gutsbesitzer ein anderes Gut hinzukaufen dürfen, wenn auf diesem noch Pfandbriefe hafteten.

3. Ein Gutsbesitzer, der ein anderes Gut zukaufte, sollte weder dieses noch sein altes innerhalb fünf Jahren mit Pfandbriefen belasten dürfen.

4. Einem Gutsbesitzer, der außerhalb der Provinz Güter ankaufte, sollten die auf seinen schlesischen Gütern haftenden Pfandbriefe seitens der Landschaft gekündigt werden können.

Über diese Vorschläge Danckelmanns erstattete Wöllner dem Könige einen Bericht, in dem er ihre Annahme befürwortete. Der Entwurf Danckelmanns fand denn auch die Zustimmung Friedrich Wilhelms II. und wurde am 31. Dezember 1789 als „Königliche Verordnung für Schlesien und die Grafschaft Glatz" publiziert.

Die Verordnung kam für die Schlesischen Gutsbesitzer völlig überraschend und rief wegen der starken Einschränkung hinsichtlich des An- und Verkaufes von Gütern den lebhaftesten Widerspruch der beteiligten Kreise hervor. Einflußreiche Rittergutsbesitzer wandten sich mit Eingaben an den König, womit sie die Verordnung auf das Entschiedenste bekämpften[1]). Gleichzeitig erschienen mehrere Schriften, in denen sehr nachdrücklich auf die Schattenseiten der Verordnung hingewiesen wurde[2-5]). Hauptsächlich wurde betont, daß es infolge der Kreditbeschränkungen nunmehr unmöglich sei, ein Gut zu verkaufen und viele Rittergutsbesitzer infolgedessen vor dem Ruin ständen. Auch die Landschaft sah sich veranlaßt, der Verordnung ihre Aufmerksamkeit zuzuwenden. Der Landschaftsdirektor von Lüttwitz wurde beauftragt, ein Gutachten auszuarbeiten und bei der Zusammenkunft des Engeren Ausschusses im Februar 1790 zum

[1]) Literarische Chronik v. Schlesien. 1790. S. 261.

[2]) Sieben Kapitel, veranlaßt durch die Verordnung vom 31. Dezember 1789.

[3]) Über die Schles. Pfandbriefe und besonders über die Verordnung v. 31. Dezember 1789.

[4]) Kurze Bemerkungen zu den neulich erschienenen Betrachtungen: Über die Schles. Pfandbriefe u.s.w.

[5]) Beleuchtung der Schrift: Über die Schlesischen Pfandbriefe u.s.w.

Vortrag zu bringen. Hierzu kam es aber nicht, da der Minister Freiherr von Danckelmann sofort bei Beginn der Verhandlungen erklärte, daß die Regierung bereits in neue Beratungen über die Verordnung eingetreten sei[1]). Diesen Erfolg verdankten die Gegner der Verordnung den Bemühungen des Großkanzlers von Carmer, der sich in seiner Eigenschaft als Besitzer der Schlesischen Herrschaft Briesen ihren Protesten angeschlossen hatte. Das Vorgehen Carmers veranlaßte den König, zu bestimmen, daß eine Kommission, bestehend aus den Ministern Carmer, Hoym und Danckelmann, über die Angelegenheit von neuem beraten solle. Die Zusammensetzung dieser Kommission entsprach nicht den Wünschen Danckelmanns. Er wußte, daß Carmer und Hoym seine Ansicht über die Zweckmäßigkeit der von ihm geschaffenen Verordnung nicht teilten und sah daher voraus, daß er in der Kommission überstimmt werden würde. Dies verleitete ihn zu einem Schritt, der seiner Sache sehr schaden sollte. In einer Eingabe an den König bat er nämlich, daß zwei andere Minister an Stelle von Carmer und Hoym in die Kommission entsandt würden. „Diese beiden seien selbst schlesische Gutsbesitzer und daher in der betreffenden Angelegenheit nicht vorurteilsfrei, außerdem aber auch von ‚jalousie de métier' gegen ihn erfüllt." Über diesen Schritt Danckelmanns war Wöllner auf das Höchste entrüstet. Er schrieb an den König: „Der Minister von Danckelmann muß wirklich schwach im Kopfe sein, daß er den einliegenden Bericht an Ew. Königliche Majestät hat schicken können"[2]). Man gewinnt aus den Akten den Eindruck, daß Wöllner diesen Vorgang benutzt hat, um sich auf die Seite der Gegner Danckelmanns zu schlagen. Mit dieser Schwenkung Wöllners war das Schicksal der Verordnung vom 31. Dezember 1789 entschieden: ein Königlicher Erlaß vom 5. Mai 1790 brachte ihre Suspension.

Die Verhandlungen über die Anordnung von Maßnahmen gegen das Zusammenkaufen mehrerer Güter dauerten aber noch fort. Zunächst machte Graf Hoym neue Vorschläge in dieser

[1]) L. A. Breslau, A. II. 22.

[2]) Geh. St. A. 96, 249 D. Wöllners Immediatbericht v. 30. März 1790.

Beziehung. Er wünschte eine Bestimmung, dahingehend, daß niemand, der bereits Güter im Werte von 200 000 Talern besäße, weitere Güter mittels Aufnahme von Pfandbriefen erwerben dürfe. Die Abzahlung von Pfandbriefen, die bereits vor dem Ankauf aufgenommen waren, könne man aber, so meinte Hoym, den Gutsbesitzern nicht zumuten. Dieser Zusatz war für Danckelmann eine Handhabe zur Bekämpfung der von Hoym gemachten Vorschläge. Er wies mit Recht darauf hin, daß, wenn man auf der Ablösung der vor Abschluß des Kaufes eingetragenen Pfandbriefe nicht bestehe, jeder Gutsbesitzer, der auf ein Gut reflektiere, den bisherigen Besitzer veranlassen könne, vorher Pfandbriefe aufzunehmen. Mit ebenso großer Entschiedenheit wandte sich Danckelmann auch gegen die vorgeschlagene Bestimmung, daß jedermann ohne Einschränkung Güter bis zu einem Gesamtwerte von 200 000 Talern ankaufen dürfe. Er war der Ansicht, daß diese Erlaubnis nur zu weiteren Auskäufen des kleineren Adels führen werde.

Um sich nun bei dem Widerstreit der Meinungen selbst ein Urteil bilden zu können, beschloß der König, die gesamten landschaftlichen Angelegenheiten einer eingehenden Prüfung zu unterziehen. Diese wurde in den ersten Monaten des Jahres 1791 unter Leitung Carmers und unter Hinzuziehung zweier von der Landschaft nach Berlin entsandten Deputierten vorgenommen. Das Resultat der Konferenzen war, daß die Verordnung vom 31. Dezember 1789 definitiv aufgehoben wurde, der König sich aber vorbehielt, besondere Maßregeln zu ergreifen, falls „seitens einiger reicher Edelleute wieder Vergrößerungssucht bemerklich werden sollte“. So endete die ganze Aktion gegen die Expansionsbestrebungen schließlich mit einer Anweisung des Königs an Hoym, den Güterhandel zu überwachen und bei „ungebührlicher Vergrößerung der Besitzungen“ Anzeige zu machen.

Über diesen Ausgang der Angelegenheit war der Schlesische Adel sehr erfreut. Die Landschaft gab ihrer Befriedigung sogar in einem besonderen Dankschreiben an Carmer beredten Ausdruck[1]). Der Erfolg Carmers bedeutete gleichzeitig eine

[1]) L. A. Breslau A. II. 30. Vol. 5.

Niederlage für Danckelmann. Dieser zog denn auch hieraus die Konsequenz, den König um Enthebung von seinem Posten bei der Landschaft zu bitten. An Danckelmanns Stelle trat der Großkanzler von Carmer.

Von Expansionsbestrebungen schlesischer Gutsbesitzer hören wir nun erst wieder gegen Ende der neunziger Jahre. Am 10. Mai 1799 erließen nämlich die Oberschlesischen Oberamtsregierungen eine Verfügung[1]), durch die den Gutsherren untersagt wurde, ihre bäuerlichen Untertanen zum Ankauf von fremdem Bauernland zu veranlassen. Ferner machten die Minister Graf Hoym und Freiherr von der Reck unter dem 15. September 1799 dem König Friedrich Wilhelm III. den Vorschlag, die beiden ersten Paragraphen der Verordnung vom 31. Dezember 1789 wieder in Kraft zu setzen[2]). Gleichzeitig sprachen sie den Wunsch aus, daß den Schlesischen Mediat-Landesherren untersagt würde, ihren jurisdiktionspflichtigen Adel auszukaufen.

Der Schlesische Adel muß in seinen Expansionsbestrebungen damals sehr weit gegangen sein, denn sonst wäre Hoym gewiß nicht für die früher von ihm so heftig bekämpfte Verordnung eingetreten. Die weitere Entwicklung der Angelegenheit läßt es allerdings zweifelhaft erscheinen, ob es den beiden Ministern mit ihren Vorschlägen ernst war. Als nämlich der König sich geneigt zeigte, die beantragte Verordnung zu erlassen, erklärte ihm Reck im Einverständnis mit Hoym, daß der jetzige Zeitpunkt im Hinblick auf den Rückgang der Güterpreise, den Geldmangel und die Dienstaufhebungen doch nicht geeignet sei, jene Verordnung wieder in Kraft zu setzen; den Schlesischen Adel könne man aber zu seiner Warnung davon unterrichten, daß die Absicht bestehe, die Verordnung vom 31. Dezember 1789 wieder aufzunehmen. Dies geschah denn auch anläßlich der Zusammenkunft des Engeren Ausschusses der Landschaft im Jahre 1800. Bei dieser Gelegenheit ließ sich nun der Minister Freiherr von der Reck davon überzeugen, „daß der Güterhandel in den letzten Jahren aufgehört habe, und daß eine etwaige Wieder-

[1]) Vgl. Kornsche Ediktensammlung.

[2]) Geh. St. A. 89, 62. B.

aufnahme jener Verordnung nur große Beunruhigung hervorrufen würde". In diesem Sinne berichtete er an den König. Von seinen früheren Vorschlägen hielt er nur den einen aufrecht, der sich darauf bezog, den Standesherren das Auskaufen des kleineren Adels zu untersagen.

Im Hinblick hierauf kann die Vermutung nicht von der Hand gewiesen werden, daß die geschilderte Konzentrationsbewegung für die schlesische Latifundienbildung[1]) von einer gewissen Bedeutung gewesen ist, zum mindesten, daß die Expansionsbestrebungen zu einer Vergrößerung der Latifundien geführt haben.

Ähnliche Vorgänge wie in Schlesien spielten sich während der beiden letzten Dezennien des XVIII. Jahrhunderts auch in Ostpreußen ab. Die dortigen Landschaftsakten enthalten zahlreiche Beispiele über die zwischen 1787 und 1805 erfolgte Konzentration innerhalb des adeligen Grundbesitzes.

Am bekanntesten sind die damals von dem Kriegs- und Domänenrat von Farenheid vorgenommenen Gutskäufe[2]). Schon vor Gründung der Landschaft hatte Farenheid einen Teil seines sehr beträchtlichen Vermögens in ländlichem Grundbesitz angelegt, einen andern Teil aber auf Rittergüter ausgeliehen. Diese Darlehen wurden nach Errichtung der Landschaft zumeist zurückbezahlt und Farenheid benutzte nun die frei gewordenen Kapitalien zu einer Ausdehnung seines Grundbesitzes. Außerdem aber nahm er auch selbst auf einen Teil seiner bisher unverschuldeten Güter Landschaftsdarlehen auf und benutzte die so gewonnenen Mittel zu weiteren Gutskäufen. Auf diese Art und Weise wuchs sein Besitz immer mehr und mehr an und umfaßte schließlich 36 Güter nebst zahlreichen Vorwerken und Dörfern, die zusammen einen Umfang von annähernd 24000 ha hatten. Farenheid zählte damals mit den Grafen Dohna, Doenhoff und Schlieben zu den größten Grundbesitzern Ostpreußens[3]).

---

[1]) Über die Entstehung der Schlesischen Latifundien vgl. Deßmann S. 167 ff.

[2]) Böhme, a. a. O. S. 2.

[3]) L. A. Königsberg XVI, 10.

Mittels des Landschaftskredits hat er aber, soweit dies festzustellen ist, nur einen verhältnismäßig kleinen Teil seines Grundbesitzes erworben.

Viele andere ostpreußische Gutsbesitzer dagegen nahmen in jener Zeit eine Vergrößerung ihres Besitzes vor, bei der sie sich ausschließlich auf die Landschaftsdarlehen stützten[1]). So schrieb z. B. ein Herr von Buddenbrock im Jahre 1790 an die Landschaft, daß er auf sein Gut Powarben Pfandbriefe aufnehmen müsse, da er das Gut Poduhren zugekauft habe. Zwei Jahre später nahm er weitere Pfandbriefe auf, diesmal um die Güter Galgarben und Mantau zukaufen zu können. In ähnlicher Weise betätigten sich viele andere Gutsbesitzer. Ein Herr von Trenck, der bereits die Güter Meycken und Merlaucken besaß, erwarb zu diesen noch vier weitere Güter hinzu. Bei diesen Gutskäufen läßt sich Schritt für Schritt nachweisen, wie stets ein Ankauf mit einer Inanspruchnahme des Landschaftskredits zusammenfiel. Es ist dies ein klares Beispiel dafür, in wie hohem Maße das Kreditsystem die Grundbesitzkonzentration erleichtert hat.

Das Reglement der Ostpreußischen Landschaft enthielt überdies noch eine Bestimmung, durch die das Auskaufen der kleineren Güter gefördert wurde. Es war nämlich darin festgesetzt, daß Gutsanteile von 5000 Talern und weniger nicht beliehen werden durften. Einzelne Gerichte legten nun diese Bestimmung dahin aus, daß alle Güter von geringerem Werte als 5000 Taler von der Teilnahme an der Landschaft ausgeschlossen seien[2]). Der Engere Ausschuß der Landschaft trat jedoch im Jahre 1794 dieser Auffassung entgegen und erklärte, daß alle Rittergüter ohne Rücksicht auf ihren Wert beleihungsfähig seien. Hiermit war aber der Großkanzler von Carmer, der die Oberaufsicht über die Landschaft führte, nicht einverstanden. Schließlich einigte man sich dahin, daß Güter in einem Werte von weniger als 3000 Talern nicht beleihungsfähig sein sollten.

---

[1]) Die nachfolgenden Daten sind den Beleihungsakten der betreffenden Güter entnommen.

[2]) L. A. Königsberg XVI, 30.

Der Preis dieser in Ostpreußen verhältnismäßig zahlreichen Güter wurde dadurch, daß man ihnen den Landschaftskredit versagte, sehr herabgedrückt. Der Kreditmangel hinderte die kleineren Gutsbesitzer, Verbesserungen in ihren Betrieben einzuführen, und zwang sie dazu, ihren Grundbesitz unter seinem wahren Werte an den benachbarten größeren Gutsbesitzer zu verkaufen[1]). Ähnlich erging es, wie später näher ausgeführt werden wird, den köllmischen Grundbesitzern. Infolge dieser Vorgänge trat in der Zeit von 1780—1805 ein nicht unwesentlicher Rückgang in der Zahl der ostpreußischen Rittergutsbesitzer ein.

Ähnliche Verschiebungen fanden damals auch in Westpreußen statt. Nach dessen Erwerbung durch Friedrich den Großen gedachte ein Teil der polnischen Gutsbesitzer, seine in diesem Landesteil belegenen Güter zu veräußern und sich nach Polen zurückzuziehen[2]). Der hierdurch bedingte Abfluß großer Kapitalien nach dem Auslande erschien aber dem Könige von seinem merkantilistischen Standpunkte aus höchst unerwünscht. Aus diesem Grunde versagte er im Jahre 1780 seine Zustimmung zur Errichtung einer Westpreußischen Landschaft. Auf eine diesbezügliche Petition antwortete er dem Westpreußischen Adel im Jahre 1785 wie folgt[3]): „Beste, Liebe, Getreue, die nehmlichen Umstände sind noch vorhanden, welche mich veranlassen, die Errichtung eines Creditsystems nach Eurer hiermit wieder zurückgehenden Associationsakte vom 30. Oktober noch aufzuschieben. Viele aus Eurem Mittel halten sich noch in Pohlen auf, und diese würden sich dergleichen Credit nur zu Nuzzen machen, das baare Geld dahinzuziehen und dadurch einen allgemeinen Banquerout zu befördern. Diese Umstände müssen sich erst ändern, ehe Eurem Gesuche näher treten kann. Euer gnädiger König Friedrich."

Unter Friedrich Wilhelm II. nahm die Polenpolitik der Regierung eine andere Richtung an. Die wirtschaftlichen Faktoren

---

[1]) Plehn, H. Zur Geschichte der Agrarverfassung von Ost- und Westpreußen. (1905.) S. 121.

[2]) Lehmann, I. 42.

[3]) Ullrich: Denkschrift zur Säkular-Feier der Westpr. Landschaft (1887).

traten hinter die nationalen Gesichtspunkte zurück. Man legte keinen Wert darauf, die Polen und ihre Kapitalien im Lande zu behalten, sondern wünschte im Gegenteil, daß recht viele Güter aus polnischen Händen in deutsche übergingen. Dementsprechend änderte sich auch der Standpunkt der Regierung in der Landschaftsfrage. Schon am 2. November 1786 erging ein Königlicher Befehl zwecks Errichtung eines landschaftlichen Kreditinstituts für Westpreußen und wenige Monate später trat die Westpreußische Landschaft ins Leben.

Mit Hilfe des Landschaftskredits konnten jetzt die von polnischen Großgrundbesitzern zum Verkauf gestellten Herrschaften ungeteilt von deutscher Seite erworben werden[1]). Es kauften zum Teil, gestützt auf die landschaftliche Beleihung: Graf von Keyserling die Neustadter und Rutzauer, von Gerhardt die Pakoscschen und Flatowschen, Justizrat von Zacha die Strelitzschen Güter[2]). Bei diesen Besitzveränderungen bestand die Wirkung des Kreditsystems darin, daß der bestehende Großgrundbesitz aufrecht erhalten werden konnte. Hierüber hinaus erleichterte der Landschaftskredit aber auch die Bildung neuer großer Gutskomplexe. Auch hierfür wollen wir einige Beispiele anführen. Ein Herr von Wesnikowski kaufte 1790 Piszenice, 1791 Sunnin, Swaroszyn und Goszin, und 1796 Boroszau[3]). Der Landschaftsrat von Lewald-Jezierski, der bereits 3 Güter besaß, erwarb 1789 bis 1806 acht weitere Güter hinzu. Der Kammerherr von Rosenberg erstand 1787 das Gut Klötz, kurze Zeit darauf Gr. Tromnau und Warzeln und 1789 Gallnau[4]). Ein Herr von Blumberg, der 1799 sieben Güter im Werte von 230 000 Talern erworben hatte, kaufte 1802 fünf weitere für ungefähr 110 000 Taler hinzu. Die Fürsten von Droguslaw, die sich im Besitze der Herrschaften Gemel und Zandersdorff befanden, kauften von 1794—1796 weitere zehn Rittergüter an[5]).

[1]) Die hierauf bezüglichen Notizen sind zum größten Teil den „v. Schönschen Papieren" entnommen (St. A. Danzig 161—1.) zum Teil aber auch den landschaftlichen Beleihungsakten.

[2]) L. A. Danzig Gen. 4. Vol.

[3]) S. d. betr. Beleihungsakten.

[4]) Zeitschrift des histor. Vereins f. d. Reg.-Bez. Marienwerder XIX.

[5]) St. A. Danzig 161—1 v. Schönsche Papiere.

Diese Beispiele zeigen schon, daß die Konzentrationsbestrebungen von polnischer und deutscher Seite gleichzeitig betrieben wurden, auf letzterer scheinen sie aber überwogen zu haben[1]). Bei allen diesen Grundbesitzverschiebungen spielte der Landschaftskredit[2]) eine große Rolle. Ohne die Krediterleichterungen, welche die Landschaft gewährte, wären sie unmöglich gewesen. Die Vereinigung mehrerer Gutsherrschaften in einer Hand erfolgte damals in solchem Umfange, daß die Westpreußische Landschaft wiederholt Bestimmungen darüber treffen mußte, wie bei der Beleihung derartiger Gutskomplexe zu verfahren sei.

Die ländliche Grundbesitzbewegung weist somit in Westpreußen dasselbe Bild auf, wie in Ostpreußen und Schlesien. Und ebenso wie in diesen drei Provinzen traten damals auch in Pommern und Brandenburg Konzentrationsbestrebungen zutage. Nach einer in den Pommerschen Landschaftsakten[3]) befindlichen Aufstellung sollen im Jahre 1781 in Vor- und Hinterpommern 1091 Güter in den Händen von 618 Besitzern gewesen sein. Krug berechnet für das Jahr 1798 die Zahl der Rittergüter in Pommern auf 1303 und die ihrer Besitzer auf 526[4]). Wenngleich die letztere Angabe ungenau ist, so lassen die Ziffern doch deutlich erkennen, daß damals auch in Pommern eine gewisse Konzentrations-Tendenz herrschte.

Für die Kur- und Neumark können wir wieder Einzelbeispiele für das Zusammenkaufen von Gütern anführen[5]). Ein Landrat von Sydow vereinigte in der Zeit von 1804—1808 sechs Güter in seiner Hand, die einen Gesamtwert von mehr als 250 000 Talern repräsentierten. Der Präsident von Enckevordt, der bereits zwei Rittergüter besaß, kaufte im Jahre 1786 das

---

[1]) Vgl. Roscius, Über Westpreußen (1832).

[2]) Nach Hagen, a. a. O. S. 54, sollen ähnlich wie in Ostpreußen auch in Westpreußen die kleineren Gutsbesitzer von der Landschaft überhaupt ausgeschlossen gewesen sein. Aus den „Landschaftsakten" geht dies jedoch nicht hervor.

[3]) L. A. Stettin Gen. I. 1.

[4]) Krug, a. a. O. I. 455.

[5]) Landst. A. Berlin: Neumark, II. L. VII. 11.

Gut Curtow für 67 100 Taler und 1803 das Gut Wuthenow für 60 300 Taler hinzu. Auch der bedeutende Grundbesitz der Familie von Eckardtstein, der 19 Güter im Umfange von 76 000 Morgen umfaßte, datiert in seinen Anfängen aus den neunziger Jahren des XVIII. Jahrhunderts[1]).

Zusammenfassend können wir demnach sagen: Infolge der dauernden Steigerung der Getreidepreise während der zweiten Hälfte des XVIII. Jahrhunderts hatte sich allgemein die Überzeugung Bahn gebrochen, daß die Landwirtschaft ein höchst rentabler Erwerbszweig sei. Die hierdurch wachgerufene Neigung zum Erwerb von ländlichem Grundbesitz wurde durch das landschaftliche Kreditsystem erheblich gefördert. Die Landschaften stellten den Rittergutsbesitzern Kredit zum Ankauf weiterer Güter zur Verfügung und begünstigten die Ausbreitung der größeren Güter auf Kosten der kleineren weiterhin dadurch, daß sie diesen den Kredit versagten. Die Folge hiervon war, daß die Zahl der Gutsbesitzer sich in der Zeit von 1770—1806 erheblich verminderte. Die durch das Kreditsystem hervorgerufenen Besitzveränderungen innerhalb des ritterschaftlichen Grundeigentumes haben somit zu einer Verstärkung des Großgrundbesitzes geführt.

2. DAS LANDSCHAFTLICHE KREDITSYSTEM UND DIE BAUERNBEFREIUNG[2]).

Die bäuerlichen Reformen, die in Preußen in der ersten Hälfte des XIX. Jahrhunderts durchgeführt worden sind, haben die soziale und wirtschaftliche Verfassung des ländlichen Grundbesitzes völlig geändert. Diese tief einschneidenden Reformen konnten an dem landschaftlichen Kreditsystem, das so eng mit dem ländlichen Grundbesitz verbunden war, nicht spurlos vorübergehen. Die Landschaften wurden schon in ihrer Eigenschaft als Hypothekengläubiger der meisten Rittergüter von jeder Veränderung,

---

[1]) Niendorf, M. A. Die Rittergüter in den östlichen Provinzen (1871) S. 56.

[2]) Vgl. zu diesem Abschnitt: Knapp, G. F., Die Bauern-Befreiung und der Ursprung der Landarbeiter in den älteren Teilen Preußens (1887).

die mit diesen vorgenommen wurde, berührt. Außerdem hatten die Landschaften aber noch ein besonderes Interesse an der Gesamtheit aller adligen Güter wegen der von diesen übernommenen Generalgarantie.

Die Reformgesetzgebung ist daher nach zwei Seiten hin zu prüfen. Einmal fragt es sich, ob sie eine Schwächung der Generalgarantie zur Folge gehabt hat. Diese Frage kann ohne weiteres verneint werden. Es ist allgemein anerkannt, daß der ritterschaftliche Grundbesitz in seiner Gesamtheit durch die Agrarreform an Wert nicht verloren, sondern im Gegenteil gewonnen hat. Die auf den Rittergütern lastende Generalgarantie hat somit durch die Bauernbefreiung keine Schwächung, sondern eher eine Stärkung erfahren.

Eine andere Frage ist es, ob die Sicherheit der landschaftlichen Beleihungen durch die Reformen gefährdet worden ist. Dies bedarf einer eingehenden Untersuchung. Entscheidend ist hierbei, daß die Landschaftsdarlehen auf Grund von Ertragstaxen gegeben wurden. Für die Landschaft kam es daher darauf an, daß der ihr verhaftete Gutsertrag keine Schmälerung erlitt. Hieraus ergibt sich von selbst der Standpunkt, von dem aus die Bedeutung der Reformgesetzgebung für das landschaftliche Kreditsystem erörtert werden muß. Da die Domänen außerhalb der Landschaften standen, erstreckt sich unsere Untersuchung nur auf die Reformen der Privatbauern.

Die erste Stufe dieser Reformen war die Aufhebung der Erbuntertänigkeit durch das Edikt vom 9. Oktober 1807. Hierdurch wurde die rechtliche Abhängigkeit der Bauern von ihren Gutsherren beseitigt, die wirtschaftlichen Beziehungen blieben aber bestehen. Es kamen zwar einige unbedeutende Gebühren der Bauern, wie Loslassungsgelder, Entschädigungen für nichtgeleistete Zwangsdienste und dergleichen mehr in Wegfall; dafür haftete aber jetzt auch andrerseits die Herrschaft nicht mehr für die öffentlichen Abgaben der Bauern. Vom Standpunkt der Landschaften aus war das Entscheidende, daß der Bauer auch weiterhin Dienste zu leisten und Abgaben zu entrichten hatte, — also eine Ertragsquelle für das Rittergut blieb. Auch die sonstigen Bestimmungen des Ediktes enthielten nichts, was mit dem Interesse der Landschaften in Widerspruch stand. Man gestattete zwar allen Grundeigentümern ausdrücklich, ihre Güter ohne Zustimmung der Hypothekengläubiger ganz oder teilweise zu verpachten; hinsichtlich der landschaftlich beliehenen Güter war diese Erlaubnis aber an die Bedingung geknüpft, daß seitens der zuständigen Landschaftsdirektion ein Uuschädlichkeitsattest erteilt würde.

Als Ergänzung zu dem Edikt vom 9. Oktober 1807 erging einige Zeit darauf eine Verordnung über das Einziehen und Zusammenschlagen der Bauerngüter, die deshalb von einschneidender Bedeutung war, weil sie mit dem von Friedrich dem Großen aufgestellten Grundsatz des Bauernschutzes brach[1]). Den Landschaften konnte die Verordnung, die mit unwesentlichen Änderungen am 27. März 1809 für Schlesien, und am 9. Januar 1810 für Pommern in Kraft trat, nur willkommen sein. Es lag auch in ihrem Interesse, daß die Gutsherren jetzt durch Einziehen des Bauernlandes und seine Verwandlung in Vorwerke den Ertrag ihrer Güter steigern konnten. Die Landschaften sahen die ganze Sache also etwa unter demselben Gesicktspunkte an, wie diejenigen, die in der Verordnung nur eine Maßregel im Interesse der Landeskultur erblickten.

In viel höherem Grade als bei den bisher besprochenen Edikten waren die Landschaften bei den Regulierungsgesetzen die die zweite Stufe der Reformen bildeten, interessiert. Das erste dieser Gesetze war das Edikt vom 14. September 1811, „die Regulierung der gutsherrlich-bäuerlichen Verhältnisse betreffend". Die Bedeutung dieses Ediktes für die Landschaften lag im Folgenden: Die ökonomische Grundlage des Rittergutes wurde umgestaltet; der Bauer als Ertragsquelle verschwand. Seine Abgaben, seine Dienste fielen weg. Als Entschädigung hierfür erhielt der Gutsherr einen Teil des Bauernlandes. Dessen Ertrag gewährte ihm Ersatz für den Verlust, den er durch den Wegfall der bäuerlichen Dienste und Abgaben erlitt.

Für eine Entschädigung der Gutsherren war also gesorgt.

[1]) Knapp, I. 137. 142.

Anders verhielt es sich mit den Landschaften. Ihnen wurde durch den Wegfall der Dienste und Abgaben ein Teil des Unterpfandes, auf dem ihre Beleihungen beruhten, entzogen. Hierfür erhielten sie keinen Ersatz. §§ 24 und 55 des Gesetzes wahrten ausdrücklich den Gutsherren das Recht, das Entschädigungsland ganz oder teilweise zu verpfänden und zu verkaufen, ohne daß den Hypothekengläubigern ein Einspruchsrecht zustehen sollte. Diese Bestimmung war getroffen worden, damit die Gutsbesitzer durch Verwertung des Entschädigungslandes die Kosten der Regulierung und der Neuorganisation des Wirtschaftsbetriebes aufbringen konnten.

Die Verfügungsfreiheit über das Entschädigungsland war somit für die Gutsbesitzer sehr vorteilhaft, verstieß aber durchaus gegen das Interesse der Landschaften. Dies wurde auch alsbald erkannt. Schon im Oktober des Jahres 1811 fanden bei der Pommerschen Landschaft Beratungen über diesen Gegenstand statt[1]). Der Engere Ausschuß beschloß darauf hinzuarbeiten, daß die Gutsbesitzer die durch Verpfändung oder Verkauf des Entschädigungslandes erzielten Kapitalien auch wirklich im Interesse ihrer Güter verwendeten, und verlangte, daß der Landschaft hierüber ein Kontrollrecht zugestanden werde. Noch weiter ging in dieser Beziehung die Schlesische Landschaft. Sie wünschte, daß die betreffenden Kapitalien an sie verabfolgt würden[2]), und wollte sich vorbehalten, zu bestimmen, wieviel davon zu Neuanlagen und wieviel zur Ablösung von Pfandbriefen verwandt werden sollte.

Diese Vorschläge fanden nicht den Beifall des Staatskanzlers Freiherrn von Hardenberg, der den Landschaften keine Bevorzugung vor den privaten Hypothekengläubigern zugestehen wollte[3]). Er gab in diesem Punkte auch trotz wiederholter Gesuche der Landschaften nicht nach. Die Deklaration vom 29. Mai 1816 — das zweite und wichtigste der Regulierungsgesetze — hielt an

[1]) L. A. Stettin I. 8. Vol. 31.

[2]) L. A. Breslau Verhdlg. d. E. A. 1812.

[3]) M. A. L. S. Pommern I. vol. 5. Hardenberg an d. Finanzkollegium 15. August 1812.

der Verfügungsfreiheit der Gutsbesitzer über das Entschädigungsland bezw. das Entschädigungskapital den Hypothekengläubigern gegenüber fest. Die Verwendung dieser Kapitalien wurde aber der Kontrolle der General-Kommission unterstellt. Sie hatte darüber zu wachen, daß der Gutsbesitzer von dem Entschädigungsland nur so viel verpfändete oder verkaufte, als zu „der in Gefolge der Regulierung erforderlichen neuen Einrichtung notwendig war". Die Generalkommission hatte also das Unschädlichkeitsattest auszustellen — auch für die landschaftlich beliehenen Güter. Hiermit wurde den Landschaften eine Befugnis entzogen, die ihnen durch das Edikt vom 9. Okt. 1807 uneingeschränkt eingeräumt worden war. Die Hardenbergischen Gesetze hatten eben die ausgesprochene Tendenz, zwischen den landschaftlichen Kreditinstituten und den privaten Hypothekengläubigern keinen Unterschied zu machen. Hierbei wurde aber doch ein wichtiges Moment übersehen. Der Privatgläubiger konnte erwägen, inwieweit die Sicherheit des von ihm gewährten Darlehens durch die prioritätische Verpfändung oder den Verkauf des Entschädigungslandes vermindert würde, und eventuell sein Kapital kündigen, ohne einen Grund hierfür angeben zu müssen. Anders verhielt es sich damit bei den Landschaften. Diese hatten nämlich unkündbare Darlehen gegeben, die sie nur in ganz bestimmten Fällen zur Rückzahlung kündigen konnten. Die prioritätische Verpfändung oder der Verkauf des Entschädigundslandes durch den Gutsbesitzer gab der Landschaft aber keineswegs das Recht zu einer solchen Kündigung. Somit waren also die Landschaften den privaten Hypothekengläubigern gegenüber im Nachteil.

Infolge dieser Sachlage machten die Landschaften es sich zur Aufgabe, nach Möglichkeit zu verhindern, daß die Gutsbesitzer von ihrer Verfügungsfreiheit über das Entschädigungsland Gebrauch machten. Die Mittel, deren man sich bediente, um diesen Zweck zu erreichen, waren bei den einzelnen Landschaften verschieden.

Die Pommersche Landschaft bewilligte neue Darlehen auf Güter, bei denen die Regulierung bereits stattgefunden hatte, nur dann, wenn der Darlehensnehmer auf die ihm gesetzlich zustehende Verfügungsfreiheit ausdrücklich verzichtete. Hinsichtlich der bereits beliehenen Güter beobachtete die Pommersche Landschaft folgendes Verfahren: Sobald ein Gutsbesitzer das Abfindungsland verkaufte oder anderweitig verpfändete, ließ die Landschaft eine Neuabschätzung des Gutes vornehmen. Ergab diese, daß das Landschaftsdarlehen nicht mehr in voller Höhe gedeckt war, so kündigte die Landschaft einen entsprechenden Teilbetrag zur Rückzahlung. Gleichzeitig wurde dem Gutsbesitzer die Sequestration seines Gutes für den Fall angedroht, daß er keine anderweitige Sicherheit bestellte oder die Rückzahlung verweigerte. Die Landschaft hat auch in einzelnen Fällen diese Drohung verwirklicht[1]).

Gegen dieses Vorgehen erhob die Regierung aber energischen Widerspruch. Die Landschaft schlug daher einen andern Weg ein, um zu verhüten, daß ihr aus der anderweitigen Verwendung des Abfindungslandes ein Schaden erwachse. Sie traf nämlich mit der Generalkommission für Pommern im Jahre 1819 ein Abkommen des Inhalts[2]), daß diese ihren Konsens zur Veräußerung oder Verpfändung des Entschädigungslandes nur dann erteile, wenn die Landschaft hiermit einverstanden sei. Dieses Übereinkommen war aber nur kurze Zeit in Kraft. Bereits auf dem landschaftlichen Generallandtage von 1822 wurde festgestellt, daß die Generalkommission die betreffenden Konsense neuerdings wieder ohne Zuziehung der Landschaft erteile. Man beschloß daher, auf den früheren Modus — Taxrevision und eventuell Darlehenskündigung — zurückzugreifen. Hieran hat die Pommersche Landschaft auch trotz des wiederholten Einspruchs der Regierung festgehalten. Noch im Jahre 1835 beschwerte sich ein Gutsbesitzer aus dem Treptower Landschaftsdepartement beim Ministerium des Innern darüber, daß die Landschaft ihn wegen anderweitiger Verpfändung des Entschädigungslandes zur Rückzahlung eines Teils ihres Darlehens zwinge. Der Minister wies nun zwar die Landschaft an, die Kündigung zurückzunehmen; diese befolgte aber die getroffene Anordnung nicht. Der Mi-

[1]) L. A. Stettin I. 8. Vol. 53.

[2]) Geh. St. A. 87. B. Tit. XIX. 2. Vol. 2.

nister gab schließlich nach, als die Landschaft ausdrücklich erklärte,[1]) „daß sie keineswegs die günstigen Folgen der Regulierung vereiteln, sondern nur diejenigen Maßregeln treffen wolle, die für ihre Sicherheit unerläßlich seien".

Eine ähnliche Stellung, wie die Pommersche Landschaft, nahm die Schlesische den Regulierungen gegenüber ein. Auch sie erblickte in der Verfügungsfreiheit der Gutsbesitzer über das Entschädigungsland eine Gefahr für die Sicherheit der Landschaftsdarlehen. Sie beschloß daher im Jahre 1817, sich hiergegen durch Taxrevisionen, eventuell auch Darlehenskündigungen zu schützen. Der Minister des Innern erklärte dies aber für ungesetzlich und untersagte der Landschaft das beabsichtigte Vorgehen. Alle Proteste der Landschaft hiergegen blieben erfolglos. Der Minister von Schuckmann hielt daran fest, daß die Landschaft zur Vornahme von Taxrevisionen auf Grund der Regulierungen nicht berechtigt sei. Ja er bestritt sogar, daß die Landschaft ein Recht habe, die Vorlegung des Regulierungsabkommens zu verlangen.[2]) Das energische Vorgehen Schuckmanns wurde bei den Beratungen des Engeren Ausschusses im April 1819 sehr eingehend besprochen. Die oberschlesischen Delegierten waren für eine Fortsetzung des Kampfes und wollten beim Staatskanzler, Fürsten Hardenberg, die Suspension aller Regulierungen beantragen. Die Mehrheit sah aber ein, daß dieser Schritt zwecklos sein würde, und entschied sich für eine andere Taktik. Sie beschloß nämlich, der Regierung zu zeigen, daß die Landschaft das Regulierungswerk fördern wolle. Man verlangte daher für zukünftige Fälle nicht mehr, daß die Landschaft vor der Vollziehung des Regulierungsabkommens um ihre Zustimmung gefragt, sondern bat nur darum, daß die Landschaft über den Inhalt dieses Abkommens unterrichtet würde. Hiermit erklärte sich der Minister einverstanden. Die Landschaft ging nun auf diesem Weg weiter. Im Jahre 1820 faßte der Engere Ausschuß verschiedene Beschlüsse, deren ausgesprochener Zweck war, die Durchführung der Regulierungen

[1]) L. A. Stettin I. 8. Vol. 54.

[2]) L. A. Breslau XII. 11. Vol. 1.

zu erleichtern. So erklärte man sich damit einverstanden, daß die Kapitalabfindung für aufgehobene Dienste etc. zur Abzahlung auf das Landschaftsdarlehen insoweit verwendet würde, als diese Kapitalien nicht für die Neuorganisation des Wirtschaftsbetriebes erforderlich wären. Ferner sollte den Gutsbesitzern bei etwa notwendigen Darlehensablösungen eine Frist von 15 Jahren gelassen werden. Die in diesen Beschlüssen zum Ausdruck gelangte Nachgiebigkeit der Landschaft hatte ihre besonderen Gründe. Man kam den Wünschen der Regierung auf der einen Seite nach und erhoffte dafür Zugeständnisse in einer anderen Angelegenheit, an deren Regelung die Landschaft gleichfalls in hohem Maße interessiert war. Hierbei handelte es sich darum, daß die Bestimmung der Deklaration von 1816, wonach die oberschlesischen Dreschgärtner regulierungsfähig waren, aufgehoben würde. Hierfür war die Landschaft sehr entschieden eingetreten, weil sie glaubte, daß durch den Wegfall der Dreschgärtnerdienste die Existenz vieler oberschlesischen Gutsbesitzer in Frage gestellt werde. Man ging hierbei von der Voraussetzung aus, daß die Gutsbesitzer in Zukunft nicht mehr genug Arbeitskräfte erhalten würden, um den Wirtschaftsbetrieb auf ihrem durch die Landabtretungen der Bauern bedeutend vergrößerten Gutslande aufrecht erhalten zu können.

In diesem Sinne war die Landschaft bereits im Jahre 1817 beim Ministerium des Innern vorstellig geworden. Ihre Intervention blieb jedoch zunächst ohne jeden Erfolg. Auch eine Reise des Generallandschaftsdirektors Grafen Dhyrn nach Berlin führte nicht zu dem gewünschten Ziele. In diesem Stadium befand sich die Angelegenheit, als Graf Bethusy-Huc, der in Berlin im Interesse der oberschlesischen Rittergutsbesitzer tätig war, eingriff.[1]) Er riet der Landschaft dringend, von weiteren Schritten abzusehen und überhaupt eine nachgiebige Haltung der Regierung gegenüber anzunehmen. Nur auf diesem Wege sei ein Erfolg in der Angelegenheit der Dreschgärtner zu erwarten. Bis diese entschieden sei, möge man den Kampf mit

[1]) L. A. Breslau XII. 11. Vol. 1.

der Regierung über das Verhalten der Landschaften bei den Regulierungen ruhen lassen.

Die Landschaft hat denn auch, wie oben ausgeführt, diesen Rat befolgt, ohne aber damit das gewünschte Resultat zu erzielen. Der Minister des Innern erklärte vielmehr im Jahre 1823, daß er keinen Anlaß sähe, die Bestimmungen über die Regulierungsfähigkeit der oberschlesischen Dreschgärtner abzuändern. Die Landschaft sah sich also in ihrer Erwartung, daß der Minister in diesem Punkte nachgeben werde, getäuscht. Man beschloß deshalb, sich direkt an den König zu wenden. Man ging hierbei Hand in Hand mit dem Fürsten zu Anhalt-Köthen-Pleß und dem Grafen Henkel von Donnersmarck, die in der gleichen Angelegenheit beim Könige vorstellig geworden waren.[1]) Diesem vereinten Ansturme hielt die Regierung nicht stand. Ein besonderes Gesetz vom 13. Juli 1827 beschränkte die Regulierungsfähigkeit der oberschlesischen Dreschgärtner derartig, daß im ganzen nur 10 Regulierungen bei ihnen stattfanden.

Inzwischen hatte die Landschaft auch in einer anderen Angelegenheit ihren Willen durchgesetzt. Der Generallandtag von 1824 hatte den früheren Beschluß, wonach die Landschaft einen Teil ihres Darlehens kündigen solle, falls das Gut nach der Regulierung keine genügende Deckung mehr gewähre, wieder aufgenommen. Hierbei wurde aber die Bestimmung, daß den Gutsbesitzern eine 15 jährige Frist für die Rückzahlung des Darlehens eingeräumt werden solle, nicht aufgehoben. Um jeden Zweifel hierüber zu beseitigen, setzte der Engere Ausschuß im Jahre 1826 fest, es solle den Gutsbesitzern, welchen nach den Vorschriften des Reglements ein Teil der Pfandbriefe zu kündigen wäre, — weil diese in dem geminderten Werte des Gutes nach der Regulierung keine Deckung mehr fänden, —[2])

[1]) Knapp II. 401.

[2]) v. Brünneck hat hieraus geschlossen, daß der Wert zahlreicher Güter durch die Regulierung vermindert worden sei; er übersieht dabei offenbar, daß in vielen Fällen der landschaftliche Taxwert mit dem Gutswert nicht identisch ist. Das anderweitig verpfändete Entschädigungsland z. B. wurde in der Taxe nicht in Anschlag gebracht, während es doch einen Bestandteil des Gutes ausmachte.

eine successive Abzahlung des gekündigten Teilkapitals in 30 halbjährlichen Raten gestattet sein. Man brachte hierdurch klar zum Ausdruck, daß man die Gutsbesitzer durch die Kündigungen nicht in Verlegenheit bringen und die Durchführung der Reformen nicht erschweren wollte. Dies scheint auch seitens der Regierung anerkannt worden zu sein. Als sich nämlich im Jahre 1839 die Generalkommission darüber beschwerte, daß die Landschaft die Gutsbesitzer, die das ehemalige Entschädigungsland veräußern wollten, mit Darlehenskündigungen bedrohte, erklärte der Minister des Innern, Graf Arnim, das Vorgehen der Landschaft für berechtigt.[1]) Dieser Vorgang zeigt übrigens klar, welche Wirkungen die Landschaften — es gilt dies für die Schlesische und Pommersche in gleicher Weise — mit ihrem Vorgehen bei den Regulierungen erzielt haben. Sie machten es den Gutsbesitzern durch die Kündigungsdrohung nahezu unmöglich, das Entschädigungsland zu veräußern, und verhinderten dadurch, daß die Rittergüter an Umfang verloren.

In Ostpreußen bedurfte es keiner Maßregeln seitens der Landschaft, um einen Verkauf des Entschädigungslandes zu verhüten, da Käufer dafür ohnehin nicht vorhanden waren.[2]) Dies erklärt sich aus der traurigen Lage der ostpreußischen Landwirtschaft, die sich kaum von den Nachwirkungen der Kriegsjahre erholt hatte, als sie durch die zu Beginn der zwanziger Jahre ausbrechende Agrarkrisis von neuem schwer betroffen wurde.[3])

Die Unverkäuflichkeit des Entschädigungslandes war auch eine der hauptsächlichsten Ursachen für die mißliche Lage, in die gerade in Ostpreußen viele Gutsbesitzer infolge der Regulierung gerieten. Das Land, das sie als Aequivalent für die wegfallenden Dienste und Abgaben erhielten, war für sie vollkommen wertlos. Sie konnten weder Vorwerkswirtschaften darauf errichten, denn dazu fehlte ihnen jegliches Kapital,[4]) noch sich durch Verpfändung des Landes Barmittel verschaffen, da

---

[1]) L. A. Breslau B. VIII. 3.

[2]) L. A. Königsberg XVI. 75.

[3]) L. A. Königsberg XVI. 79 [a].

[4]) Rühl, F., Aus der Franzosenzeit II. 165.

Privatkredit ihnen nicht zur Verfügung stand. Auch der Landschaftskredit kam für diesen Zweck nicht in Betracht, da damals die Tendenz bestand, die landschaftliche Kreditgewährung nach Möglichkeit einzuschränken. Die Ostpreußischen Gutsbesitzer befanden sich daher zumeist während der Durchführung der Regulierungen in einer sehr schwierigen Lage. Hierfür hatte die Regierung anfänglich kein genügendes Verständnis. Sie war vielmehr überzeugt, daß die günstigen Folgen der Regulierungen sich auch in Ostpreußen sehr bald zeigen würden. Diese Ansicht kam in einem Ministerialreskript vom 21. Mai 1821 ganz klar zum Ausdruck. Die darin ausgesprochene Behauptung, daß das Regulierungswerk in den Provinzen Preußen, „mit nicht größeren Schwierigkeiten verbunden sei, als in den übrigen Provinzen", bezeichnete der Generallandschaftsdirektor Graf Dohna, der ehemalige Minister des Innern, als „unwahr im höchsten Grade".[1]) Aus diesen Worten Dohnas spricht deutlich seine Entrüstung über die Unkenntnis, die die Regierung bei der Beurteilung der ostpreußischen Verhältnisse bewies. Später hat die Regierung allerdings ihre Ansicht geändert und aus Staatsmitteln Unterstützungsgelder für die infolge der Regulierung in Schwierigkeiten geratenen Gutsbesitzer gewährt.[2])

Unter diesen Umständen war die Ostpreußische Landschaft mehr durch die Einwirkungen der Reformen auf die Zahlungsfähigkeit der Gutsbesitzer, als durch deren Verfügungsfreiheit über das Entschädigungsland gefährdet.[3]) Sie beschränkte sich daher darauf, die Erwartung auszusprechen, daß die Gutsbesitzer dieses Verfügungsrecht nicht mißbrauchen würden. Bei Neubeleihungen verlangte sie allerdings, daß der Gutsbesitzer auf sein Dispositionsrecht über das Abfindungsland ausdrücklich verzichte.

Dieselbe Forderung erhob die Westpreußische Landschaft. Sie versuchte aber außerdem noch die anderweitige Verpfändung

---

[1]) L. A. Königsberg XVI. 77. Vol. 2.

[2]) Böhme, a. a. O. S. 74.

[3]) Rühl, F., Briefe und Aktenstücke zur Geschichte Preußens unter Friedr. Wilh. III. (1900) II. 324.

und den Verkauf jener Ländereien durch Androhung von Taxrevisionen zu verhindern. Im Anfang setzte die Regierung allen dahingehenden Beschlüssen den entschiedensten Widerspruch entgegen, da sie befürchtete, daß die traurige Lage des ritterschaftlichen Grundbesitzes durch das Vorgehen der Landschaft noch verschlimmert werden könne.[1]) Eine Änderung in dem Verhalten der Regierung trat zu Beginn der 30er Jahre ein. Eine Kabinetsordre vom 16. September 1831 erklärte:[2]) Es sei zuzugeben, daß die Sicherheit der Landschaft durch eine anderweitige Verpfändung des Entschädigungslandes gefährdet werden könne; da die Landschaft nun die Darlehen nicht kündigen könne, so müsse es ihr überlassen bleiben, die im Interesse ihrer Sozietät notwendigen Bestimmungen zu treffen. Es sei anzunehmen, daß sie hierbei der Landeskultur nicht entgegenwirke; die Nachteile aus den landschaftlichen Sicherheitsmaßregeln seien auch nicht so groß, daß das Privatinteresse der Landschaft deshalb völlig beiseite gestellt werden müsse. In dieser Kabinetsordre ist das Zugeständnis enthalten, daß die Regulierungsgesetze den berechtigten Interessen der Landschaften nicht entsprachen. Das tiefe Mißtrauen, von dem alle Staatsmänner der Reformperiode gegen die Einrichtungen des Friederizianischen Staates erfüllt waren, zeigte sich eben auch in der Behandlung der Landschaften bei der Reformgesetzgebung.[3]) Von einer besonderen Berücksichtigung der landschaftlichen Kreditinstitute und ihrer Interessen bei der Regulierungsgesetzgebung kann daher nicht die Rede sein. Es ist deshalb nicht zutreffend, wenn von Brünneck annimmt, bei der Beschränkung der Regulierungsfähigkeit, die durch die Deklaration vom 29. Mai 1816 festgesetzt wurde, habe eine besondere Rücksichtnahme auf die Landschaften mitgesprochen.[4]) In den Akten hat sich hierfür keinerlei Anhaltspunkt gefunden.

---

[1]) St. A. Danzig 161—531.

[2]) Geh. St. A. 87. B. XXIII. 42. Vol. 2.

[3]) Vgl. v. Miaskowski, Das Problem der Grundbesitzverteilung in geschichtlicher Entwicklung (1890).

[4]) Jahrb. f. Nat. u. Stat., N. Flge. XVI. Bd., 374 ff.

Von der irrtümlichen Voraussetzung ausgehend, die Regierung habe bei der Agrarreform den Landschaften eine besondere Aufmerksamkeit zuteilwerden lassen, hat von Brünneck ferner angenommen, daß die verschiedenartige Gestaltung der Regulierungsgesetze für Posen einerseits und für die übrigen Provinzen andererseits mit dem landschaftlichen Kreditwesen in Zusammenhang gestanden habe. Er argumentiert dabei in folgender Weise: Bei der Gestaltung der Gesetze für die älteren Provinzen habe die Regierung darauf Bedacht nehmen müssen, daß die Rechte der Inhaber der auf den Rittergütern haftenden Pfandbriefe nicht gefährdet oder gar beeinträchtigt würden. Für Posen dagegen treffe dies nicht zu, da dort beim Erlaß des Regulierungsgesetzes von 1823 erst sehr wenige Rittergüter landschaftlich beliehen gewesen seien. Hieraus erkläre sich zum Teil, warum die Gesetze für Posen den Interessen der Gutsbesitzer weniger gerecht geworden seien, als diejenigen für die älteren Provinzen.

Hiergegen ist aber Folgendes einzuwenden: Hätte die Regierung bei der Gestaltung der Regulierungsgesetze überhaupt die Interessen der Pfandbrief-Inhaber und der Hypothekengläubiger in entscheidender Weise in Betracht ziehen wollen, so wäre vor allem bei der Gesetzgebung für Posen eine Berücksichtigung der Gläubiger angebracht gewesen. Denn gerade diese waren infolge der im Jahre 1807 stattgehabten Gebietsabtretungen an das Großherzogtum Warschau auf das Schwerste geschädigt worden. So hatten z. B. die Inhaber der in Höhe von 5³/₄ Millionen Talern auf ungefähr 300 Rittergütern des Netzedistrikts eingetragenen Westpreußischen Pfandbriefe seit dem Jahre 1807 überhaupt keine Zinsen erhalten. Ob nun die Rittergutsbesitzer im Netzedistrikt in der Lage sein würden, ihre Zinsrückstände, die sich im Jahre 1815 auf mehr als 2³/₄ Millionen Taler[1]) beliefen, abzuzahlen, hing wesentlich von der Gestaltung des auch für den Netzedistrikt geltenden Posenschen Regulierungsgesetzes ab. In Hinblick hierauf wäre eine weitgehende Berücksichtigung der wirtschaftlichen Interessen der Gutsherren am Platze ge-

[1]) Vgl. Denkschrift zur Säkular-Feier der Westpr. Landschaft (1887).

wesen. Eine solche wäre indirekt auch der Königlichen Bank zustattengekommen, die mehrere Millionen Taler auf Posensche Rittergüter ausgeliehen hatte.[1])

Die Dinge lagen also umgekehrt, wie von Brünneck glaubt: Gerade in Posen ließen die Kreditverhältnisse eine Begünstigung der Gutsbesitzer bei der Reformgesetzgebung angezeigt erscheinen. Die Regierung hat aber diesem Punkt keine Aufmerksamkeit zugewandt, weil ihr Augenmerk einzig und allein auf die Schaffung eines kräftigen Bauernstandes gerichtet war. Dieses Ziel glaubte sie nur dadurch erreichen zu können, daß sie die Bauern in Posen bei der Regulierung günstiger stellte, als dies in den alten Provinzen der Fall war; hiervon versprach man sich auch in politischer Hinsicht große Vorteile. Die von der altpreußischen abweichende Gestaltung der Regulierungsgesetzgebung für das Großherzogtum Posen kann daher nicht mit dem „Landschaftlichen Kreditwesen" in Zusammenhang gebracht werden, findet vielmehr lediglich in den von uns angeführten wirtschaftlichen und politischen Momenten ihre Erklärung.

Als das Regulierungswerk in Posen zur Durchführung gelangte, war übrigens fast die Hälfte der dortigen Rittergüter landschaftlich beliehen.[2]) Der Posener Landschaftliche Kreditverein wurde daher durch die Reform in gleicher Weise berührt, wie die übrigen Landschaften. Bereits im Jahre 1826 beantragte der landschaftliche Generallandtag bei der Regierung, daß die Landschaft bei den Regulierungen zugezogen würde, da diese Anlaß zu Besorgnissen hinsichtlich der Sicherheit der landschaftlichen Beleihungen gäben. Dieser Antrag wurde jedoch, und ebenso ein späterer ähnlicher Art, von der Regierung zurückgewiesen und zwar so entschieden, daß die Landschaft von weiteren Schritten in dieser Richtung Abstand nahm.[3])

Unter Zusammenfassung der vorausgegangenen Darlegungen ergibt sich also Folgendes:

Die Regulierung der gutsherrlich-bäuerlichen Verhältnisse

---

[1]) St. A. Posen, O. P. XV. A. 21.

[2]) L. A. Posen XV. A. 23.

[3]) St. A. Posen O. P. B. 12. Vol. 1.

konnte in Einzelfällen sehr wohl eine Gefährdung der Sicherheit des Landschaftsdarlehens nach sich ziehen. Vor allem trat eine solche dann ein, wenn der Besitzer eines landschaftlich beliehenen Gutes die ihm für den Wegfall der bäuerlichen Dienste und Abgaben gewährte Abfindung der landschaftlichen Pfandhaft entzog. Hiergegen mußten die Landschaften sich unter allen Umständen sichern. Da sie eine, wenn auch nur teilweise Rückzahlung ihrer Darlehen zumeist nicht durchzusetzen vermochten, taten sie alles Erdenkliche, um einen Weiterverkauf des Abfindungslandes zu verhindern.

Dadurch, daß die Landschaften im Interesse der Sicherheit der von ihnen gewährten Kredite jeder Verkleinerung der Rittergüter entgegentraten, beeinflußten sie die Gestaltung der Besitzverhältnisse im Sinne der Erhaltung des Großgrundbesitzes. Der freie Verkehr des ländlichen Grundeigentums, von dem die Reformer soviel erhofft hatten, wurde somit durch die Landschaften gehemmt. Diese Wirkung des Kreditsystems entsprang in der Hauptsache dem Umstand, daß die eigenartige Stellung der Landschaften bei der Regulierungsgesetzgebung nicht genügende Beachtung gefunden hatte. Die leitenden Staatsmänner der Reformperiode sahen eben in den Landschaften nicht die Hüter eines großen Teils des Nationalvermögens, sondern erblickten in ihnen nur eine Interessenvertretung des den Reformen feindlichen Adels.[1])

Die Fehler, die infolge dieser einseitigen Beurteilung der Landschaften während des ersten Abschnittes der Agrarreform gemacht worden sind, wurden bei der späteren Ablösungsgesetzgebung vermieden. In dem Rentenbankgesetz vom 2. März 1850 wurde zwar bestimmt, daß die Ablösung von Renten durch die Rentenbanken die Landschaften nicht zu Darlehenskündigungen berechtige, doch konnten sie die Überweisung von Rentenbriefen in gleicher Höhe verlangen, wie die landschaftliche Beleihung durch die Ablösung an Deckung verloren hatte. Die Rentenbriefe blieben bei den Landschaften „in deposito“, bis sie zurückbezahlt wurden. Die alsdann eingehenden Barbeträge

[1]) Geh. St. A. 87. B. XVIII. 42. I.

wurden zu Abzahlungen auf das Landschaftdarlehen verwandt. Auf diese Weise wurde den berechtigten Interessen der Landschaften an den Ablösungen vollkommen Rechnung getragen. So wurde verhindert, daß die Landschaften, wie dies bei den Regulierungen geschehen war, selbständige, die günstigen Wirkungen der Reformen beeinträchtigende Sicherheitsmaßregeln ergriffen.

3. DER LANDSCHAFTSKREDIT UND DIE AUSBREITUNG DER RITTERGÜTER AUF KOSTEN DES KÖLLMISCHEN UND BÄUERLICHEN GRUNDBESITZES.

A. Vor der Reform.

Bis zur Mitte des XVIII. Jahrhunderts hatte der ritterschaftliche Grundbesitz in dem größten Teil des Preußischen Staates sich auf Kosten des bäuerlichen immer mehr ausgedehnt. Dieser Grundbesitzverschiebung machte Friedrich der Große durch die Einführung des Bauernschutzes ein Ende.

Nur in Ostpreußen, wo der Bauernschutz nicht streng durchgeführt wurde, haben die Konzentrationsbestrebungen am Ende des XVIII. Jahrhunderts auch zu einer Aufsaugung des nichtadligen Grundbesitzes durch die Rittergüter geführt. Hiervon wurden in erster Linie die Köllmer betroffen. Diese bildeten eine besondere zwischen dem Adel und den Bauern stehende Klasse der ländlichen Grundbesitzer, waren jedoch in politischer Hinsicht kein Stand für sich, sondern wurden von den adligen Deputierten mitvertreten.[1]) Sie wohnten teils in Dörfern — sogenannten köllmischen — zusammen, teils auf ihren oft recht ansehnlichen, zwischen den Rittergütern eingestreuten Gütern.[2])

[1]) Völlig unzutreffend ist die Auffassung von Guradze (a. a. O. S. 280), daß die Köllmer zum Bauernstand zu rechnen seien. Die Köllmer standen vielmehr dem Adel nicht nur in rechtlicher Hinsicht, sondern auch wirtschaftlich (S. Anm. 2) und sozial näher als den Bauern. Nach Plehn (a. a. O. S. 9) fehlte noch bis in das XVIII. Jahrhundert hinein ein kastenartiger „Abschluß des Adels gegen die Köllmer".

[2]) Die köllmischen Dörfer sind zumeist aus der Zersplitterung köllmischer Güter entstanden, doch belief sich deren Zahl im Jahre 1701 immer noch auf mehr als 1200. Ein Teil davon stand an Umfang hinter

Die Köllmer, die zur Zeit des Ordens angesetzt worden waren, hatten ursprünglich gleiche Rechte wie der Adel.[1]) Ihre Privilegien wurden jedoch während des XVII. und XVIII. Jahrhunderts teils beschränkt, teils aufgehoben. Das freie und uneingeschränkte Eigentum an ihren Gütern wurde ihnen jedoch belassen. Ihre rechtliche Stellung war nunmehr derjenigen der sogenannten „Preußisch Freien" sehr ähnlich. Man faßte daher auch im XVIII. Jahrhundert die beiden Gruppen unter dem Namen „Köllmer" zusammen — ein Sprachgebrauch, der hier beibehalten werden soll.

Trotz ihres vorzüglichen Besitzrechtes waren die Köllmer von der Teilnahme an der Landschaft ausgeschlossen worden[2]). Sie konnten also auf ihre Besitzungen, selbst wenn diese den Rittergütern an Größe und Wert gleichkamen, kein Landschaftsdarlehen erhalten. Dies drückte auf den Preis der Köllmergüter und führte zu einer Differenzierung der Bodenpreise. Man unterschied zwischen kreditfähigem und nicht kreditfähigem Grundbesitz. Letzterer wurde geringer bezahlt, als ersterer.[3]) Das Recht auf den Landschaftskredit, das den adligen Gütern anhaftete, wurde eben beim Kaufe in Anschlag gebracht. Die so entstandene Preisdifferenz reizte nun die Rittergutsbesitzer dazu an, ihren Besitz durch Ankauf köllmischer Grundstücke zu vergrößern. Die Mittel zur Erwerbung köllmischer Güter gewährte ihnen die landschaftliche Beleihung. Dieser Weg zur Beschaffung der erforderlichen Kaufgelder stand selbst denen offen, die den Landschaftskredit schon bis zur äußersten Grenze in Anspruch genommen hatten; denn auf Grund des Zukaufes der köllmischen Grundstücke konnte der Rittergutsbesitzer ein Nachtragsdarlehen erhalten. In doppelter Hinsicht unterstützte

den Rittergütern nicht zurück und wurde auch in gleicher Weise wie diese mit Hilfe von Bauerndiensten bewirtschaftet. (Knapp I. 15. Plehn XVII. 2 S. 9 ff. Bergmann S. 39.)

[1]) In einem Protest des Adels von 1663 wird ausdrücklich anerkannt, daß Adel und Köllmer „paria iura" haben. (Geh. St. A. 89. 118. B. Gravamina der ostpreuß. Stände.)

[2]) Ostpreuß. Landsch. Regl. von 1788. § 1. Kap. 2. Teil 1.

[3]) L. A. Königsberg XVI. 53.

also die Landschaft die Bestrebungen, die eine Vergrößerung der Rittergüter auf Kosten des köllmischen Grundbesitzes bezweckten. Sie versagte einerseits den Köllmern den Kredit und zwang sie dadurch, bei etwa eintretendem Geldbedarf zu Landverkäufen zu schreiten, und sie gewährte andererseits den Gutsbesitzern die Mittel, sich diese Lage der Köllmer zunutze zu machen.

Tatsächlich hat denn auch seit Errichtung der Landschaft ein starkes Auskaufen köllmischer Güter durch den Ostpreussischen Adel stattgefunden. Nach einer Aufstellung der Kriegs- und Domänenkammer vom Jahre 1793 befanden sich zu dieser Zeit 278 köllmische Güter und Krüge in den Händen von Rittergutsbesitzern. Einige von ihnen, so die Herren von Farenheid, von Gerhard, von Manstein, von Rosenberg, von Buddenbrock u. a. nannten vier, fünf und mehr Köllmergüter ihr Eigen.[1]) Der Erwerb von Köllmergütern durch den Adel nahm zu Beginn der neunziger Jahre einen so großen Umfang an, daß sich die Regierung schließlich veranlaßt sah, hiergegen einzuschreiten.[2]) Am 27. Dezember 1792 erging eine Verordnung, die die Vereinigung von köllmischen mit adligen Gütern streng untersagte. Dieses Verbot blieb auch trotz des Protestes des Ostpreußischen Adels in Kraft, wurde aber vielfach übertreten. Dies hatte seinen Grund darin, daß die Landschaft nach wie vor zugekaufte köllmische Grundstücke belieh und dadurch zu Übertretungen des Verbots anreizte. Dieser Umstand scheint der Aufmerksamkeit der Behörden entgangen zu sein, da jene Beleihungspraxis ruhig geduldet wurde. Innerhalb der Landschaftskollegien selbst aber machten sich Bedenken geltend, als einzelne Gutsbesitzer anfingen, von ihren eigenen Gütern weit entfernt liegende köllmische Grundstücke anzukaufen.[3]) So hatte

[1]) L. A. Königsberg XVI. 58.

So gehörten zu dem adeligen Gute Wartnicken, das 1787 von einem Herrn von Buddenbrock angekauft worden war, im Jahre 1791 die köllmischen Güter Karschau und Kalthoff und zwei köllmische Krüge in Pobethen. (Vgl. d. betr. Beleihungsacte.)

[2]) Knapp II. 87. ff.

[3]) L. A. Königsberg XVI. 32.

z. B. der schon oben genannte Domherr von Trenck in den Jahren 1791—1792 zwei Krüge erworben, die von seinem Gute zwei Meilen entfernt lagen. Trotzdem bestand er darauf, daß diese Krüge als Pertinenz seines Gutes mitabgeschätzt und beliehen würden. Obwohl der Landschaftsdirektor von Buddenbrock darauf hinwies, daß dieses Verlangen reglementswidrig sei und eine solche Beleihungspraxis zu weiteren Übertretungen der Verordnung von 1792 führen müsse, drang der Domherr von Trenck mit seinem Antrage durch. Der Engere Ausschuß setzte nämlich fest, daß alle köllmischen Grundstücke, die zu einem adligen Gute hinzuerworben seien — auch wenn sie nicht Pertinenz desselben wären —, beleihungsfähig sein sollten. Durch diesen Beschluß erhielt jene in Hinblick auf das Verbot der Vereinigung adliger und köllmischer Güter höchst bedenkliche Beleihungspraxis bindende Kraft. Es gelang der Landschaft auch die anfänglich verweigerte ministerielle Bestätigung dieses Beschlusses zu erhalten.[1]) Ja, als man bald darauf zu einer Änderung des Landschaftsreglements schritt, nahm man eine diesem Beschlusse entsprechende Bestimmung in das neue Reglement auf. Dies allein zeigt schon, in wie hohem Maße der Ostpreußische Adel an der Beleihungsfähigkeit der köllmischen Besitzungen interessiert war.

Die Köllmer hatten vielleicht nicht so unrecht, als sie in einer Eingabe an den König vom 29. Mai 1798 behaupteten, daß beinahe kein adliges Gut in Ostpreußen mehr existiere, zu dem nicht köllmische Grundstücke gehörten.[2]) Mag nun diese Behauptung auch übertrieben sein, sicher ist, daß der ritterschaftliche Grundbesitz Ostpreußens in den beiden letzten Dezennien des XVIII. Jahrhunderts auf Kosten des köllmischen Besitzes einen starken Zuwachs erfahren hat. Ebenso steht fest, daß der Ausschluß der Köllmer aus der Landschaft hierbei eine ausschlaggebende Rolle gespielt hat. Die Köllmer selbst waren sich hierüber im Klaren und setzten alles daran, um die Nachteile, die dieser Ausschluß mit sich brachte, zu beseitigen.

---

[1]) L. A. Königsberg XVI. 34.

[2]) L. A. Königsberg XVI. 59.

Zuerst planten sie die Errichtung eines besonderen Kreditinstituts für den köllmischen Grundbesitz, das nach dem Muster der Landschaft organisiert werden sollte.[1]) Dieser Plan scheiterte aber an dem entschiedenen Widerspruch Friedrich Wilhelms II. Der König motivierte die Ablehnung des Projektes damit, „daß die Beschaffung eines höheren Kredits für die Köllmer unabsehbar nachteilige Folgen haben werde, einen mäßigen Kredit fänden sie aber auch so zu jeder Zeit“.[2]) In dieser Beziehung scheint aber der König schlecht unterrichtet gewesen zu sein, denn bei den Verhandlungen des Ostpreußischen Generallandtages von 1798 mußten die Rittergutsbesitzer selbst zugeben, daß die Köllmer fast ganz kreditlos seien.

Die Diskussion über diese Frage war veranlaßt worden durch eine Eingabe des Kriegs- und Domänenrats Roerdantz, der als Vertreter zahlreicher köllmischen Besitzer die Aufnahme der Köllmer in die Landschaft beantragt hatte.[3]) In der Begründung des Antrages hieß es: „daß die Koalition aller Landeigentümer in jetzigen Zeiten zur Erhaltung des Ganzen ein dringendes Erfordernis sei, wie die Erfahrung in mehreren Ländern zeige; ferner gewinne durch die Vereinigung des Adels mit den Köllmern das Landschaftssystem an Kredit und Solidität“ und endlich „durch die Association der Köllmer werde der Wert der köllmischen Güter erhöht werden“.

Der Generallandtag der Ostpreußischen Landschaft faßte denn auch wirklich am 22. Mai 1798 den Beschluß, „die köllmischen Güter in die Landschaft aufzunehmen“. Hierdurch bewies der Adel den Wünschen der Köllmer gegenüber ein Entgegenkommen, das nur zu verstehen ist, wenn man sich die damaligen politischen Verhältnisse vergegenwärtigt: Die mächtige Freiheitsbewegung, die jene Zeit erfüllte, machte sich auch in den Kreisen der ländlichen Bevölkerung geltend.[4])

---

[1]) Geh. St. A. 89. 62. C.

[2]) Die betreffende Kabinetsordre vom 12. März 1798 ist abgedruckt bei Stadelmann IV. 205.

[3]) L. A. Königsberg XVI. 36 u. XVI. 7.

[4]) Lehmann II. 5.

In Schlesien waren bereits wiederholt Aufstände der Bauern gegen ihre Gutsherren vorgekommen.[1]) Brachen ähnliche Unruhen auch in Ostpreußen aus — und hiermit mußte bei der Stimmung des Landvolkes gerechnet werden[2]) —, so war es von großer Bedeutung für den Adel, die Köllmer auf seiner Seite zu wissen und die von Roerdantz erwähnte Koalition aller Landeigentümer herstellen zu können. Diese Erkenntnis wird wohl die Ostpreußischen Rittergutsbesitzer zu einer größeren Bereitwilligkeit den Wünschen der Köllmer gegenüber bestimmt haben. Ließ sich doch damals auch das General-Direktorium durch die Furcht vor einem allgemeinen Bauernaufstand einschüchtern.[3])

Zu einem Entgegenkommen des Adels den Köllmern gegenüber lag umsomehr Veranlassung vor, als in den Kreisen der Köllmer damals eine starke Mißstimmung gegen den Adel herrschte,[4]) die in verschiedenen Eingaben an den König ihren Ausdruck fand. Unter diesen Umständen handelte der Ostpreußische Adel sehr verständig, indem er durch die Aufnahme der Köllmer in die Landschaft einen Stein des Anstoßes beseitigte.

Zugeben wollte man diesen Zusammenhang damals allerdings nicht. Die Generallandschaftsdirektion legte vielmehr Wert darauf, zu konstatieren, daß jener Beschluß nicht aus politischen Gründen erfolgt sei, sondern einzig und allein deshalb, „um den Besitzern köllmischer Güter in Erleichterung ihres Kredits die Hand zu bieten“. Diese Erklärung erscheint aber nicht sehr einleuchtend, wenn man das weitere Verhalten der Landschaft in dieser Angelegenheit ins Auge faßt. Der Minister von Massow hatte nämlich die Aufnahme der Köllmer in die Landschaft wegen der Verschiedenheit des Hypothekenwesens der adligen und köllmischen Güter nicht bewilligt; aus denselben Gründen hatte er sich auch gegen die Beleihungsfähigkeit der im Besitze von

---

[1]) Deßmann a. a. O. S. 135.

[2]) Gerade im Jahre 1798 war unter der Landbevölkerung in Ostpreußen das Gerücht verbreitet, daß der König die Erbuntertänigkeit aufheben wolle. (Vgl. Hintze i. d. Hist. Zeitschr. N. F. XXXX. S. 421.)

[3]) Lehmann II. 52. [4]) Lehmann II. 46.

Adligen befindlichen köllmischen Grundstücke ausgesprochen.[1]) Wäre es der Landschaft nun wirklich darum zu tun gewesen, der Kreditlosigkeit der Köllmer abzuhelfen, so hätte sie auf der Durchführung ihres Beschlusses bestehen müssen. Sie tat dies aber nur insoweit, als die Interessen des Adels durch den Widerspruch des Ministers berührt wurden. Sie bestand nämlich darauf, daß die zu Rittergütern hinzuerworbenen Köllmergüter von ihr landschaftlich beliehen werden dürften, und drang auch hiermit durch. Dagegen verzichtete sie darauf, weitere Schritte zu tun, um die Aufnahme der Köllmer durchzusetzen. Sie beschränkte sich nämlich darauf, dem Vertreter der Köllmer mitzuteilen, sie müsse ihm überlassen, gegen die Entscheidung des Ministers beim Könige vorstellig zu werden.[2]) Diesen aussichtslosen Schritt haben die Köllmer nicht unternommen und es blieb daher alles wie zuvor: Die köllmischen Güter waren von der landschaftlichen Beleihung ausgeschlossen, solange sie im Besitze von Köllmern waren, wurden aber beleihungsfähig in dem Augenblicke, wo sie von Rittergutsbesitzern angekauft wurden.

Eine Änderung hierin trat erst im Jahre 1808 ein. Die Regierung machte nämlich damals den Vorschlag, die Köllmer in die Landschaft aufzunehmen. Der Generallandtag von 1808 erklärte sich hiermit einverstanden, weil nur so die Möglichkeit gegeben war, die Köllmer der Garantie für die von der Landschaft ausgegebenen Domänen-Pfandbriefe mitzuunterwerfen.[3])

Der Landschaftskredit ist aber den Köllmern trotz ihrer Aufnahme in die Landschaft zunächst noch nicht zugutegekommen. Sowohl die ungünstigen Pfandbriefkurse wie die Kreditbeschränkungen,[4]) die zu Beginn der zwanziger Jahre eintraten, machten es den Köllmern fast unmöglich, sich der Landschaft zu bedienen.[5]) Die Mehrzahl von ihnen wünschte deshalb, daß

---

[1]) L. A. Königsberg XVI. 21.

[2]) L. A. Königsberg XVI. 34.

[3]) S. o. S. 12. [4]) S. o. S. 35.

[5]) Von den 6000—7000 Köllmern, die damals vorhanden waren, hatte im Jahre 1815 erst ein einziger den Landschaftskredit in Anspruch genommen.

ihre Verbindung mit der Landschaft wieder gelöst würde.[1]) Einen dahingehenden Antrag lehnte der Generallandtag vom Jahre 1823 zwar ab; er erklärte sich aber bereit, den Köllmern die Benutzung des Landschaftskredits zu erleichtern. Die im Interesse der Köllmer beabsichtigte Änderung des Taxwesens mußte jedoch infolge des Widerspruchs des Oberpräsidenten von Schön unterbleiben. Die Folge davon war, daß „der respektable Köllmerstand", wie ein adeliger Gutsbesitzer auf dem Generallandtage von 1832 ausführte, „immer mehr und mehr in die Arbeiterklasse herabgedrückt wurde". Viele Köllmer mußten wegen Kreditmangels ihren Grundbesitz an Rittergutsbesitzer veräußern. Die Ausbreitung des ritterschaftlichen Grundbesitzes auf Kosten des köllmischen hat somit noch während der Reformperiode fortgedauert, wenn auch nicht mehr in dem Maße, wie zu Ende des XVIII. Jahrhunderts.

Ähnliche Besitzverschiebungen wie in Ostpreußen haben zwischen Adel und Köllmern auch in Westpreußen stattgefunden; nur hat hier der Auskauf der Köllmer wegen ihrer verhältnismäßig geringen Zahl nicht eine solche Bedeutung für die Grundbesitzverteilung gehabt. Der Landschaftskredit hat in Westpreußen auf die Besitzveränderungen in der gleichen Weise eingewirkt, wie in Ostpreußen. Hiervon legt ein Beschluß Zeugnis ab, den die Westpreußische Landschaft im Jahre 1794 faßte.[2]) Darnach sollten alle zu Rittergütern hinzuerworbenen bäuerlichen Höfe und Krüge beleihungsfähig sein. Diese Bestimmung sollte auch für den Fall Geltung haben, daß derartige Ländereien von Rittergutsbesitzern nur in Erbpacht genommen wurden.

Die Übereinstimmung der Entwicklung mit Ostpreußen macht es unnötig, auf weitere Einzelheiten einzugehen. Erwähnt sei nur noch, daß die Verordnung „wider den Auskauf köllmischer und sonstiger nichtadliger Güter durch den Adel" im Jahre 1795 auch auf Westpreußen ausgedehnt wurde,[3]) hier aber ebensowenig wie in Ostpreußen eine Änderung in der Beleihungspraxis bewirkt hat.

---

[1]) L. A. Königsberg XVI. 72. Vol. 1.

[2]) L. A. Danzig Gen. III. Vol. 1.

[3]) Knapp II. 90.

Auf den zu Rittergütern zugekauften köllmischen Grundstücken wurden meistens neue Vorwerke errichtet und diesen auch wohl hie und da einige Bauernstellen zugeschlagen. Dies geschah z. B. bei dem in der unmittelbaren Nähe von Königsberg gelegenen Gute Bledau anfangs der 90er Jahre des XVIII. Jahrhunderts. Auch auf wüsten Bauernstellen sind in Ost- und Westpreußen damals nicht selten neue Vorwerke errichtet worden, so im Jahre 1783 bei dem Gute Eschendorf im Kreise Konitz[1]) und in dem Jahre 1793 bei den ostpreußischen Rittergütern Sydden und Wenloewen.[2]) Der Besitzer der beiden letztgenannten Güter verlangte in Hinblick auf die durch das Einziehen der Bauernstellen eingetretene Werterhöhung eine entsprechende Nachbeleihung. Dieser an sich unbedeutende Vorfall zeigt, daß das Einziehen wüster Bauernstellen unter Umständen eine Erhöhung des Landschaftskredits zur Folge hatte.

Die Frage, inwieweit die Rittergüter vor Beginn der bäuerlichen Reformen durch die Einverleibung von nichtbesetzten Bauernstellen einen Zuwachs erfahren haben, ist noch nicht genügend geklärt. Es scheint aber, als ob man die auf diesem Wege erfolgte Ausbreitung der Rittergüter bisher unterschätzt hat, vor allem für Ostpreußen.[3]) Im Jahre 1818 stellte nämlich die Regierung auf Grund von Landratsberichten fest,[4]) daß in einer Anzahl ostpreußischer Kreise von insgesamt 8390 Bauernhöfen 1757 von den Gutsherren eingezogen worden seien[5]) — und zwar mehr als ein Drittel hiervon bereits vor dem Jahre 1806.

---

1) Maerck, H., Geschichte des Schwetzer Kreises (Zeitschr. d. Westpr. Geschichts-Vereins Bd. 17).

2) Vgl. die betr. Beleihungs-Akten.

3) So vor allem Guradze (S. 338), der glaubt, daß der Gutsherr kein Interesse daran gehabt habe, die wüsten Bauernstellen einzuziehen, während ein solches, wie obiges Beispiel zeigt, unbedingt vorlag.

4) M. A. L. S. Generalia 21.

5) Wie Guradze (S. 338) angesichts dieser Tatsache die Behauptung Knapps, „die ostpreußischen Gutsherren hätten die Tendenz gehabt, das Bauernland an sich zu ziehen“, als „eine fehlerhafte Übertreibung“ bezeichnen kann, ist vollends unerfindlich.

B. Die Reformperiode.

Während der Reformperiode hat der ritterschaftliche Grundbesitz in den östlichen Provinzen Preußens einen starken Zuwachs erfahren. Dieser entsprang drei Quellen:

1. Den bäuerlichen Landabtretungen bei den Regulierungen,
2. Dem Einziehen erledigter Bauernhöfe durch die Gutsherren,
3. Dem freihändigen Erwerb von bäuerlichem Grundbesitz.

Daß der den Rittergütern bei der Regulierung zugeflossene Landbesitz ihnen zum Teil nur infolge des Eingreifens der Landschaften erhalten blieb, ist bereits ausgeführt worden.

Hinsichtlich der durch das Einziehen wüster Bauernstellen erfolgten Ausdehnung der Rittergüter kann zwar von einer direkten Einwirkung des Kreditsystems nicht gesprochen werden; ein gewisser Zusammenhang besteht aber auch hier. Häufig wurde, sobald das Bauernland eingezogen worden war, auf Grund der hierdurch eingetretenen Werterhöhung eine Nachbeleihung des betreffenden Gutes bei der Landschaft beantragt.

Was hier hinsichtlich der wüsten Höfe ausgeführt ist, gilt auch für die zahlreichen, von der Regulierung ausgeschlossenen, nicht spannfähigen Bauernstellen, die in der Zeit von 1816—1850 in die Hände der Gutsherren gelangt sind.[1])

Viel bedeutsamer als bei den bisher behandelten Grundbesitzverschiebungen war der Einfluß des landschaftlichen Kreditsystems bei denjenigen Besitzveränderungen, die infolge des Zukaufs spannfähiger Bauernstellen zu Rittergütern erfolgten. Über die Zahl der in den Jahren 1816—1859 durch Konsolidation mit Rittergütern eingegangenen spannfähigen bäuerlichen Nahrungen sind wir durch eine anfangs der sechziger Jahre veranstaltete Erhebung unterrichtet.[2]) Diese ergiebt, daß in den östlichen Provinzen während der in Rede stehenden Periode 8865 spannfähige Stellen dem bäuerlichen Grundbesitze verloren gegangen sind. Die erwähnte Zahl ist jedoch nur dahin auszulegen, daß sie angibt, wieviele Bauerngüter „mindestens“ in der er-

[1]) Knapp I. 274 ff.

[2]) Zeitschr. d. Kgl. Preuß. statist. Bureaus Jahrg. 1865.

wähnten Weise mit Rittergütern verschmolzen worden sind. Diese Behauptung findet in der von verschiedenen Seiten mit guten Gründen erfolgten Bemängelung jener Statistik ihre Rechtfertigung.[1])

Die Bestrebungen der Gutsherren, ihren Besitz durch freihändigen Erwerb von Bauernstellen zu erweitern, setzten bereits zu Beginn der Reformperiode ein. Im Jahre 1823 beschloß die Ostpreußische Landschaft, daß Bauernstellen, die zu Rittergütern hinzuerworben würden, beleihungsfähig sein sollten und zwar ohne Rücksicht darauf, ob sie ursprünglich Adels- oder Domänenbauerngüter gewesen seien. Der Landschaftskredit wurde also, wie in früheren Zeiten, zum Auskauf der Köllmer, so jetzt zu dem der Bauern verwandt. Und ebenso wie am Ende des XVIII. Jahrhunderts die Köllmer, so wurden jetzt die ehemaligen Adelsbauern und die Domänenbauern infolge des Ausschlusses von der Landschaft kreditlos gemacht und dadurch zum Verkaufe ihres Besitzes gezwungen.

Viele Domänenbauern konnten infolge von Mißernten ihre Steuern nicht aufbringen und mußten deshalb ihre Höfe verlassen. Andere wiederum erlagen der Rentenlast, die sie bei der Eigentumsverleihung übernommen hatten. So kamen bis zum Jahre 1822 allein im littauischen Kammerdepartement 1000 von insgesamt 15—1600 Bauerngütern zum Zwangsverkauf. Manche Bauern hätten durch einen — wenn auch nur mäßigen — Kredit vor dem Untergange bewahrt werden können. Viele Bauerngüter in Ostpreußen gingen damals für den zehnten Teil ihres Wertes in die Hände von Rittergutsbesitzern über[2]). In Littauen verschwanden wegen einer Schuldenlast von 50—100 Talern Hunderte von Bauernhöfen, um als Vorwerke größerer Güter wiederzuerstehen. Im Kreise Angerburg gingen auf diese Weise von 1811—1860 fast 90% aller Bauernhöfe unter[3]). Die Besitzer der in diesem Kreise gelegenen Herrschaft Steinort kauften ihre

---

[1]) v. Miaskowski in Schmollers Jahrb. VI. 1171.

[2]) Vgl. F. W. Schubert i. d. Zeitschrift d. Verf. f. Deutsche Statistik I. (1847) u. Böhme S. 73.

[3]) Vgl. Schmidt, H. Der Angerburger Kreis. (1860.)

ehemaligen Bauern, soweit sie nicht bereits der Rentenlast erlegen waren, ohne Ausnahme aus[1]).

Aber auch in anderen Gegenden Ostpreußens wuchsen die Rittergüter auf Kosten des Bauernlandes an. So haben z. B. die Besitzer der im Kreise Gerdauen belegenen Rittergüter Groß- und Klein-Gnie mehr als 700 ha Bauernland zugekauft[2]). In großem Umfange konnten diese Grundbesitzverschiebungen aber nur in denjenigen Kreisen eintreten, wo die gemischte Lage der Guts- und Bauernländereien die Regel bildete[3]). Aber selbst in der Gegend von Königsberg, für die dies nicht zutraf, war das Zuschlagen von bäuerlichen Grundstücken zu Rittergütern in den dreißiger Jahren eine häufige Erscheinung.

Ähnliche Veränderungen in der Verteilung des ländlichen Grundeigentums, wie in Ostpreußen, fanden auch in Westpreußen statt. Allein im Regierungsbezirke Marienwerder gingen von 1825 bis 1837 mehr als 200 bäuerliche Nahrungen durch Konsolidation mit Rittergütern ein. Der Besitzer des Rittergutes Czierspitz kaufte im Jahre 1836 für nicht weniger als 34 200 Taler Bauernland an[4]). Oft läßt sich bei derartigen Vergrößerungskäufen nachweisen, daß sie mit der Inanspruchnahme von Landschaftskredit Hand in Hand gingen. Ja es kam sogar vor, daß Gutsbesitzer ihre Darlehensgesuche damit begründeten, „sie wollten ihre ehemaligen Bauern auskaufen“[5]). Die Zahl der in der Zeit von 1816—1859 in Ost- und Westpreußen durch Verschmelzung mit Rittergütern eingegangenen spannfähigen bäuerlichen Nahrungen belief sich nach der eingangs erwähnten Statistik auf 3241.

Eine ganz besondere Förderung hat die Schlesische Landschaft den auf das Auskaufen von Bauern gerichteten Bestrebungen zuteilwerden lassen. Einmal erleichterte sie den Ankauf von Rustikalbesitz, wie alle andern Landschaften dadurch, daß sie ihren Kredit zu diesem Zwecke zur Verfügung stellte. Außerdem

---

[1]) Böhme, S. 94.

[2]) Böhme S. 68 u. 99.

[3]) Sering, Die innere Kolonisation im östlichen Deutschland (1893) S. 78.

[4]) Vgl. Zeitschr. d. histor. Vereins f. d. Reg.-Bez. Marienwerder. Heft 33.

[5]) St. A. Danzig 161—539.

aber machte sie in einzelnen Fällen die Kreditgewährung davon abhängig, daß der betreffende Gutsbesitzer Bauernland ankaufte. Hierbei stützte sie sich auf die Bestimmung ihres Reglements, wonach nur solche Rittergüter beliehen werden durften, deren jährlicher Reinertrag aus dem Ackerbau mindestens 300 Taler betrage. Diejenigen Herrschaften, die fast ganz aus Wald bestanden, mußten daher, um landschaftlich beliehen werden zu können, durch Ankauf von Bauernland vergrößert werden. So erwarb der Graf Magnis, Besitzer der Herrschaft Schnallenstein, die einen Wert von 200 000 Talern repräsentierte, im Jahre 1817 drei Rustikalstellen, nur um seine Besitzung beleihungsfähig zu machen [1]). Die Neigung der Gutsherrschaften, ihren Besitz durch Ankauf von Bauernland zu vergrößern, scheint in Schlesien damals überhaupt recht groß gewesen zu sein. Die Regierung zu Oppeln fragte nämlich im Jahre 1816 beim Ministerium an, ob es den Gutsherrschaften gestattet sei, ohne behördlichen Konsens Bauernstellen zuzukaufen [2]). Ferner berichtete der Oberpräsident von Merkel im Jahre 1828 [3]), daß zahlreiche Bauerngüter zerschlagen und zur Vergrößerung von Rittergütern verwandt worden seien, deren Besitzer das Bauernland verhältnismäßig noch am höchsten bezahlten. Hierzu waren sie infolge des billigen Landschaftskredits ja auch in der Lage. Mit Recht erklärte daher ein Ministerialreskript vom 5. April 1837, daß die Landschaft das Auskaufen des Rustikalbesitzes ungemein erleichtere.

Auch in der Provinz Brandenburg tritt uns der Einfluß des Kreditsystems auf die Besitzverschiebung zwischen Groß- und Klein-Grundbesitz sehr deutlich entgegen. Bei dem Kur- und Neumärkischen Kreditinstitute häuften sich zu Ende der dreißiger Jahre die Anträge auf Nachbeleihung ganz außerordentlich [4]). Sie wurden zumeist damit begründet, daß das betreffende Gut durch Zukauf von Bauernstellen einen erhöhten Wert erhalten habe. Dies geschah z. B. bei den Rittergütern Liebenow, Gr. u. Kl.-Baehnitz, Dahlwitz, Klaeden, Jerchel, Briest u. a. m.

[1]) Geh. St. A. 87. B. XIX.₃. II.
[2]) Geh. St. A. 87. B. XIX.₃. II.
[3]) Geh. St. A. 87. B. XIX.₃. Vol. V.
[4]) H. R. A. Berlin Verh. d. G. V. u. d. E. A. 1834—1838.

Das Märkische Kreditinstitut hat aber neben der Ausbreitung der Rittergüter auch die Bildung größerer Bauerngüter gefördert. Das Kur- und Neumärkische Kredit-Reglement bestimmte nämlich, daß Bauerngüter, deren Hypothekenwesen der Kompetenz der Oberlandesgerichte unterstellt waren, beliehen werden dürften, wenn sie einen Taxwert von mindestens 6000 Talern hätten. Da nun Anträgen auf Überführung größerer bäuerlichen Güter [1]) an die Oberlandesgerichte seitens des Justizministers stets stattgegeben wurde, so kauften vielfach kleine Freigutsbesitzer, um ihren Besitz beleihungsfähig zu machen, andere bäuerliche Grundstücke hinzu [2]). Der Besitzer des Freischulzengutes Ahrensdorff erwarb z. B. ein Bauerngut in der Subhastation und kaufte ein weiteres freihändig an. Nachdem sein Besitz dadurch den Mindestwert von 6000 Talern erreicht hatte, beantragte er, daß sein Gut dem Oberlandesgericht unterstellt würde. Diesem Antrage wurde Folge gegeben und die Landschaft mußte daher das Gut Ahrensdorff für beleihungsfähig erklären.

Gegen Ende der dreißiger Jahre kam es immer häufiger vor, daß bäuerliche Grundstücke zwecks Erlangung von Landschaftsdarlehen zusammengekauft wurden, sodaß das Kreditinstitut beschloß, dieser Bewegung entgegenzutreten. Die Generalversammlung setzte deshalb im Jahre 1843 fest, daß nichtritterschaftliche Güter nur dann beleihungsfähig sein sollten, wenn sie einen Mindestwert von 20 000 Talern und nicht mehr wie bisher von 6000 Talern hätten. Durch diese Maßnahme wurde zwar die Beleihungsfähigkeit des bäuerlichen Grundbesitzes wesentlich eingeschränkt, dessen weitere Konzentration aber nicht gehemmt. Von 1816—1859 wurden in der Provinz Brandenburg 778 spannfähige bäuerliche Nahrungen anderen Bauerngütern zugeschlagen. Die Zahl der nichtspannfähigen Stellen, denen ein gleiches Schicksal widerfuhr, ist leider nicht festzustellen.

Ebenso wie in den bisher behandelten Provinzen wurde

---

[1]) Hierbei handelte es sich in der Regel um Freibauern- und Lehenschulzengüter, deren Zahl sich auf mehr als 700 belief. (Vgl. Bassewitz, a. a. O. S. 29.)

[2]) H. R. A. Berlin III. Abt. 1. S. 2.

auch in Pommern durch die Kreditverhältnisse eine Erweiterung des ritterschaftlichen Grundbesitzes auf Kosten des bäuerlichen herbeigeführt. Es kamen hier infolge völligen Kreditmangels bereits anfangs der zwanziger Jahre zahlreiche Rentenbauern zu Fall, und ihre Höfe gingen im Wege des Zwangsverkaufs in die Hände der ehemaligen Gutsherren über. So wurde das ganze Dorf Muttrin im Kreise Belgard der Gutsherrschaft bei der Subhastation zugeschlagen, wobei diese z. B. einen Hof, dessen Wert die General-Kommission auf 800 Taler geschätzt hatte, für 40 Taler erstand [1]). Von 1822—1837 wurden allein im Regierungsbezirke Köslin mehr als 300 bäuerliche Nahrungen mit Rittergütern vereinigt. Auch während der vierziger Jahre setzte sich der Aufsaugungsprozeß noch fort. Die Durchschnittsgröße der Rittergüter im Regierungsbezirke Stettin erhöhte sich in der Zeit von 1837 bis 1851 von 612 auf 620 ha [2]).

Wohin wir also den Blick wenden, überall finden wir die gleiche Entwicklung: Die Rittergüter, die schon durch die Landentschädigungen bei den Regulierungen und durch das Einziehen erledigter Bauernstellen einen großen Zuwachs erhalten haben, werden jetzt durch den freihändigen Ankauf von Bauernland noch mehr vergrößert [3]). Dieser Aufsaugungsprozeß hat den geschilderten großen Umfang nur dadurch erreichen können, daß dem kreditfähigen ritterschaftlichen Grundbesitze ein kreditloser Bauernstand gegenübergestanden hat.

Die Verdrängung der Kleinbetriebe durch die größeren nahm ab, als in der zweiten Hälfte des XIX. Jahrhunderts eine Besserung der bäuerlichen Kreditverhältnisse eintrat, die es den Bauern ermöglichte, in wirtschaftlicher Hinsicht mit dem Großgrundbesitze gleichen Schritt zu halten. Die Aufsaugung des kleineren Besitzes durch den größeren dauerte aber dort noch an, wo jener, wie z. B. in Posen, ausschließlich auf teueren Wucherkredit angewiesen war.

---

[1]) Geh. St. A. 87 B. XIX. 3. Vol. III. Bericht Haeses an Sack v. 21. Febr. 1824.

[2]) Meyer, R. Das Sinken der Grundrente (1894) S. 91.

[3]) Vgl. Schmoller: Der Kampf des preuß. Königtums um die Erhaltung des Bauernstandes. (Schmollers Jahrb. Bd. XII.)

Man hat vielfach behauptet, daß der Ausbreitung der Rittergüter dadurch eine Grenze gesetzt gewesen sei, daß die zur Vergrößerung erforderlichen Kapitalien fehlten.[1]) Dies trifft aber da nicht zu, wo die Gutsbesitzer auf Grund der Zukäufe von Bauernland einen erhöhten Kredit erhalten haben, aus dem sie den Kaufpreis für das hinzuerworbene Land bestreiten konnten.

So erklärt es sich auch, daß die Rittergüter in den östlichen Provinzen Preußens selbst während der zwanziger und dreißiger Jahre des vorigen Jahrhunderts — in einer für die Landwirtschaft denkbar ungünstigen Zeit — durch Zukauf von Bauernland vergrößert worden sind.

4. DIE STELLUNG DER LANDSCHAFTEN ZU DEN PARZELLIERUNGSBESTREBUNGEN DER RITTERGUTSBESITZER.

Zur gleichen Zeit, als die Konzentrationsbestrebungen des Adels in Schlesien ihren Höhepunkt erreicht hatten, setzte dort eine Bewegung ein, die das Gegenteil der Konzentration bezweckte, nämlich die Aufteilung der Rittergüter.[2]) Die Entstehung dieser Dismembrationsbestrebungen wird man sich etwa in folgender Weise vorstellen müssen. Die Mobilisierung des Grundbesitzes und die hohen Güterpreise stellten in jener Zeit wohl einen jeden schlesischen Gutsbesitzer vor die Frage, ob es geraten sei, seinen Grundbesitz zu konservieren oder zu veräußern. Die Mehrzahl entschied sich für die Veräußerung. Es gab aber auch viele Gutsbesitzer, die mit ihrem Gute so eng verwachsen waren, daß sie sich nicht entschließen konnten, es in andere Hände zu geben. Für sie lag es nahe, auf ein Mittel zu sinnen, wie sie von den günstigen Bodenpreisen Nutzen ziehen könnten, ohne ihr angestammtes Gut völlig aufgeben zu müssen.

[1]) Lette in den Annalen der Landw., Bd. X (Bereisung der Prov. Preußen).

[2]) Die folgende Darstellung stützt sich hauptsächlich auf Aktenmaterial der Schles. Landschaft (L. A. Breslau XII. 8. Vol. 1—4). Vgl. ferner auch Knapp II. 137 ff. und Deßmann S. 151 ff.

Dies konnten sie erreichen, indem sie den größeren Teil des Gutslandes veräußerten und nur soviel vom Grund und Boden behielten, als für ein standesgemäßes Leben auf dem Lande unerläßlich war.

Als Reflektanten für die herrschaftlichen Felder kamen nun in erster Linie die eigenen Gutsbauern in Betracht. Für sie hatte die Übernahme der Gutsäcker den großen Vorteil, daß sie sich damit gleichzeitig von den dem Gutsherrn zu leistenden Frondiensten befreiten. Auf dieser Grundlage kam es zu verschiedenen Dismembrationen, besonders in Oberschlesien. In manchen Fällen wurden nur die Vorwerke an die Bauern veräußert, häufig aber auch die sämtlichen herrschaftlichen Äcker ihnen überlassen.

Einigen Gutsbesitzern brachten die Dismembrationen wohl auch die Befreiung aus einer finanziellen Notlage,[1]) da die Bauern in dem Drange, die drückenden Robotdienste loszuwerden, die ihnen überlassenen Äcker sehr hoch bezahlten. So brachten die Dismembrationen beiden Parteien gewisse Vorteile. Weniger vorteilhaft waren aber diese Zerstückelungen der Rittergüter für deren Gläubiger. Für die hierbei in Betracht kommenden Privatpersonen gab es allerdings ein sehr einfaches Mittel zur Sicherung des ausgeliehenen Kapitals — nämlich die Kündigung des Darlehens. Zu dieser waren sie infolge der Veränderung des verpfändeten Objekts berechtigt.[2]) Anders stand es mit der Landschaft. Sie konnte ihr Darlehen auf Grund der Dismembration nicht kündigen. Nur wenn der Gutsbesitzer heimlich Pertinenzien des Gutes veräußerte, stand der Landschaft das Recht zu, die Ablösung der Pfandbriefe zu verlangen.

Bei den Dismembrationen handelte es sich aber keineswegs um eine derartige heimliche Veräußerung. Sie erfolgten in vollster Öffentlichkeit, da sie ja den Konsens der Landesregierung erforderten. Dieser wurde anfänglich ohne Weiteres erteilt, da man die mit den Dismembrationen verbundene Dienstablösung gern sah. Die Regierung nahm jedoch in dieser Frage nicht

[1]) Schles. Provbl., Bd. 38, S. 103.

[2]) Allgem. Landrecht, Teil I, Tit. 20, K. 441.

fortdauernd die gleiche Stellung ein. Als nämlich die Oberschlesischen Deputierten in der Sitzung des Engeren Ausschusses im Jahre 1781 ihre Bedenken gegen die Dismembrationen vortrugen, wurden sie darauf hingewiesen, daß in neuester Zeit die Regierung ihre Zustimmung zu Dismembrationen versage. Dies scheint sich aber bald wieder geändert zu haben, da die Oberschlesischen Deputierten die Angelegenheit im Jahre 1785 wieder-aufnahmen, indem sie feststellten, daß die Dismembrationen immer mehr überhandnähmen. Es wurde ihnen darauf von dem Minister Freiherrn von Danckelmann die beruhigende Versicherung zuteil, daß die Regierungen angewiesen seien, derartige Konsense nicht mehr zu gewähren. Inzwischen hatte sich aber der Minister Graf Hoym direkt an den König gewandt, um einem von ihm entworfenen Edikt, das die Veräußerung einzelner Gutspertinenzien an die Untertanen gestattete, zur Annahme zu verhelfen. Die Vorschläge Hoyms wurden zwar von Friedrich II. abgelehnt, gelangten aber bald nach dem Regierungsantritte Friedrich Wilhelms II. zur Durchführung.

Das betreffende Edikt erging am 11. Mai 1787. Es gestattete die Veräußerung der Vorwerke für den Fall, daß dadurch die Untertanen in ihrem Nahrungsstande verbessert oder neue Rustikalstellen geschaffen würden. Auch über das Verhalten der Landschaft bei Dismembrationen wurden Bestimmungen getroffen. Die Landschaft sollte sich nämlich in jedem einzelnen Falle äußern, „ob sie hinsichtlich des Nexus, womit das Rittergut dem Kreditsystem verhaftet sei, etwas gegen die intendierte Dismembration einzuwenden habe, und welchergestalt sie insbesondere ihrem Interesse in Hinsicht der auf dem Gute speziell haftenden Pfandbriefe durch deren Ablösung zu prosperieren vermeine". Diese Bestimmung legte die Landschaft dahin aus, daß sie von den Gutsbesitzern die Ablösung von Pfandbriefen insoweit verlangen könne, als für das landschaftliche Darlehen nach den Dismembrationen keine Deckung mehr vorhanden wäre. Demgemäß kamen wiederholt bei Dismembrationen die Landschaftsdarlehen zur Rückzahlung. So mußte sich auch der Herzog von Braunschweig-Oels, als er sein in der Grafschaft Glatz gelegenes Gut Plomnitz im Jahre 1799 dismembrierte, entschließen, das ihm hierauf gewährte Landschaftsdarlehen von 20 500 Talern zurückzuzahlen.

Die strenge Durchführung dieser Maßregel hemmte die Dismembrationsbestrebungen. Erhöht wurde diese Einwirkung noch durch einen im Jahre 1801 gefaßten Beschluß des Engeren Ausschusses, daß bei total dismembrierten Gütern das landschaftliche Darlehen vollständig zurückbezahlt werden müsse. Außerdem beschloß die Landschaft, die Erteilung des Dismembrationskonsenses in Zukunft auch davon abhängig zu machen, daß das dismembrierte Gut der Generalgarantie unterworfen bliebe. Dieser Beschluß ging aber dem Grafen Hoym, der bisher nicht eingegriffen hatte, offenbar denn doch zu weit, und er verständigte deshalb den Minister Freiherrn von der Reck davon, daß die Landschaft die Dismembrationen, die erleichtert werden sollten, ungemein erschwere. Bevor aber die beiden Minister sich über etwa zu ergreifende Maßregeln einigen konnten, hatte der König selbst von dem Verhalten der Landschaft Kenntnis erhalten. Ein Major von St. Paul, dem von der Landschaft auf Grund des Beschlusses vom Jahre 1801 das landschaftliche Darlehen gekündigt worden war, hatte sich nämlich hierüber direkt beim Könige beschwert. Dieser verlangte von dem Minister Freiherrn von der Reck eine genaue Prüfung, ob die Beschlüsse der Landschaft vom Jahre 1801 mit der Landeswohlfahrt vereinbar seien. Er ließ dabei durchblicken, daß ihm dies nicht der Fall zu sein scheine, und auch das Vorgehen der Landschaft mit dem Edikt von 1787 nicht in Einklang zu bringen sei. Es gelang Reck aber, den König von dieser Ansicht abzubringen, obwohl Hoym mit Entschiedenheit den entgegengesetzten Standpunkt vertrat.

Eine Kabinetsordre vom 6. Juli desavouierte die Schlesische Landesregierung, die zu Totaldismembrationen ihren Konsens erteilt hatte, und erklärte ausdrücklich, daß nur das Abbauen der Vorwerke gestattet sein sollte. Ferner wurde bestimmt, daß die Besitzer von bereits dismembrierten Gütern sich sowohl die Kündigung der Pfandbriefe wie die Fortdauer der Generalgarantie gefallen lassen müßten. Die letzterwähnte Bestimmung gab dem Minister Freiherrn von der Reck Veranlassung zu einem Reskript an die Schlesischen Oberamtsregierungen, inhaltlich dessen die auf den Rittergütern lastende landschaftliche Generalgarantie in die Hypothekenbücher aller infolge der Dismembrationen neuentstandenen Rustikalstellen eingetragen werden sollte. Diese scheinbar nebensächliche Verfügung wurde zu einem großen Hemmnis für die Dismembrationsbewegung. Die Bauern hatten nämlich eine solche Scheu vor der Übernahme der Generalgarantie, daß sie sich dadurch abschrecken ließen, die herrschaftlichen Äcker zu übernehmen. In diesen Bedenken wurden die bäuerlichen Untertanen noch durch den Umstand bestärkt, daß die Landschaft der Eintragung der Generalgarantie einen ganz besonderen Wert beilegte und Bauerngemeinden, die sich ihr nicht unterworfen hatten, das Landschaftsdarlehen kündigte.

Dies war aber nur eines der Mittel, mit denen die Landschaft den Dismembrationsbestrebungen entgegenwirkte. Den gleichen Zweck verfolgte sie auch mit der künstlichen Herabsetzung der Taxe von dismembrierten Gütern. Seit dem Jahre 1801 nahm die Landschaft eine Neuabschätzung aller derjenigen Güter vor, von denen mehr als $^1/_5$ der Äcker an Bauern veräußert worden war. In den neuen Taxen brachte sie aber die jährlichen Grundzinsen, die die Bauern für die Überlassung der Felder zu entrichten hatten, nicht in Anschlag[1]). Infolgedessen blieben die neuen Taxen naturgemäß erheblich hinter den früheren zurück. Die Landschaft erklärte nunmehr die betreffenden Darlehen für nicht mehr ausreichend gedeckt und verlangte deren teilweise Rückzahlung. Viele Gemeinden, die bereits einige Jahre im Besitze des Landes waren, ihre Zinsen regelmäßig abgeführt hatten und in jeder Beziehung gut vorwärts gekommen waren,

---

[1]) Dies Verfahren wurde in den Jahrb. der preuß. Monarchie (Bd. III, S. 288) heftig angegriffen und daraufhin von dem Generallandschaftssyndikus Merkel (Beiträge zur Untersuchung über die Zulässigkeit und den Nutzen der gänzlichen Dismembrationen adliger Güter in Schlesien (1803)) verteidigt und zwar besonders durch den Hinweis auf die Unsicherheit der Grundzinsen.

wurden damit in ihrer Existenz auf das Schwerste bedroht. So verlangte die Landschaft von den oberschlesischen Gemeinden Posnitz und Krug, daß sie jährlich 3630 Taler auf das landschaftliche Darlehen von 36000 Talern abzahlten. Hierzu waren aber die Gemeinden, die bereits hohe Grundzinsen an den ehemaligen Gutsherrn zu entrichten hatten, nicht imstande. Sie wandten sich deshalb mit einer Eingabe an den König Friedrich Wilhelm III., in der sie über das Vorgehen der Landschaft Beschwerde führten. Der König sah sich hierdurch veranlaßt, die Stellung der Landschaft zu den Dismembrationen von neuem zur Beratung zu stellen. Gleichzeitig untersagte er aber auch der Landschaft jedes weitere Vorgehen gegen die Gemeinden.

Bei den Beratungen fand die Landschaft wiederum in dem Minister Freiherrn von der Reck einen eifrigen Verteidiger ihrer Interessen. Er setzte es durch, daß die Landschaft auch fernerhin eine Darlehenskündigung vornehmen dürfte, sobald einem Rittergute nach der Dismembration nicht wenigstens ein Drittel des Grund und Bodens verbliebe. Nur in einem Punkte mußte Reck nachgeben; es wurde nämlich bestimmt, daß die Landschaft die Grundzinsen bei den neuen Taxen in Anschlag bringen müßte. Als diese in der Deklaration vom 1. Mai 1804 normierten Bestimmungen Gesetzeskraft erlangten, hatte die Landschaft ihren Zweck, der Dismembrationsbewegung Einhalt zu gebieten, bereits vollkommen erreicht. Von 1802 bis 1807 kamen neue Dismembrationen überhaupt nicht mehr vor.

Dies änderte sich aber bald nach dem Inkrafttreten des Ediktes vom 9. Oktober 1807, das den freien Gebrauch des Grundeigentums gestattete und die Parzellierungsbestrebungen begünstigte. Nach dem Wegfall aller Beschränkungen in der Benutzung des Grundeigentums stand selbst den Totaldismembrationen weder von Gesetzes- noch von Polizeiwegen etwas entgegen. Hindernd konnte hier einzig und allein noch die Landschaft eingreifen. In richtiger Erkenntnis dieser Sachlage erließ das Ministerium des Innern am 20. Mai 1809 ein „von Schön" unterzeichnetes Reskript, in dem die Landschaft vor etwaigen

Maßnahmen, die geeignet seien, den freien Gebrauch des Grundeigentums zu beschränken, dringend gewarnt wird.

Ein weiteres Reskript vom 19. September 1809 — diesmal „Graf Dohna“ unterzeichnet — wahrte aber der Landschaft ausdrücklich das Recht, bei Totaldismembrationen die gewährten Darlehen zu kündigen. Dies gab der Landschaft Veranlassung, verschiedene neue Bestimmungen zu treffen, die geeignet waren, die Dismembrationen zu erschweren. So beschloß sie z. B. im Jahre 1810, die Grundzinsen bei den neuen Taxen nur dann in Anschlag zu bringen, wenn der Betrag der dem Gutsherrn verbliebenen Gutsrealitäten mindestens doppelt so hoch wäre, wie jene Grundzinsen.

In den folgenden Jahren wurden wiederholt Versuche von seiten der Regierung unternommen, die Landschaft zu einer veränderten Stellungnahme den Parzellierungsbestrebungen gegenüber zu veranlassen. Aber selbst der Hinweis, daß ihr Verhalten dem Geiste der Gesetze nicht entspräche, hat auf die Landschaft keinen Eindruck gemacht. Sie konnte dem entgegenhalten, daß es ihre oberste Pflicht sei, für die Sicherheit der von ihr gewährten Kredite Sorge zu tragen; diese leide aber durch die Dismembrationen in hohem Maße.

Offenbar in Hinblick auf dieses Verhalten der Schlesischen Landschaft erklärte der Minister des Innern im Jahre 1817, die von der Regierung in Aussicht genommene weitere Erleichterung der Parzellierungen [1]) sei zwecklos, wenn man den Gläubigern ein Einspruchsrecht gewähre [2]). Da andererseits der Justizminister es aber für notwendig hielt, daß das Interesse der Gläubiger bei den Parzellierungen gewahrt w de, so kam eine Einigung über diesen Punkt nicht zustande und der Erlaß des beabsichtigten „Gesetzes zur Förderung der Parzellierung“ unterblieb.

Welche Erfolge die Landschaft mit ihrem Vorgehen gegen die Dismembrationsbewegung erzielt hat, zeigt eine im Jahre

---

[1]) Knapp II. 328.

[2]) Geh. St. A. 87. B. XIX. 2. Vol. I.

1819 aufgestellte Statistik. Hiernach haben insgesamt nur 19 Totaldismembrationen stattgefunden und zwar sämtlich in Oberschlesien, und außerdem noch eine Anzahl partieller Dismembrationen, teils in Oberschlesien, teils in Niederschlesien. Ohne das Eingreifen der Landschaft würde die Dismembrationsbewegung einen viel größeren Umfang angenommen und in vielen Kreisen, wie dies im Leobschützer tatsächlich geschehen ist, zu einem Überwiegen des bäuerlichen Besitzes geführt haben.

Im Jahre 1824 hat sich dann die Schlesische Landschaft nochmals mit den Parzellierungen beschäftigt und endgültig beschlossen, daß Rittergüter, deren Ertrag infolge von Dismembrationen unter 500 Taler gesunken sei, ihre Beleihungsfähigkeit verlieren sollten. Dieser Beschluß blieb bis zum Jahre 1849 in Kraft und war dauernd ein Hemmnis für alle die Aufteilung von Rittergütern verfolgenden Bestrebungen. Darüber hinaus versuchte die Landschaft in Einzelfällen bereits erfolgte Dismembrationen rückgängig zu machen. Gelegenheit hierzu bot sich, als im Laufe der zwanziger Jahre einzelne Bauerngemeinden, die dismembrierte Güter übernommen hatten, in Zahlungschwierigkeiten gerieten und ihr Besitz zur Subhastation gelangte. So versuchte die Landschaft z. B. die Rekonstruktion der aufgeteilten Güter Krug und Posnitz. Sie gewährte dem Besitzer von Posnitz Stundung hinsichtlich der Rückzahlung des ihm gekündigten Darlehens, damit er durch Einziehung der dismembrierten Gutsvorwerke das Rittergut in seinem alten Bestande wiederherstellen könne. Klarer hätte die Landschaft ihre Stellung in der Grundbesitzverteilungsfrage nicht zum Ausdruck bringen können.

Auch die Pommersche Landschaft hat wiederholt Maßregeln zur Beschränkung der Parzellierungsbestrebungen ergriffen[1]). Als im Jahre 1818 einige hinterpommersche Gutsbesitzer ihr gesamtes Ackerland an ihre Bauern veräußerten, beschloß die Landschaft im Falle eines derartigen Abbaues sofort das Landschaftsdarlehen zu kündigen. Man begründete den Beschluß

---

[1]) L. A. Stettin I. 8. 39.

damit, daß die Bauern die von dem Gutsherrn übernommenen Äcker mit ihren eigenen vermischten, wodurch eine Sequestration unmöglich gemacht werde. Man könne wohl bei einem großen, zusammenhängenden Ackerwerke eine Sequestration durchführen, aber nicht bei einem aus 20—30 bäuerlichen Nahrungen bestehenden Gute.

Der erwähnte Beschluß wurde auch aufrechterhalten und der Oberpräsident sogar ersucht, ihn zur allgemeinen Kenntnis der Interessenten zu bringen. Wo aber Dismembrationen von Rittergütern bereits durchgeführt waren, suchte sich die Landschaft mit den hierdurch geschaffenen neuen Verhältnissen abzufinden; gleichwohl wurde nur in Ausnahmefällen Bauerngemeinden das Landschaftsdarlehen belassen. Die Bauern mußten dann aber ihre eigenen Höfe der Landschaft mitverpfänden. Dies geschah z. B. bei dem Gute Horst im Kreise Regenwalde. Dieses Gut ist auch mehr als 40 Jahre in bäuerlichen Händen verblieben, dann aber, als mehrere Bauern in Zahlungsstockung gerieten, zur Subhastation gekommen und wieder in einer Hand vereinigt worden.

Ebenso ablehnend, wie gegen die Dismembrationen, verhielt sich die Landschaft auch gegen die Vererbpachtung einzelner Gutsteile. Im Jahre 1819 hatte die Regierung ausdrücklich den Wunsch ausgesprochen, die Landschaft möge die Vererbpachtung von Gutsvorwerken und Hinterländereien befördern, indem sie festsetzte, daß auch einzelne Teile von Rittergütern beliehen werden könnten. Die Antwort der Landschaft hierauf war ein Beschluß des Engeren Ausschusses dahingehend, daß die Erbpachtgelder, wenn sie mehr als ein Sechstel des Gutsertrages ausmachten, nur zur Hälfte bei der Taxe in Anschlag gebracht werden dürften. Infolge dieses Beschlusses fielen die Landschaftstaxen bei Gütern, von denen ein Teil vererbpachtet war, verhältnismäßig niedrig aus. Der Wert solcher Güter wurde dadurch nicht unerheblich herabgedrückt. Ob die Landschaft dies beabsichtigt hat, mag dahingestellt bleiben und ist auch ohne Belang. Entscheidend ist, daß die Landschaft durch ihr Vorgehen den Vererbpachtungen, die oft nur eine Vorstufe der

Dismembration darstellten, entgegengearbeitet hat. An dem Widerstande der Landschaft sind daher sowohl in Pommern, wie in Schlesien, die Parzellierungsbestrebungen, soweit sie sich auf Rittergüter erstreckten, in der Hauptsache gescheitert.

Mit vollem Rechte konnte daher Brentano [1]) behaupten, daß das landschaftliche Kreditsystem „eine der Ursachen für das Zusammenhalten des Preußischen Großgrundbesitzes gewesen ist“.

[1]) Brentano, L. „Die Agrarreform in Preußen (1894) S. 7.

III.

DAS LANDSCHAFTLICHE KREDITWESEN UND DER BÄUERLICHE GRUNDBESITZ.

1. DER AUSSCHLUSS DER BAUERN AUS DEN LANDSCHAFTEN.

Einer der Hauptgrundsätze des landschaftlichen Kreditsystems in seiner ursprünglichen Gestaltung war der Ausschluß des nichtritterschaftlichen Grundbesitzes von der Teilnahme an den Landschaften. In dem Schlesischen Landschaftsreglement von 1770 hieß es: „Landschaftliche Pfandbriefe werden nur auf Güter erteilt, welche von Adeligen besessen werden können." Eine Bestimmung gleicher Art enthielten auch die Reglements der anderen Landschaften, wobei meistens noch der Ausschluß der nichtadeligen Güter besonders ausgesprochen war. So hieß es in dem Westpreußischen und dem Ostpreußischen Landschafts-Reglement übereinstimmend: „Unadliche, Cöllmische und Frei-Güter bleiben also von diesem Creditwerke völlig ausgeschlossen." Nicht ganz so deutlich kam der Ausschluß aus den Landschaften in dem Kur- und Neumärkischen Reglement von 1777 zum Ausdruck: Es war hier bestimmt: „Auf bloße Schulzen-Lehne, einzelne von adelichen Gütern getrennte und mit denselben in keiner Verbindung stehende Bauernhöfe, und andere dergleichen liegende Gründe werden keine Pfandbriefe ausgefertigt, es wäre denn, daß sie bei den Lehns-Registraturen in den Land- und Hypothekenbüchern eingetragen ständen und[1]) daß deren Wert mindestens 6000 Taler betrüge." Mit anderen Worten: Bauerngüter im Werte von 6000 Talern sind beleihungsfähig, wenn

[1]) In dem gedruckten Reglement von 1777 befindet sich ein sinnentstellender Druckfehler, indem hier statt „und" das Wort „oder" steht.

sie dem Obergericht unterstellt werden. Da dies nur dann geschah, wenn sie einem Rittergute als Pertinenz zugeschrieben wurden, so bedeutete die fragliche Bestimmung nichts Anderes, als daß nur solche Bauernhöfe beleihungsfähig sein sollten, die Eigentum eines Rittergutsbesitzers waren. Man wollte hierdurch denjenigen Rittergutsbesitzern, die sich im Besitze von Grundstücken nichtadeliger Qualität befanden, die Aufnahme eines Landschaftsdarlehens auf diese Besitzungen ermöglichen. In dem ersten Entwurf zu dem Kur- und Neumärkischen Kreditreglement[1]) war dies noch ganz klar zum Ausdruck gekommen. Es war dort festgesetzt, daß Schulzenlehne, Bauernhöfe und Erbpachtsgüter nur dann bepfandbrieft werden könnten, wenn der Besitzer eines adeligen Gutes sie besitze und bei der Lehnsregistratur eintragen lasse. Später hat man diese Bestimmung etwas mehr verklausuliert, ohne aber tatsächlich etwas zu ändern. Selbständige Bauerngüter sind damals von dem Kur- und Neumärkischen Kreditinstitute ebensowenig beliehen worden, wie von den übrigen Landschaften[2]). Aus dem Kur- und Neumärkischen Kreditreglement ging die oben zitierte Bestimmung über die Beleihung von Bauerngütern in das Pommersche Landschaftsreglement von 1781 über. Der Engere Ausschuß der Pommerschen Landschaft legte nun diese Bestimmung alsbald dahin aus, „daß eigentliche Bauerngüter von der Landschaft überhaupt nicht beliehen werden dürften[3])“. Das Recht zur Inanspruchnahme des Landschaftskredits war demnach hier, ebenso wie bei den anderen Landschaften, von dem Besitze eines adeligen Gutes abhängig. Da nun zur Zeit der Errichtung der Landschaften noch das Prinzip bestand, daß nur Adelige solche Güter erwerben dürften, so erhielt das landschaftliche Kreditsystem den Charakter eines dem Adel gewährten besonderen Privilegiums. Hieran änderte auch der Umstand nichts, daß eine Anzahl Rittergüter sich in den Händen von Personen bürgerlichen Standes befanden, und diese

[1]) H. R. A. Berlin, Generalia I. 1.

[2]) In dieser Hinsicht trat in den 30er Jahren des XIX. Jahrhunderts eine Änderung ein. S. o. S. 87.

[3]) L. A. Stettin, Generalia I. 8.

auch zur Teilnahme an den Landschaften zugelassen waren: Das Kreditsystem war ausdrücklich im Interesse des grundbesitzenden Adels geschaffen worden. Dies geht auch aus der Stiftungsurkunde[1]) deutlich hervor.

Die Frage, warum man den Wirkungskreis der Landschaften in dieser Weise beschränkt hat, ist früher dahin beantwortet worden, daß dies einfach auf der in jener Zeit üblichen Bevorzugung des Adels beruht habe[2]). In neuester Zeit hat man dagegen die Beschränkung des Kreditsystems auf den adeligen Grundbesitz aus juristischen Gesichtspunkten erklären wollen[3]). Man argumentiert hierbei folgendermaßen: „Bei der Errichtung der Landschaften befand sich der Bauernstand in seiner großen Mehrheit noch in dem Zustande der Unfreiheit und war daher rechtlich zur Teilnahme an den Landschaften nicht qualifiziert". Damit ist aber nur erklärt, warum man die Lassiten und Pachtbauern nicht in die Landschaften aufnehmen konnte, nicht aber, warum man sie den Freibauern und Erbzinsgutsbesitzern verschlossen hat. Diese beiden Gruppen des bäuerlichen Grundbesitzes wären nämlich rechtlich zur Teilnahme an den Landschaften qualifiziert gewesen, da ihnen das Recht zustand, ihren Grundbesitz hypothekarisch zu belasten. Daß die Erbzinsgutsbesitzer hierbei an die Zustimmung des Obereigentümers gebunden waren, hätte ihre Aufnahme in die Landschaften an sich nicht gehindert. Dies geht daraus hervor, daß in Pommern mehrere Erbzinsgutsbesitzer[4]) — allerdings nur solche adeligen Standes — in die Landschaft aufgenommen worden sind. Dieser Vorgang in Pommern weist uns übrigens bereits auf ein Moment hin, das bei dem Ausschluß der Bauern aus den Landschaften mitgesprochen hat. Für die Bestimmung, daß ein Erbzinsguts-

---

[1]) Kabinets-Ordre vom 29. August 1769. (Abgedruckt bei Rabe I. 81.)

[2]) Wutke, H., Die Schlesischen Stände, ihr Wesen, ihr Wirken und ihr Wert, S. 45, u. Jacobi a. a. O., S. 117.

[3]) Wegener, Ed., In d. Annalen des Deutschen Reichs. Jahrg. 1898. S. 545, u. ferner v. d. Goltz: Agrarwesen und Agrarpolitik, S. 200.

[4]) Über die „adeligen Erbzinsgüter" in Pommern vgl. Padberg a. a. O. S. 274ff.

besitzer nur dann in die Landschaft aufgenommen werden durfte, wenn er dem Adel angehörte[1]), können nur soziale Motive maßgebend gewesen sein, wie denn überhaupt die Beschränkung des landschaftlichen Wirkungskreises auf den ritterschaftlichen Grundbesitz durchaus dem Geiste jener Zeit entsprach, in der die Tendenz bestand, die Unterschiede zwischen den einzelnen Ständen aufrechtzuerhalten. Dieses Moment war jedoch bei dem Ausschluß der Bauern aus den Landschaften nur von sekundärer Bedeutung. Das Entscheidende hierbei war, daß damals noch kein ausgesprochenes Bedürfnis nach einer Organisation des bäuerlichen Realkredits vorhanden war. Die Bauern, die sich zum größten Teile noch im Stadium der Naturalwirtschaft befanden, betrachtete man als noch nicht reif für die Kreditwirtschaft. An und für sich war die Beschränkung des landschaftlichen Wirkungskreises daher wohl begründet. Keinesfalls kann ein Mangel an Wohlwollen gegenüber dem Bauernstande darin erblickt werden, daß man ihm eine Kreditorganisation versagt hat.

In den bäuerlichen Kreisen selbst war anfangs gar nicht der Wunsch nach einer Teilnahme an den Landschaften vorhanden. Hiermit trat man erst hervor, als man einsah, wie vorteilhaft das Kreditsystem für den ritterschaftlichen Grundbesitz war. So erschien im Jahre 1786 in den Schlesischen Provinzialblättern[2]) ein Aufsatz, in dem der Verfasser für die Errichtung einer der Landschaft nachgebildeten Kreditkasse für die Freibauern eintrat. Man verlangte demnach nicht die Aufnahme in die Landschaft, sondern hielt es nur für erwünscht, ein besonderes Kreditinstitut für den bäuerlichen Grundbesitz ins Leben zu rufen. Auf dieses Projekt kam man auch in der Folge immer wieder zurück[3]), indem man die verschiedenartigsten Gründe zu seinen Gunsten ins Feld führte. So meinte ein Autor, die Errichtung eines bäuerlichen Kreditinstituts sei vorteilhaft, weil mit der Vermehrung der Pfandbriefe deren Agio herabgedrückt

---

[1]) Regl. v. 13. März 1781. II. 1.

[2]) S. 291 ff.

[3]) Schles. Provbl., Jahrg. 1789, S. 457 ff.; Jahrg. 1794, S. 414 ff.

werde. Man hielt es nämlich damals in manchen Kreisen für etwas Unnatürliches, daß die Schlesischen Pfandbriefe den Parikurs um 6—7 % überschritten hatten. Von anderer Seite wurde ausgeführt, daß die Landschaft zwar den Kredit der adeligen Gutsbesitzer gehoben habe, den der Bauern aber schädige, da sie alle flüssigen Kapitalien an sich ziehe. Endlich wurden im Laufe der 90er Jahre auch noch die Dismembrationen der adeligen Güter zugunsten der Errichtung eines bäuerlichen Kreditinstituts ins Feld geführt[1]). Man begründete dies wie folgt: Es sei notwendig, die Dismembrationen zu erleichtern. Dies müsse in der Weise geschehen, daß man es den Bauern ermögliche, mit Hilfe einer für sie geschaffenen Kreditkasse die zur Übernahme der herrschaftlichen Äcker erforderlichen Kaufgelder aufzubringen[2]).

Diese ganze Agitation hatte aber ebensowenig Erfolg, wie die bereits von uns an anderer Stelle[3]) geschilderten gleichartigen Bestrebungen der Ostpreußischen Köllmer. Die Regierung hielt eben auch noch am Ende des XVIII. Jahrhunderts daran fest, daß es nicht im Interesse der bäuerlichen Grundbesitzer liege, wenn man ihnen das Schuldenmachen zu sehr erleichtere.

Eine Änderung in diesen Anschauungen trat erst ein, nachdem in den leitenden Kreisen die liberalen staatswirtschaftlichen Ideeen zur Herrschaft gelangt waren. Vom Standpunkte der Reformer aus war es ein Unding, daß das Recht zur Teilnahme an den Landschaften von der Zugehörigkeit zu einer bestimmten Klasse des ländlichen Grundeigentums abhängig war[4]). Man wünschte deshalb, daß alle ländlichen Grundeigentümer in die Landschaften aufgenommen würden. Nicht nur aus wirtschaftlichen, sondern auch aus sozialpolitischen Gründen trat man hierfür ein. Die erste Anregung zur Aufnahme der Freibauern in die Landschaften ging von dem Geh. Finanzrat und Kammer-

---

[1]) Schles. Provinzialblätter, Jahrg. 1795. S. 336.

[2]) S. o. S. 89 ff.

[3]) S. 78.

[4]) v. Knobloch, Bemerkungen über den Entwurf zu einem Posener Kreditsystem (1819), S. 75.

präsidenten von Auerswald aus. Er schlug im September 1807 der kombinierten Immediatkommission vor, bei der Ostpreußischen Landschaft die Aufnahme aller Landgüter im Werte von mindestens 1000 Talern in Antrag zu bringen[1]). Dieser Vorschlag fiel auf fruchtbaren Boden. Er ist, wie ja bereits an anderer Stelle erwähnt, verwirklicht worden[2]). Die Ostpreußische Landschaft war jedoch die einzige, die während der Reformperiode ihren Wirkungskreis auch auf den nichtadeligen Grundbesitz ausdehnte[3]).

Die Westpreußische Landschaft beschloß zwar im Jahre 1809 auf Anregung der Regierung gleichfalls, alle zu vollem Eigentum besessenen, nichtadeligen Güter im Werte von mindestens 1000 Talern in ihren Verband aufzunehmen; dieser Beschluß gelangte aber nicht zur Durchführung; denn die Regierung war zwar mit der Aufnahme der nichtadeligen Güter durchaus einverstanden, wollte aber deren definitiven Beitritt aufgeschoben wissen, bis die infolge der Abtretung eines Teils der Provinz Westpreußen notwendig gewordene Reorganisation der Landschaft vollzogen sei[4]). Hierüber vergingen aber mehrere Jahre, und inzwischen geriet die Angelegenheit bei der Regierung in Vergessenheit. Die Landschaft selbst legte auf den Beitritt der nichtadeligen Güter keinen Wert und erwog sogar die förmliche Aufhebung des hierauf bezüglichen Beschlusses[5]). Schließlich begnügte man sich aber damit, den Beschluß als nicht vorhanden anzusehen. Demgemäß wurde auch ein westpreußischer Freigutsbesitzer, der im Jahre 1818 ein Darlehen bei der Landschaft aufnehmen wollte, von dieser abgewiesen[6]). In der Tat

[1]) M. A. Landschaftssachen specialia Ostpreußen 1.

[2]) S. o. S. 80.

[3]) v. d. Goltz (Wörterbuch der Volkswirtschaft, Artikel „Landschaften") vertritt die Ansicht, daß diese Maßnahme in einem direkten Zusammenhang mit der bäuerlichen Reformgesetzgebung gestanden habe. Dies ist jedoch nicht zutreffend, denn die Erweiterung der Landschaft erstreckte sich nur auf die von der Reform nicht berührten „Freibauern".

[4]) L. A. Danzig Generalia 7. Reskript v. 30. Oktober 1809.

[5]) L. A. Danzig Gen. 11. Vol. 1.

[6]) Geh. St. A. 87. B. XIX. 19.

blieb also der Ausschluß des nichtadeligen Grundbesitzes von der Landschaft bestehen.

Auch bei dem Kur- und Neumärkischen Kreditinstitute trat man im Jahre 1809 in eine Erörterung darüber ein, ob eine Ausdehnung des landschaftlichen Wirkungskreises nach dem Beispiele der Ostpreußischen Landschaft erwünscht sei. Man erwog, ob eine solche Maßnahme vielleicht zur Stärkung des Kreditinstituts dienen könne. Da sich aber die Neumärkische und die Priegnitzer Ritterschaftsdirektion sowie zahlreiche Gutsbesitzer gegen das Projekt aussprachen, wurde die Angelegenheit nicht weiter verfolgt.

Bei der Schlesischen und Pommerschen Landschaft dagegen scheint die Aufnahme des nichtritterschaftlichen Grundbesitzes damals überhaupt nicht in Frage gekommen zu sein. Eine Ausdehnung des landschaftlichen Wirkungskreises hat somit während der Reformperiode nur in Ostpreußen stattgefunden. Aber selbst hier erstreckte sich die Erweiterung des landschaftlichen Verbandes nur auf einen kleinen Teil des nichtritterschaftlichen Grundbesitzes[1]). Von der Landschaft ausgeschlossen blieben die ehemaligen Domänenbauern. Ihnen war durch eine Verordnung vom 27. Juli 1808 das volle Eigentum an ihren Stellen verliehen worden und zwar, wie ausdrücklich betont wurde, auch deswegen, um ihnen die Beschaffung von Hypothekarkredit zu ermöglichen. Da nun ein derartiger Kredit damals einzig und allein bei der Ostpreußischen Landschaft erhältlich war, so hätte man konsequenterweise die Aufnahme der ehemaligen Domänenbauern in die Landschaft ins Auge fassen müssen. Dies geschah aber nicht. Der Minister von Schrötter sprach sich vielmehr bereits in einem Immediatberichte vom 24. November 1808 dahin aus, daß die Domänenbauern zur Teilnahme an der Landschaft nicht qualifiziert seien[2]). Er ging dabei von dem Standpunkte aus, daß der Beschluß der Landschaft vom 16. Februar 1808, betreffend die Beleihungsfähigkeit der nichtadeligen, zu vollem Eigentum

---

[1]) Im Jahre 1830 waren ungefähr 200 und im Jahre 1850 etwa 300 Grundstücke köllmischer Qualität landschaftlich beliehen.

[2]) Geh. St. A. 89. A. XXVI.$_6$. u. L. A. Königsberg II. 42. C. 2. 37.

besessenen Grundstücke, sich nicht auf die Domänenbauerngüter erstrecke, die erst im Juli 1808 zu vollem Eigentum erworben seien.

Es kam aber noch ein verwaltungstechnischer Grund hinzu, der dem Minister die Teilnahme der Domänenbauern an der Landschaft unerwünscht erscheinen ließ. Alle zur Landschaft gehörigen Güter mußten nämlich nach Maßgabe des Landschaftsreglements den Oberlandesgerichten unterstellt werden. Dies war auch mit den köllmischen Gütern bei ihrer Aufnahme in die Landschaft geschehen. Hierdurch war den Domänenjustizämtern, zu deren Kompetenz bisher die köllmischen Grundstücke gehört hatten, ein wesentlicher Teil ihrer Einkünfte entzogen und ihr Wirkungskreis stark eingeschränkt worden. Als Entschädigung hierfür waren diesen Gerichten die neugeschaffenen Domänenbauernstellen zugewiesen worden. Wären nun auch diese in die Landschaft aufgenommen worden, so würde bald eine Überlastung der Oberlandesgerichte eingetreten sein, während der Arbeitskreis der Domänenjustizämter auf ein Minimum herabgesunken wäre. Derartige Erwägungen[1]) haben, wie aus mehreren Ministerialreskripten[2]) hervorgeht, offenbar bei dem Ausschluß der Domänenbauern von der Landschaft mitgesprochen.

Somit blieben die Vorteile des Landschaftskredits tausenden von neugeschaffenen bäuerlichen Eigentümern aus formalen und verwaltungstechnischen Gründen versagt. Die wirtschaftliche oder gar sozialpolitische Bedeutung dieser Maßregel ist in den leitenden Kreisen anscheinend nicht erkannt worden. Man kann sich dem Eindruck nicht verschließen, daß die Generallandschaftsdirektion in dieser Beziehung einsichtsvoller gewesen ist, als die Regierung. Die Landschaft war nämlich dazu bereit, ehemalige Domänenbauerngüter zu beleihen. Der Justizminister erklärte dies aber durch Reskript vom 28. April 1809 für unzulässig.

---

[1]) Auch bei den Verhandlungen der Landesrepräsentanten im Jahre 1815 wurde der Vorschlag, die Tätigkeit der Landschaften auf das bäuerliche Grundeigentum auszudehnen, mit der Motivierung bekämpft, daß die Übertragung des bäuerlichen Hypothekenwesens an die Oberlandesgerichte nicht angängig sei. (Verh. v. 26. März) 1815 Geh. St. A. 77. 322. II. Reihe.

[2]) L. A. Königsberg XVI. 79.₂.

Hierbei blieb es auch, obwohl der landschaftliche Generallandtag von 1823 die Rücknahme dieser ministeriellen Verfügung beantragte.

Ebenso wie den Domänenbauern versagte man auch den durch die Regulierung der gutsherrlich-bäuerlichen Verhältnisse neugeschaffenen bäuerlichen Eigentümern die Vorteile des organisierten Kredits. Dies war auch ganz konsequent, nachdem durch das Edikt vom 14. September 1811 bestimmt worden war, daß diese Bauerngüter „nicht über ein Viertel ihres Wertes hypothekarisch belastet werden dürften“[1]). Die Mehrheit der im Jahre 1815 versammelten Landesrepräsentanten und die Ministerialkommission traten allerdings für die Aufhebung dieser Verschuldungsbeschränkung ein. Scharnweber setzte jedoch diesem Vorschlage ganz entschiedenen Widerstand entgegen und drang auch damit durch. Die Deklaration vom 29. Mai 1816 ließ die Verschuldungsbeschränkung bestehen. Gleichzeitig enthielt sie aber einen Hinweis auf die in Aussicht genommene „Errichtung eines Kredit-Instituts zur Bepfandbriefung bäuerlicher Güter“[2]). Hiermit hatte es folgende Bewandtnis: Bei den Verhandlungen der Landesrepräsentanten im Jahre 1814[3]) hatte Scharnweber vorgeschlagen: Die Bauern sollten, wenn der Gutsherr bei der Auseinandersetzung Rente wähle, Schuldverschreibungen über den fünfundzwanzigfachen Betrag der Rente ausstellen; die Verzinsung dieser Schuldverschreibungen sollte von einer Bank übernommen werden, die ihrerseits von den Bauern die Zinsen erheben sollte. Bei den Verhandlungen der Landesrepräsentanten im Dezember 1814 war die allgemeine Stimmung diesem Vorschlage günstig, wenn auch die Meinungen über die Durchführbarkeit im einzelnen weit auseinander gingen. Zugunsten des Projektes wurde angeführt, daß die Gutsbesitzer mit den erwähnten Schuldverschreibungen einen Teil der auf ihren Gütern ruhenden Hypotheken zurückzahlen könnten. Bei dieser Gelegen-

[1]) Vgl. Mauer, H.: Die Verschuldungsgrenze für Bauerngüter in Preußen (1811—1843) im Archiv f. Sozialw. u. Sozialpol. XXIV. 3.

[2]) Vgl. Artikel 13.

[3]) Geh. St. A. 77. 322. II. Reihe.

heit kam auch zur Sprache, ob vielleicht die Landschaften mit der Ablösung der bäuerlichen Renten betraut werden könnten, wie der Landesrepräsentant von Gruttschreiber bereits früher vorgeschlagen hatte. Dieser trat auch jetzt wieder sehr energisch für seinen früheren Antrag ein; er drang aber nicht damit durch. Trotzdem kam er in einem späteren Stadium der Verhandlungen — im März 1815 — abermals auf seinen Vorschlag zurück, diesmal mit mehr Erfolg. Die Landesrepäsentanten legten nämlich seinen Plan sowie einen ähnlichen des Herrn von Knobelsdorff dem Staatskanzler zur Berücksichtigung vor. Beiden Projekten lag der Gedanke zugrunde, daß die Rentenübernahme durch den Bauern den Nachteil habe, daß das gutsherrlich-bäuerliche Verhältnis, wenn auch in veränderter Form, noch fortbestehe. Dies werde aber verhindert, wenn die Bauern, statt eine Rente zu übernehmen, den Gutsherrn mit dem entsprechenden Kapital abfinden könnten. Hierzu seien sie auch in der Lage, sobald die Landschaften die bäuerlichen Besitzungen für beleihungsfähig erklärten. Eine Auseinandersetzung in dieser Form liege im Interesse aller Beteiligten. Die Gutsherren könnten die Abfindungskapitalien teils zu den notwendigen Neuanschaffungen von Spannvieh, Wirtschaftsinventarien und dgl. verwenden, teils ihre Schulden damit abzahlen. Die Bauern hätten den Vorteil, daß sie das Land, zu dessen Bewirtschaftung sie nun einmal ausgerüstet seien, in unvermindertem Umfange behielten. Sie müßten das Land allerdings mit Schulden übernehmen, seien aber infolge des viel höheren Wirtschaftsertrages in der Lage, diese nach und nach zu tilgen. Die allmähliche Amortisation des Landschaftsdarlehens liege auch im Interesse der Landschaften selbst, da deren Sicherheit dadurch gewinne. Diese Darlegungen erschienen den Landesrepräsentanten höchst beachtenswert. Sie gaben dem Staatskanzler deshalb anheim, von den Landschaftsdirektionen Gutachten über die Ausführbarkeit der Projekte einzufordern. Dies geschah denn auch noch im Laufe des Jahres 1815.

Die Landschaften nahmen jedoch die Vorschläge nicht günstig auf[1]). Sie erhoben verschiedene Einwände, von denen der schwer-

[1]) Geh. St. A. 87. B. XXIII. 42. Vol. 1.

wiegendste der war, daß die bäuerlichen Grundstücke keine genügende Sicherheit für eine landschaftliche Beleihung böten. Dagegen erschien einigen Landschaften die Errichtung besonderer bäuerlichen Kreditinstitute wünschenswert. Dieser Vorschlag fand jedoch nicht den Beifall der Regierung, die die Existenzfähigkeit derartiger Institute anzweifelte. Das größte Hindernis aber für die Schaffung einer rein bäuerlichen Kreditorganisation bildete die im Jahre 1811 für die regulierten Bauerngüter eingeführte Verschuldungsbeschränkung. Solange diese bestand, hatten, wie das Oberlandesgericht zu Stettin in treffender Weise ausführte, selbständige Bauernlandschaften keine Existenzberechtigung[1]).

In ihrer Abneigung gegen die Schaffung von bäuerlichen Kreditinstituten wurde die Regierung noch bestärkt, als in den zwanziger Jahren ein großer Teil des ritterschaftlichen Grundbesitzes infolge seiner hohen Verschuldung zusammenbrach. Vor derartigen Erfahrungen wollte man den bäuerlichen Grundbesitz bewahren. Aus diesem Grunde hielt man an der bestehenden Verschuldungsbeschränkung fest und verhinderte alle Maßnahmen, deren Zweck es war, den bäuerlichen Grundbesitzern die Kreditbeschaffung und damit, wie man glaubte, das Schuldenmachen zu erleichtern. Die Regierung ging hierin so weit, daß sie sogar von der Ostpreußischen Landschaft in Aussicht genommene Maßnahmen inhibierte, die den kleineren köllmischen Besitzern die Inanspruchnahme des Landschaftskredits erleichtern sollten. Als ein dahingehender Antrag auf dem Ostpreußischen Generallandtage von 1832 zur Beratung kam, erklärte der Oberpräsident von Schön: „Gebildete Völker gingen darauf aus, den kleinen und unkultivierten Grundbesitz von allem Realkredit auszuschließen, weil er sonst bald mit zuviel Schulden belastet und daher ruiniert werde; es sei daher eher besser, den Kredit für die kleinen Grundbesitzer noch mehr als bisher einzuschränken[2]).“

In diesen Worten Schöns kommt die Bodenkredit-Politik, die der Preußische Staat dem bäuerlichen Grundbesitze gegenüber in der Zeit von 1820—1848 verfolgte, klar zum Ausdruck:

---

[1]) Geh. St. A. 74. J. IV. Pommern 2.

[2]) L. A. Königsberg XVI. 90. Vol. 2.

Weder Kreditérleichterungen noch Organisation des bäuerlichen Realkredits. Als sich im Jahre 1833 in Pommern ein Verein bildete zwecks Errichtung eines Kreditinstitutes für bäuerliche Wirte, trat die Regierung diesen Bestrebungen sofort energisch entgegen. In einem Berichte, den der Minister von Schuckmann über diese Angelegenheit erstattete, heißt es: „Die Errichtung von bäuerlichen Kreditinstituten ist den Absichten der Regierung wegen der Dismembrationen, Vererbung und Verschuldung der Bauerngüter gänzlich widersprechend, da hierdurch das Schuldenmachen erleichtert wird [1])". Die Regierung wünschte nämlich, daß der Bauer seinen etwaigen Geldbedarf im Wege der Grundbesitzveräußerung befriedigte. Man wollte also die Parzellierung des ländlichen Grundbesitzes [2]) begünstigen, hat aber nicht nur diese, sondern auch die Konzentration gefördert. Die repressive Kreditpolitik bewirkte somit, daß der ländliche Mittelstand von zwei Seiten in seiner Existenz bedroht wurde, und verhinderte eine ökonomisch zweckmäßige und sozial befriedigende Gestaltung der Grundeigentumsverhältnisse.

Eine weitere Folge der staatlichen Bodenkreditpolitik bestand darin, daß zahlreiche bäuerliche Grundbesitzer den Kredit entbehren mußten, dessen sie zum Übergang in eine rationellere Wirtschaftsweise bedurft hätten [3]). In einem Berichte des Oberpräsidenten Sack vom 20. März 1821 ist in dieser Beziehung gesagt: „Jetzt ist die Beschränkung des Kredits der bäuerlichen Wirte mehr schädlich als nützlich und ist auch wohl nicht in Abrede zu stellen, daß der bäuerliche Wirt wegen Mangels an Kredit und Geld mehrere Pläne zur Verbesserung der Grundstücke und Gebäude aufgeben muß [4])."

Volkswirtschaftlich betrachtet kann daher die Bodenkreditpolitik, die der Preußische Staat während der Reformperiode dem bäuerlichen Grundbesitze gegenüber beobachtet hat, nur auf

[1]) M. A. Landschaftssachen specialia Pommern 28. I.

[2]) Über den Umfang der bäuerlichen Parzellierungsbewegung vgl. Sering, M. Innere Kolonisation im östlichen Deutschland (1893).

[3]) Vgl. v. Sänger, Das ländliche Kreditwesen (1857).

[4]) Geh. St. A. 87 B. XIX. 22. Vol. 1.

das Schärfste verurteilt werden. Dies wurde auch bereits von der im Jahre 1851 zur Untersuchung der Kreditverhältnisse eingesetzten Kommission der zweiten Kammer festgestellt. In dem Kommissionsberichte heißt es: „Die Staatsregierung ist jedem Versuche, der die Bildung von Kreditinstituten für die Bauern bezweckte, entgegengetreten, sie hat die Bedürfnisse verkannt, indem sie den Übergang zur Geldwirtschaft erzwang, aber die Mittel zu ihrer gedeihlichen Durchführung versagte". Diese Bodenkreditpolitik war aber nicht nur wirtschaftlich[1]), sondern auch sozialpolitisch schädlich. Der Umstand, daß die Rittergutsbesitzer einen billigen unkündbaren Kredit genossen, während sich die Bauern nur unter den lästigsten Bedingungen einen teueren und obendrein jederzeit kündbaren Kredit beschaffen konnten, trug nicht wenig dazu bei, in den bäuerlichen Kreisen starke Unzufriedenheit hervorzurufen. Das Jahr 1848, in dem dies deutlich zutagetrat, hatte denn auch einen Umschwung in der Bodenkreditpolitik des Preußischen Staates im Gefolge.

2. DIE ORGANISATION DES BÄUERLICHEN BODENKREDITS DURCH DIE LANDSCHAFTEN.

Im Jahre 1851 beschloß die zweite Preußische Kammer, entsprechend einem Antrage des Abgeordneten Harkort, eine eingehende Untersuchung des Systems der Banken und Geld-Kredit-Institute des Landes vorzunehmen[2]). Das Ergebnis dieser Enquête ließ die bäuerlichen Kreditverhältnisse in den östlichen Provinzen in einem sehr ungünstigen Lichte erscheinen.

Nach dem Berichte der Kreditkommission vom 3. Mai 1851 betrug der Hypothekenzinsfuß bei bäuerlichen Gütern in Ost- und Westpreußen sechs Prozent, in Posen, Pommern, Schlesien und den Marken in der Regel fünf Prozent. Zu der Verzinsung des Darlehens kam jedoch noch eine Anzahl lästiger Nebenleistungen

---

[1]) Über ähnliche Wirkungen repressiver Kreditpolitik gegenüber dem bäuerlichen Grundbesitz in Bayern während des 17. Jahrh. vgl. Cohen a. a. O. S. 422 ff.

[2]) Vgl. Poschinger a. a. O. II. S. 134 ff.

hinzu, die den Kredit wesentlich verteuerten. Sie bestanden teils in Provisionen, die beim Abschluß oder bei Prolongation des Darlehens gezahlt werden mußten, teils in Naturalleistungen der verschiedensten Art. Diese Nebenleistungen erreichten in der Provinz Preußen fünf bis acht Prozent des Darlehens, in den entlegeneren Gegenden stiegen sie bis 20 Prozent und in Littauen mußte der Bauer sogar 40 Taler für Provision und Kosten zahlen, um ein Darlehen von nur 100 Talern erhalten zu können [1]). Dabei wußte der Bauer noch nicht einmal sicher, wielange ihm sein Geldgeber das Darlehen belassen würde. Da der Kapitalist sich stets das Kündigungsrecht vorbehielt, so war der Bauer ständig von der Kündigung bedroht; oft konnte er sie nur dadurch abwenden, daß er sich einer Zinserhöhung unterwarf. In vielen Fällen aber konnte er sich nicht einmal durch die Übernahme einer größeren Zinsenlast vor der Rückforderung des ihm gewährten Darlehens schützen. Es kam vor, daß die Bauern selbst zu den ungünstigsten Bedingungen keinen Kredit erhalten konnten [2]). Dieser Übelstand war in manchen Landesteilen die Regel, so besonders in den von den größeren Städten entfernt gelegenen Gegenden Ostpreußens — in Littauen.

Es ist daher auch ohne weiteres verständlich, daß man nach der am 29. Dezember 1843 erfolgten Aufhebung der Verschuldungsbeschränkung, des wesentlichsten Hindernisses der Kreditorganisation, zuallererst für Littauen ein bäuerliches Kreditinstitut forderte. Bevor aber ein von dem landwirtschaftlichen Verein für Littauen dem Landesökonomiekollegium im Jahre 1845 vorgelegter Plan zur Begründung einer landwirtschaftlichen Leihbank [3]) zur Erörterung gelangte, hatte bereits die Ostpreußische Landschaft die Initiative in dieser Angelegenheit ergriffen. Auf dem Ostpreußischen Generallandtage von 1844 hatten nämlich

---

[1]) Annalen der Landw. IX. 330 ff.

[2]) So konnten die Bauern in Schlesien während der 30er Jahre, selbst zur Zeit größter Geldflüssigkeit, oft nicht einmal zu 6 % eine erststellige Hypothek auf ihren Besitz erhalten. (Vgl. Schles. Provbl Jahrg. 1836 S. 336.)

[3]) Annalen der Landw. V. 58.

vierzehn bürgerliche Gutsbesitzer aus dem Alt-Heilsberger Kreise den Antrag gestellt, den bisher ausgeschlossenen bäuerlichen Grundbesitz in die Landschaft aufzunehmen. Zur Begründung ihres Antrages führten sie Folgendes aus: „Solange der bepfandbriefte Boden wesentlich teurer sei als der vom Kredit ausgeschlossene, sei das Zusammenschlagen der Rustikalhöfe in Vorwerkswirtschaften unvermeidlich, und die Existenz des Bauernstandes unausgesetzt den Angriffen des großen Kapitals preisgegeben, denen er mehr und mehr erliegen müsse". In ihrem Berichte hierzu bemerkte die Generallandschaftsdirektion, „daß gegen die angegebenen Motive des Antrags kaum etwas Erhebliches einzuwenden sein dürfte". Bei der Beratung im Plenum fand der Antrag vielfache Unterstützung. Es wurde von verschiedenen Seiten darauf hingewiesen, daß der Bauernstand fast ganz kreditlos sei. Auf eine von anderer Seite gemachte Einwendung, daß keine Veranlassung vorliege, dem Bauernstand eine von ihm nicht verlangte Wohltat aufzudrängen, wurde erwidert, daß sich schon wiederholt Bauern mit Darlehensgesuchen an die Landschaft gewandt hätten. Der Generallandtag beschloß daraufhin, den Antrag in Anbetracht seiner Wichtigkeit den landschaftlichen Kreistagen zur Begutachtung vorzulegen. Im Laufe der hierüber stattfindenden Besprechungen brachten die Gegner des Antrags einen Grund gegen die Aufnahme der Bauern vor, der auch die prinzipiellen Anhänger dieser Maßnahme stutzig machte. Man führte nämlich aus: „Jede erhebliche Vermehrung der Pfandbriefausgabe bewirke bereits ein Sinken des Pfandbriefkurses, um wie viel mehr aber müsse der Kurs erst fallen, wenn zur Befriedigung der Kreditbedürfnisse des Bauernstandes gleich mehrere Millionen neuer Pfandbriefe ausgegeben werden müßten. Die Folge werde sein, daß die der Landschaft bereits angehörenden Gutsbesitzer den Landschaftskredit überhaupt nicht mehr in Anspruch nehmen könnten. Dieses Argument gab den Ausschlag. Die Kreistage votierten in ihrer Mehrheit gegen die Aufnahme des Rustikalbesitzes.

Inzwischen war ein neuer Vorschlag gemacht worden, wie der Kreditnot der Bauern abgeholfen werden könne, ohne daß die Landschaft in ihrer bisherigen Verfassung dadurch berührt werde. Ein Freiherr von Hoverbeck hatte nämlich vorgeschlagen, daß die Landschaft eine Hypothekenbank zur Beleihung des bäuerlichen Grundbesitzes errichten solle. Die Pfandbriefe dieser Hypothekenbank sollten aber nicht in Zirkulation gesetzt werden. Die Bank sollte sie vielmehr „in deposito" behalten und dafür ermächtigt werden, zinslose Noten in einem entsprechenden Betrage auszugeben. Dieses Projekt fand großen Beifall. So standen die Dinge bei Eröffnung des Ostpreußischen Generallandtages von 1847. Hier kam es zunächst wiederum zu lebhaften Debatten über die Frage der Notwendigkeit und Zweckmäßigkeit der Organisation des bäuerlichen Realkredits. Einzelne Redner bestritten, daß der Bauernstand zu seiner Erhaltung einen größeren Kredit als bisher benötige, man dürfe im Gegenteil den Bauern das Schuldenmachen nicht erleichtern. Demgegenüber wurde geltend gemacht, „daß erfahrungsgemäß gerade die Kreditlosigkeit den Bauernstand zugrunderichte. Sobald der Bauer in die Lage versetzt sei, an Miterben oder andere Gläubiger Kapitalien auszahlen zu müssen, sei er entweder gezwungen, sein Gut im ganzen an einen größeren Gutsbesitzer zu verkaufen oder es zu parzellieren; in beiden Fällen sinke er in die Arbeiterklasse hinab. Es sei daher geboten, dem Bauernstande einen neuen Weg der Kapitalbeschaffung zu erschließen". Schon während der Debatte zeigte es sich, daß die Majorität der Versammlung diese Anschauung teilte. Die Abstimmung ergab denn auch eine ansehnliche Mehrheit für die Erweiterung des landschaftlichen Verbandes, die auch für den Fall erfolgen sollte, daß das Bankprojekt nicht zur Durchführung gelangen würde[1]). Nicht nur sämtliche bürgerlichen Mitglieder, sondern auch $^{3}/_{5}$ der adeligen stimmten am 9. Oktober 1847 für die unbedingte Aufnahme der Bauern in die Landschaft[2]).

[1]) Der Beschluß des Generallandtags betreffs Errichtung einer landschaftlichen Hypothekenbank wurde von der Regierung nicht genehmigt.

[2]) Etwa zu der gleichen Zeit wurde die Gründung von Kredit-Instituten für „die Ackerbesitzungen im Stande der Landgemeinden" auf

Die Bestätigung dieses Beschlusses durch die Regierung hat nun allerdings sehr lange auf sich warten lassen. Sie erfolgte nämlich erst 1½ Jahre später, am 4. Mai 1849. Anfangs war man im Ministerium wenig geneigt gewesen, den Beitritt der Bauern zu der Ostpreußischen Landschaft zu genehmigen[1]). Ob der Generallandtagsbeschluß vom 9. Oktober 1847 ohne die politischen Ereignisse des Jahres 1848 überhaupt die Königliche Bestätigung gefunden hätte, muß recht zweifelhaft erscheinen. Trotzdem kann nicht die Rede davon sein, daß die politische Bewegung von 1848 die Ursache für die Aufnahme des Bauernstandes gewesen ist, denn die Entscheidung der Landschaft hierüber war bereits vor jenen Ereignissen gefallen.

Unmittelbar auf die Vorgänge des Jahres 1848 sind dagegen die Maßnahmen zurückzuführen, die man in Schlesien zur Hebung des bäuerlichen Realkredits getroffen hat. Dort war bereits zu Beginn der 20er Jahre eine Bewegung zugunsten der Aufnahme der größeren bäuerlichen Gutsbesitzer in die Landschaft entstanden. Der Engere Ausschuß der Schlesischen Landschaft lehnte aber im Jahre 1822 einen diesbezüglichen von ungefähr 50 Lehnsschulzen und Erbscholtiseibesitzern gestellten Antrag ab und erklärte sich einige Jahre später auch gegen die Errichtung eines der Landschaft angegliederten Rustikalinstituts. Die Schaffung einer von der Landschaft unabhängigen Kreditanstalt, die während der 30er Jahre geplant wurde, scheiterte an dem Widerspruche der Regierung.[2]) Im Laufe der 40er Jahre kam man aber von neuem auf diese Angelegenheit zurück. Die von der Landschaft ausgeschlossenen Grundbesitzer wandten sich im Jahre 1844 mit einer durch den Provinziallandtag befürworteten Petition des Inhalts an den König, daß man für sie eine der ritterschaftlichen Landschaft entsprechende Institution schaffen möge. Es fanden daraufhin vonseiten der Regierung Erhebungen und Verhandlungen statt,

---

dem ersten Vereinigten Landtage zur Beratung gestellt. Die diesbezüglichen Verhandlungen verliefen jedoch resultatlos. (Vgl. Poschinger II. 257.)

[1]) M. A. L. S. Ostpreußen. XI. 8.

[2]) M. A. L. S. Schlesien 36.

die aber zunächst ergebnislos blieben. Ein im Jahre 1846 bei der Landschaft gestellter Antrag auf Ausdehnung des landschaftlichen Kreditverbandes auf alle ländlichen Grundstücke wurde ohne Erörterung beiseitegelegt, da man erst die Entscheidung des Königs auf die oben erwähnte Petition abwarten wollte. Man schien aber der Aufnahme der Bauern in den Kreisen der Landschaft nicht recht geneigt zu sein. Ein völliger Umschwung hierin trat jedoch nach der Umgestaltung der politischen Verhältnisse im Jahre 1848 ein. In dem Berichte der Generallandschaftsdirektion vom 22. April 1848 wurde ausgeführt, „daß der landschaftlichen Verfassung, welche eine Sonderung der ritterschaftlichen von den übrigen ländlichen Grundbesitzern zur Voraussetzung hätte, durch die Umgestaltung des Staatswesens das staatsrechtliche Motiv und das wesentliche Merkmal ihrer bisherigen Begrenzung entzogen worden sei". Weiterhin heißt es dann: „Schon längst hat das Bedürfnis nach einer Kreditanstalt für das nichtritterschaftliche Grundeigentum sich kundgegeben. Die neuesten Ereignisse haben das Bedürfnis als ein unabweisliches hingestellt". Die Ausführungen der Generallandschaftsdirektion gipfelten schließlich in dem Vorschlage, daß die Landschaft den veränderten politischen Verhältnissen durch Ausdehnung ihres Wirkungskreises auf das gesamte ländliche Grundeigentum Rechnung tragen solle. Der Engere Ausschuß schloß sich einstimmig den Ausführungen der Generallandschaftsdirektion an und wählte eine Kommission zur Beratung der Angelegenheit. Die weiteren Verhandlungen ergaben nun, daß der Aufnahme der bisher ausgeschlossenen Grundbesitzer ein wesentliches Hindernis im Wege stand: Einerseits konnte man den Bauern nicht zumuten, die Garantie für die bereits 35 Millionen Taler betragenden Schulden der Rittergutsbesitzer mitzuübernehmen, andererseits konnte man von diesen nicht verlangen, daß sie die Bauern ohne Weiteres an ihrem sehr beträchtlichen Korporationsvermögen teilnehmen ließen. Aus diesen Gründen unterließ man die Aufnahme der bäuerlichen Grundbesitzer und beschränkte sich darauf, ihre Güter unter bestimmten Voraussetzungen für beleihungsfähig zu erklären. Die Bauern standen dann der Landschaft nicht als Genossen, sondern nur als Schuldner gegenüber. Sie hatten also weder Anteil an dem Vermögen der Landschaft, noch an deren Verwaltung. Die Schlesische Landschaft als Kreditinstitut für den bäuerlichen Grundbesitz und die ritterschaftliche Kreditassoziation des gleichen Namens waren zwei in ihren Rechtsverhältnissen völlig getrennte Institute. Das Bindeglied zwischen ihnen beiden bildete die gemeinschaftliche Verwaltung und ferner der Umstand, daß die alte Landschaft anfänglich mit gewissen Fonds für die zur Beleihung der Bauerngüter ausgegebenen Pfandbriefe haftete. In dieser Weise wurde im Jahre 1849 die Organisation des bäuerlichen Bodenkredits in Schlesien durchgeführt.

Nachdem die Ostpreußische und die Schlesische Landschaft ihren Wirkungskreis auf den nichtritterschaftlichen Grundbesitz ausgedehnt hatten, unternahm die Regierung Schritte, um das Gleiche in Brandenburg, Pommern und Westpreußen zu erreichen. An die dortigen landschaftlichen Kreditinstitute erging am 4. Juni 1849 ein Ministerialreskript mit der Aufforderung, eine Erweiterung ihres Wirkungskreises nach dem Vorbilde der Ostpreußischen oder Schlesischen Landschaft in Erwägung zu ziehen. Diese Anregung wurde in folgender Weise begründet: „Die Erweiterung der Institute sei von unverkennbarer Wichtigkeit; sie entspreche dem schon lange gefühlten und oft ausgesprochenen Bedürfnisse des kleineren Grundbesitzes nach einem leichten, sicheren und den Schwankungen des Geldmarktes minder unterworfenen Kredit und bahne in glücklicher Weise die wünschenswerte Beseitigung der bisher bestandenen Unterschiede zwischen den verschiedenen Klassen des ländlichen Grundeigentums an.“

Während nun das Kur- und Neumärkische Kreditinstitut sich dieser Anregung gegenüber ablehnend verhielt, gaben ihr die Pommersche und die Westpreußische Landschaft Folge. Für letztere lag hierzu allerdings eine besondere Veranlassung vor. Die bäuerlichen Kreditverhältnisse in Westpreußen, die stets recht ungünstige gewesen waren, hatten sich nämlich gegen Ende der vierziger Jahre noch wesentlich verschlechtert. Der Kreditmangel war zeitweise so groß, daß selbst die größeren Besitzer sich keine erststelligen Hypotheken beschaffen konnten[1]). So war es dem Besitzer eines in der Nähe von Danzig gelegenen 600 Morgen großen Bauergutes, das mit 31 300 Talern abgeschätzt war, unmöglich, einen Ersatz für ein ihm gekündigtes Kapital von 8000 Talern zu erhalten. In Hinblick auf die allgemeine Klage über den Kreditmangel in Westpreußen stellte der Abgeordnete Hartmann am 2. Dezember 1849 in der zweiten Kammer den dringenden Antrag, „ein Gesetz über die Errichtung eines Kreditinstituts für kleine ländliche Grundstücke im Bezirk der Westpreußischen Generallandschaft auszuarbeiten“, und überreichte kurze Zeit darauf selbst einen entsprechenden Gesetzentwurf[2]). Inzwischen war aber die Nachricht eingegangen, daß die Westpreußische Landschaft sich bereit erklärt habe, die Organisation eines Kreditinstituts für den kleineren ländlichen Grundbesitz zu übernehmen. Mit Rücksicht hierauf sah die zur Beratung des Antrages Hartmann eingesetzte Kommission davon ab, die Angelegenheit weiter zu verfolgen. Sie erklärte jedoch ausdrücklich, daß ein dringendes Bedürfnis vorliege[3]), den ländlichen Grundbesitzern Westpreußens durch die Errichtung einer Kreditanstalt zu Hilfe zu kommen. Die Hoffnungen, die man auf die Westpreußische Landschaft setzte, gingen jedoch nicht in Erfüllung. Sie erklärte sich zwar bereit, die Verwaltung eines alsbald zu errichtenden bäuerlichen Kreditinstituts zu übernehmen, aber nur unter der Voraussetzung, daß ihr seitens des Staates zur Deckung der Verwaltungskosten ein zinsloses Darlehen von 200 000 Talern gewährt werde. Die Regierung lehnte dies jedoch ab und forderte die Landschaft auf, die Frage nochmals in Erwägung zu ziehen[4]). Bei den erneuten Beratungen trat die Marienwerdersche Provinziallandschafts-

---

[1]) M. A. L. S. Westpreußen Gen. 13.

[2]) M. A. L. S. Gen. 9. Vol. 1.

[3]) Die sich in einer Anmerkung bei Poschinger (Bankwesen und Bankpolitik in Preußen II. 242) findende Behauptung: „die Commission leugnete die Bedürfnißfrage“ ist also unzutreffend.

[4]) M. A. L. S. spec. Westpreußen 52.

direktion sehr energisch für die Ausdehnung des landschaftlichen Verbandes ein[1]). Sie begründete ihre Stellungnahme damit, daß die derzeitigen Kreditverhältnisse es notwendig machten, den sämtlichen ländlichen Grundbesitzern die Wohltaten des unkündbaren Kredits zuzuwenden; andernfalls bestehe die Gefahr, daß gerade der von der Landschaft ausgeschlossene Grundbesitz in die Hände von Wucherern falle. Demgegenüber wurde von anderer Seite geltend gemacht, daß ein Kreditinstitut sich nicht durch solche Humanitätsrücksichten leiten lassen dürfe. Diese Anschauung siegte und der Generallandtag lehnte die Erweiterung des landschaftlichen Verbandes definitiv ab.

Infolge dieses Verhaltens der Landschaft entstand in den Kreisen der bäuerlichen Grundbesitzer eine Bewegung zugunsten der Errichtung eines von der Landschaft unabhängigen Kreditinstituts für den Rustikalbesitz[2]). Die in den Regierungsbezirken Danzig und Marienwerder ansässigen Gutsbesitzer gingen jedoch hierbei nicht gemeinsam vor, sondern man wählte in jedem dieser Bezirke ein besonderes Comité zur Ausarbeitung eines Statuts für einen neuen Kreditverein. Die Angelegenheit wurde von beiden Seiten mit dem größten Eifer betrieben und schon nach kurzer Zeit wurden der Regierung zwei Statutenentwürfe vorgelegt. Der Hauptunterschied zwischen den beiden Projekten bestand darin, daß nach dem einen alle Grundstücke von mindestens 400 Talern, nach dem anderen dagegen nur solche von 1500 Talern Wert beleihungsfähig sein sollten. Der Minister des Innern versagte aber beiden Projekten die Bestätigung und verlangte, daß für die zwei Regierungsbezirke ein gemeinsames Institut gegründet würde. Der Oberpräsident von Westpreußen berief daraufhin eine Versammlung ländlicher Grundbesitzer aus allen Teilen der Provinz, um mit ihnen über die Gründung eines Kreditinstituts für den Rustikalbesitz zu beraten. Bei dieser Konferenz wurde über die wesentlichsten Punkte alsbald Übereinstimmung erzielt. Nur hinsichtlich der Festsetzung des zur Beleihungsfähigkeit erforderlichen Mindestwertes gingen die

[1]) St. A. Danzig 161, 533.
[2]) St. A. Danzig 161, 482.

Ansichten auseinander. Die Regierung stellte sich auf die Seite derer, die alle Grundstücke unter 1500 Talern Wert von dem neuen Institut ausgeschlossen sehen wollten, und machte von der Annahme dieses Grundsatzes ihre Zustimmung abhängig. Den dissentierenden Gutsbesitzern blieb daher nichts Anderes übrig, als sich zu fügen. Ebenso gelang es der Regierung, durchzusetzen, daß die Verwaltung des neuen Instituts der Westpreußischen Landschaft übertragen würde. Diese Verbindung mit der Landschaft fand auch in dem Namen des neuen Instituts seinen Ausdruck. Es wurde „Neue Westpreußische Landschaft" genannt.

Hier vollzog sich also die Organisation des bäuerlichen Realkredits in ganz anderer Weise als in Ostpreußen. Dort hatten die bereits der Landschaft angehörigen bürgerlichen Grundbesitzer die Sache des Bauernstandes zu der ihrigen gemacht und es durchgesetzt, daß die Landschaft ihren Wirkungskreis auf den gesamten bäuerlichen Grundbesitz ausdehnte. Die Westpreußische Landschaft dagegen, in der die adeligen Rittergutsbesitzer dominierten, folgte diesem Beispiele nicht, sondern überließ es der Regierung, die Initiative zu ergreifen.

In ähnlicher Weise, wie in Westpreußen, vollzog sich die Organisation des bäuerlichen Realkredits in Pommern[1]). Die Zulassung bäuerlicher Besitzer zur Landschaft war hier bereits im Jahre 1847 erwogen worden. Der Generallandtag hatte jedoch damals erklärt, daß es nicht Sache der Landschaft sei, den ersten Schritt zu tun. Infolge des Ministerialreskripts vom 4. Juni 1849 wurde nun die Angelegenheit von neuem zur Beratung gestellt. Die leitenden Kreise der Landschaft schienen jetzt — vielleicht unter dem Einfluß der politischen Vorgänge — einer Ausdehnung des Instituts eher geneigt zu sein. Die zur Beratung des Gegenstandes eingesetzte Kommission befürwortete die Schaffung einer bäuerlichen Kreditorganisation nach dem Vorbilde der Schlesischen Landschaft. Auf dem Generallandtage des Jahres 1850 wurde aber dieser Antrag mit großer Mehrheit abgelehnt.

[1]) M. A. S. L. Pommern spec. 28 u. L. A. Stettin, Protokolle der Verhandl. d. E. A. u. d. G. L. T. von 1847—1871.

Der Minister des Innern sprach nun zwar in einem Reskript vom 9. Januar 1851 sein Bedauern über diesen Beschluß aus, unternahm aber keine weiteren Schritte, um die Organisation des Rustikalkredits zu fördern. Infolgedessen wandten sich Pommersche bäuerliche Grundbesitzer im Laufe der 50er Jahre wiederholt mit Petitionen um Verbesserung ihrer Kreditverhältnisse an das Abgeordnetenhaus. Dieses überwies im Jahre 1860 eine derartige Petition der Regierung zur Berücksichtigung. Die Regierung war auch durchaus geneigt, die Sache in die Wege zu leiten und ersuchte den Oberpräsidenten, von neuem an die Landschaft heranzutreten. Da die Generallandschaftsdirektion sich aber weigerte die Verwaltung des in Aussicht genommenen Kreditinstituts zu übernehmen, kam die Angelegenheit nicht vorwärts.

Inzwischen machte sich ein immer größerer Kreditmangel in den bäuerlichen Kreisen bemerkbar. Der Pommersche Provinziallandtag richtete daher am 16. Oktober 1864 eine Eingabe an die Regierung, in der die Beschaffung eines billigen und unkündbaren Kredits für die von der Landschaft ausgeschlossenen Gutsbesitzer für dringend erwünscht erklärt wurde. Kurze Zeit darauf trat der Engere Ausschuß der Pommerschen Landschaft zu seiner alljährlichen Beratung zusammen. Bei dieser Gelegenheit stellte nun das Treptower Landschaftsdepartement, offenbar bestimmt durch das Vorgehen des Provinziallandtages, den Antrag, einen Generallandtag behufs Beschlußfassung über den „Anschluß des nichtadeligen Grundbesitzes an die Landschaft“ einzuberufen. Der Engere Ausschuß lehnte diesen Antrag zwar ab, ermächtigte aber die Generallandschaftsdirektion zur Einberufung des Landtages für den Fall, daß die Staatsregierung mit Anträgen, die die Erweiterung der Landschaft beträfen, an sie herantreten sollte. Sobald dieser Beschluß dem Ministerium bekannt geworden war, erging an den Oberpräsidenten die Aufforderung, die Angelegenheit sofort in die Wege zu leiten. Dies geschah, und der landschaftliche Generallandtag beschloß im Jahre 1867, ein besonderes Kreditinstitut für den Rustikalbesitz nach dem Vorbilde der Westpreußischen Landschaft zu errichten. Die Verhandlungen über die Organisation dieses

Instituts im Einzelnen zogen sich aber außerordentlich in die Länge. Endlich im Jahre 1871 kam es dann zu seiner Errichtung. Das neue Institut erhielt den Namen „Pommerscher Land-Kreditverband".

Inzwischen war auch in der Provinz Brandenburg eine besondere Kreditorganisation für die bäuerlichen Grundbesitzer geschaffen worden. Seitdem das Kur- und Neumärkische Kreditinstitut im Jahre 1850 die von der Regierung gewünschte Ausdehnung seines Wirkungskreises abgelehnt hatte, war in den allgemeinen Geld- und Kreditverhältnissen eine bedeutende Änderung eingetreten. Infolgedessen wandte sich die Regierung im Jahre 1862 zum zweiten Male wegen der Organisation des bäuerlichen Realkredits an das Kur- und Neumärkische Kreditinstitut[1]). Dieses machte seine endgültige Stellungnahme in der fraglichen Angelegenheit davon abhängig, daß zunächst die Bedürfnisfrage geklärt würde. Die Hauptritterschaftsdirektion war nämlich der Meinung, daß die Kreditverhältnisse der bäuerlichen Grundbesitzer in der Mark Brandenburg gar keiner Besserung bedürften. Eine von der Regierung im Jahre 1862 veranstaltete Enquête[2]) ergab, daß fast alle Landräte die Ansicht der Hauptritterschaftsdirektion teilten. Von einer Kreditnot, wie sie in den östlichen Provinzen bestand, konnte in der Provinz Brandenburg nicht die Rede sein. Trotzdem kam man am Ende der 60er Jahre abermals auf das Projekt zurück, ein besonderes bäuerliches Kreditinstitut zu errichten. Man wurde dabei von der Ansicht geleitet, daß es notwendig sei, den Bauern einen „unkündbaren" Kredit zu verschaffen. Die Erfahrungen des Jahres 1866, in dem sogar die Sparkassen ihre auf ländlichen Grundbesitz ausgeliehenen Kapitalien kündigten, hatten den bäuerlichen Kreisen den Wert eines unkündbaren Kredits deutlich vor Augen geführt. Der Wunsch nach Errichtung einer Bauernlandschaft trat jetzt ganz evident hervor, nachdem inzwischen eine beträchtliche Steigerung des Zinsfußes stattgefunden hatte. Auch das Kur- und Neumärkische Kreditinstitut verschloß sich nun nicht mehr

[1]) M. A. L. S. Kur- u. Neumark. 10. I.

[2]) M. A. Kredit- und Bank-Sachen Provinz Brandenburg 2.

der Überzeugung, daß für die Verbesserung der Kreditverhältnisse der bäuerlichen Grundbesitzer etwas geschehen müsse. Man beschloß deshalb eine besondere bäuerliche Kreditanstalt nach dem Vorbilde der Neuen Westpreußischen Landschaft zu errichten, und brachte diesen Plan auch innerhalb verhältnismäßig kurzer Zeit zur Ausführung. Bereits im Jahre 1869 konnte das Institut, das den Namen „Neues Brandenburgisches Kreditinstitut" erhielt, seine Tätigkeit beginnen.

In den bisher behandelten Provinzen hat sich die Organisation des bäuerlichen Realkredits überall im Anschluß an die bereits bestehenden landschaftlichen Kreditinstitute vollzogen. Anders gestaltete sich die Entwicklung in der Provinz Posen. Die eigenartigen politischen Verhältnisse dieses Landesteils gestatteten es nicht, dem Beispiele der übrigen Provinzen zu folgen. Die Generaldirektion des Landschaftlichen Kreditvereins für das Großherzogtum Posen erbat zwar im Jahre 1849 von der Regierung die Erlaubnis, zwecks Beratung über die Beleihung bäuerlicher Güter eine Generalversammlung einberufen zu dürfen, wurde aber mit diesem Gesuche abgewiesen [1]. Eine damals vorgenommene Revision dieses Instituts hatte nämlich ergeben, daß der landschaftliche Kreditverein der Mittelpunkt der revolutionären Umtriebe gewesen war [2]. In Anbetracht dieser Umstände erschien es der Regierung nicht angezeigt, ihre Zustimmung zu der beabsichtigten Ausdehnung des Kreditvereins zu geben [3]. Da aber die bäuerlichen Grundbesitzer in der Provinz Posen sehr unter dem Kreditmangel und vor allem unter der völligen Anarchie der Kreditbedingungen litten, erschien es der Regierung notwendig, ihnen auf andere Weise die Vorteile eines organisierten Kredits zuteilwerden zu lassen. Man akzeptierte daher das von einer Anzahl adeliger und bürgerlicher Grundbesitzer entworfene Projekt, für den an dem bestehenden Kreditvereine nicht beteiligten ritterschaftlichen und größeren bäuerlichen Grundbesitz

[1] Vgl. Der Kredit der ländlichen Grundbesitzer und der landschaftliche Kredit-Verein im Großh. Posen (1860).

[2] M. A. L. S. spez. Posen 1. IX.

[3] S. o. S. 18.

eine neue Landschaft zu errichten. Hierfür trat auch die interimistische Provinzialvertretung von 1851 sehr entschieden ein. Die Regierung ließ nun zunächst, um sich von der Existenzfähigkeit des geplanten Instituts zu überzeugen, die voraussichtliche Zahl der Teilnehmer und die Höhe der Kreditansprüche ermitteln. Hierbei ergab sich, daß bereits für den Anfang Beleihungsanträge in Höhe von etwa fünf Millionen Talern zu erwarten waren. Hiernach konnte es keinem Zweifel unterliegen, daß das neue Institut lebensfähig sein werde. Die Regierung unterzog daher alsbald das ihr zur Genehmigung vorgelegte Statut einer eingehenden Prüfung. Die Verhandlungen über die Organisation des neuen Kreditvereins zogen sich aber sehr in die Länge, da man besonders vorsichtig zu Werke gehen wollte. So kam es, daß beim Zusammentritt des Provinziallandtages im Jahre 1854 vonseiten der Regierung ein definitiver Bescheid in dieser Frage noch nicht vorlag. Infolge einer Petition dieses Landtages nahm nun aber der König Veranlassung, den Minister des Innern durch Kabinetsordre vom 4. April 1855 aufzufordern, die fragliche Angelegenheit zu beschleunigen, „da von der Errichtung des neuen Kreditinstituts eine Befestigung des Vertrauens des Posener Bauernstandes zu der Regierung zu erwarten sei“. Trotzdem dauerte es noch geraume Zeit, bis eine völlige Einigung über die Organisation der neuen Landschaft erzielt werden konnte. Ihre Errichtung erfolgte im Jahre 1857 auf Grund eines Königlichen Erlasses vom 13. Mai desselben Jahres.

Der „Neue landschaftliche Kreditverein für die Provinz Posen“ war keine reine Bauernlandschaft, sondern stand auch im Dienste des ritterschaftlichen Grundbesitzes. Dieses gemischte System wurde später noch in Sachsen, Westfalen und Schleswig-Holstein eingeführt.

In der Provinz Sachsen waren bereits seit dem Jahre 1837 Bestrebungen im Gange, ein ritterschaftliches Kreditinstitut nach dem Vorbilde der alten Landschaften ins Leben zu rufen[1]). Dieses Projekt fand jedoch nicht den Beifall des Provinziallandtages und wurde auch von der Regierung abfällig beurteilt. Die An-

[1]) Vgl. Scheidelwitz, Festschrift v. 21. X. 1885.

gelegenheit ruhte dann, bis im Jahre 1856 der landwirtschaftliche Zentralverein beim Provinziallandtage die Errichtung einer nicht auf die Rittergüter beschränkten Kreditanstalt anregte. Man hoffte, daß der Landtag diesem Plane geneigt sein werde, da inzwischen eine erhebliche Verschlechterung der Kreditverhältnisse eingetreten war. Der Landtag sprach sich denn auch mit großer Majorität für die Gründung des beabsichtigten Instituts aus und wählte eine Kommission zur Ausarbeitung der Statuten. Diese Erledigung der Angelegenheit entsprach aber durchaus nicht den Intentionen der Regierung, nach deren Meinung die Bedürfnisfrage noch nicht genügend geklärt war. Auf Verlangen der Regierung wurde deshalb zunächst eine Erhebung über die Verschuldung und den Kreditbedarf der ländlichen Grundbesitzer angestellt. Diese ergab, daß ein Bedürfnis nach einer „Kreditaufhilfe" für den ritterschaftlichen Grundbesitz überhaupt nicht, für den bäuerlichen nur in einzelnen Kreisen vorhanden war. Unter diesen Umständen mußte der Provinziallandtag auf weitere Schritte zugunsten einer Organisation des ländlichen Bodenkredits verzichten. Die Angelegenheit war jedoch damit nicht erledigt, sondern wurde von privater Seite weiter betrieben. Auf eine im Jahre 1862 vonseiten des landwirtschaftlichen Zentralvereins ergangene Aufforderung hin stellten 484 größere Grundbesitzer ihren Beitritt zu dem geplanten Kreditinstitut in Aussicht. Dies bestimmte den Oberpräsidenten von Beurmann, sich der Sache anzunehmen. Auf seine Veranlassung und unter seinem Vorsitze traten die Interessenten zu Beratungen zusammen, entwarfen das Statut zu einem „privatrechtlichen" Kreditverband und legten es dem Staatsministerium vor. Nachdem einige von diesem gewünschte Abänderungen vorgenommen waren, erhielt das Statut am 30. Mai 1864 die Königliche Bestätigung und kurze Zeit darauf trat der „Landschaftliche Kreditverein der Provinz Sachsen" in Tätigkeit.

In Westfalen verliefen die Bestrebungen zur Errichtung eines Kreditinstituts für den ländlichen Grundbesitz ähnlich wie in der Provinz Sachsen. Auch hier gingen sie von dem landwirtschaftlichen Provinzial-Verein aus. Dieser beschäftigte sich zuerst im Dezember 1875 mit der Angelegenheit und erklärte einstimmig die Errichtung eines Westfälischen Pfandbriefinstituts für wünschenswert[1]). Die Provinzialregierung teilte jedoch diese Ansicht nicht und trug deshalb Bedenken, die Genehmigung der von dem Provinzialverein vorgelegten Statuten einer „Landschaft der Provinz Westfalen" zu befürworten. Nach eingehenden Verhandlungen, an denen der Landwirtschaftsminister persönlich teilnahm, kam jedoch eine Einigung zustande, und das Ministerium erklärte sich bereit, die landesherrliche Bestätigung des Statuts zu erwirken. Diese erfolgte denn auch am 15. Juli 1877.

Weit langsamer als in Westfalen ging die Entwicklung in der Provinz Schleswig-Holstein vor sich. Bereits gegen Ende der 60er Jahre hatte im nördlichen Schleswig eine Bewegung zugunsten der Errichtung einer landschaftlichen Kreditanstalt eingesetzt.[2]) Der Erreichung dieses Zieles standen aber die ungeordneten Grundbuchverhältnisse im Wege. Erst nach Einführung der neuen Grundbuchordnung im Jahre 1874 konnte man mit Aussicht auf Erfolg die Organisation des ländlichen Bodenkredits in Angriff nehmen. Hierüber wurde auf den Provinziallandtagen in den Jahren 1879 und 1880 verhandelt. Ein positives Resultat wurde aber nicht erzielt. Schließlich kam es auch hier, wie seinerzeit in Sachsen, zu der Gründung einer „privatrechtlichen" Landschaft. Das Institut, das den Namen „Landschaftlicher Kreditverband für die Provinz Schleswig-Holstein" erhielt, trat im Jahre 1882 ins Leben. Es ist später, im Jahre 1899, in ein „öffentliches" Kreditinstitut verwandelt worden. Bei der Landschaft der Provinz Sachsen hatte sich der gleiche Vorgang bereits früher abgespielt.

Mit der Errichtung des Landschaftlichen Kreditverbandes für die Provinz Schleswig-Holstein fand die Organisation des bäuerlichen Bodenkredits in Preußen, soweit sie nach den Grundsätzen des landschaftlichen Kreditsystems vollzogen wurde, ihren Abschluß. In den von uns nicht behandelten Provinzen wurde

---

[1]) Vgl. Festschrift zur Feier des 25jährigen Bestehens der Landschaft der Provinz Westfalen.

[2]) M. A. L. S. Schleswig-Holstein 1. I.

die Aufgabe, den bäuerlichen Grundbesitz mit einem unkündbaren und relativ billigen Kredit zu versorgen, teils den ehemals staatlichen Landeskredit-Anstalten, teils den in sogenannte Landesbanken verwandelten Provinzialhilfskassen zugewiesen.[1])

Eine nähere Betrachtung dieser Institutionen lag nicht im Rahmen unserer Arbeit. Wir beschränkten uns deshalb darauf, die Organisation des bäuerlichen Bodenkredits in den Provinzen zu schildern, in denen das landschaftliche Kreditsystem Eingang gefunden hat. Hierbei bot sich uns ein sehr abwechslungsreiches Bild. Zunächst die östlichen Provinzen: Auf der einen Seite Ostpreußen und Schlesien, wo die Landschaften aus eigener Initiative ihren Wirkungskreis auf den bäuerlichen Grundbesitz ausdehnen: die Schlesische durch Gründung eines besonderen bäuerlichen Kreditwerkes, die Ostpreußische durch Aufnahme der Bauern in ihren Verband; auf der anderen Seite die landschaftlichen Kreditinstitute in Westpreußen, Pommern und Brandenburg, die erst auf Anregung der Regierung hin, und selbst dann noch ungern die Organisation des bäuerlichen Bodenkredits übernehmen. Endlich Posen, wo die Erweiterung der älteren bestehenden Landschaft aus politischen Gründen nicht angängig ist, und die Regierung deshalb die Gründung eines neuen selbständigen Kreditinstituts fördert.

Weiterhin die westlichen Provinzen: An erster Stelle steht hier Sachsen, wo die Bestrebungen, ein öffentliches Kreditinstitut zu errichten, zunächst scheitern, aber schließlich doch unter der Ägide des Oberpräsidenten eine „privatrechtliche“ Landschaft ins Leben gerufen wird. Es folgt sodann Westfalen, wo die provinzialen Regierungsorgane der Errichtung einer Landschaft abgeneigt sind, diese aber doch infolge persönlichen Eingreifens des Landwirtschaftsministers zustandekommt. Den Abschluß bildet Schleswig-Holstein, wo zunächst eine Regelung des Grundbuchwesens stattfindet, und man dann erst zur Gründung eines Kreditinstituts auf privatrechtlicher Grundlage geschritten ist.

[1]) Vgl. hierüber Hecht, F.: Die staatlichen und provinziellen Bodenkreditinstitute in Deutschland (1891) u. Der Europäische Bodenkredit (1900).

In der Zeit von 1849—1882 wurde somit das landschaftliche Kreditsystem in neun Provinzen des Preußischen Staates in den Dienst des bäuerlichen Grundbesitzes gestellt. Mit dem Jahre 1849 begann also eine neue Aera in der Bodenkreditpolitik des Preußischen Staates. Der Übergang dazu erfolgte, wenn auch nicht ausschließlich, so doch hauptsächlich aus Gründen der Sozialpolitik. Man versprach sich nämlich in sozialpolitischer Hinsicht eine günstige Wirkung davon, daß man den Bauern die Vorteile des organisierten Kredits, die der größere Grundbesitz schon lange genoß, zuführte; denn man beseitigte damit eine der Schranken, die den ritterschaftlichen und den nichtritterschaftlichen Besitz bis dahin voneinander getrennt hatte. Die Mehrzahl der an der Tradition hängenden Rittergutsbesitzer war damit keineswegs einverstanden. Es ist eine völlige Verkennung der Tatsachen, wenn von Brünneck meint, das Hauptverdienst an der Ausdehnung des landschaftlichen Kreditsystems auf den bäuerlichen Grundbesitz gebühre den Großgrundbesitzern.[1]) Die Einrichtung der Rustikallandschaften wäre, nach seiner Auffassung, „nicht ohne die bereitwillige Unterstützung zustandegekommen, die den Bauern vonseiten der Großgrundbesitzer zuteilgeworden sei". Dieser Auffassung gegenüber möchten wir behaupten: Nur weil die Rittergutsbesitzer sahen, daß die bäuerlichen Grundbesitzer eventuell auch ohne ihre bzw. der Landschaft Hilfe eigne Kreditinstitute errichten würden, nahmen sie sich der Sache an und sicherten sich den ihnen aus verschiedenen Gründen so sehr erwünschten Einfluß auf Organisation und Verwaltung der bäuerlichen Kreditanstalten. Indem die ritterschaftlichen Landschaften, und zwar teilweise erst unter dem Drucke der Regierung, ihren Verwaltungsapparat in den Dienst der bäuerlichen Kreditorganisation stellten, verhinderten sie die Gründung selbständiger Bauernlandschaften, die schon wegen der gleichzeitigen Inanspruchnahme des Geldmarktes für sie eine fühlbare Konkurrenz hätten werden können.

Auch in Ostpreußen haben wohl derartige Erwägungen bei der Aufnahme der Bauern in die Landschaft mitgesprochen,

[1]) Jahrb. f. Nat. u. St. N. F. XII. 383.

waren daselbst aber nicht von ausschlaggebender Bedeutung. Dies geht schon daraus hervor, daß man den bäuerlichen Grundbesitzern nicht nur den Landschaftskredit zur Verfügung stellte, sondern sie auch als gleichberechtigte Genossen in den Landschaftsverband aufnahm. Wenn man soweit ging, so findet dies seine Erklärung darin, daß eben der ostpreußische Gutsbesitzerstand damals ganz und gar von liberalem Geiste erfüllt war. Wahrscheinlich wäre es auch in Ostpreußen nicht zu einer Aufnahme der Bauern in die Landschaft gekommen, wenn sich hier nicht im Laufe der 20er und 30er Jahre ein völlig neuer Stamm von Gutsbesitzern gebildet hätte. Über 80% der Rittergüter waren nämlich in andere Hände übergegangen, und die neuen Besitzer standen den früher gutsherrlichen Bauern viel weniger schroff gegenüber als die ehemaligen Gutsherren.[1]) Von den pommerschen Gutsbesitzern, die im Jahre 1811 erklärten: „Unsere Güter werden für uns eine Hölle werden, wenn unabhängige bäuerliche Eigentümer unsere Nachbarn sind", konnte man wirklich nicht erwarten, daß sie für die Aufnahme der Bauern in die Landschaft eintreten würden.

Aber auch in Schlesien, wo die Landschaft, wie oben ausgeführt, selbst die Initiative zur Organisation eines bäuerlichen Kreditwerkes ergriffen hatte, hat man großen Wert darauf gelegt, die Bauern von der Verwaltung dieses Instituts fernzuhalten. So hat sich noch im Jahre 1883 ein einflußreicher schlesischer Großgrundbesitzer dahin ausgesprochen, daß es besser sei, eine besondere Rustikallandschaft zu errichten, als die Bauern an der Verwaltung der Landschaft teilnehmen zu lassen.[2])

Mit Fug und Recht konnte daher Sering auf der Agrarkonferenz von 1894 behaupten, „man würde auf beträchtliche Hindernisse stoßen, wenn in den Provinzen, wo dies noch nicht der Fall sei, die Bauern als vollkommen gleichberechtigte Mitglieder den Landschaften inkorporiert werden sollten".

---

[1]) Von 238 Gütern, die in den Jahren 1807—1831 in Ostpreußen zur Subhastation kamen, gelangten, wie aus den Landschaftsakten hervorgeht, nur etwa 5—10 in die Hände von eingesessenen Gutsbesitzern.

[2]) Vgl. Verh. d. L. Oek. K., 1883.

Eine Änderung in dieser Beziehung ist auch heute noch nicht eingetreten. Von den fünf alten Landschaften ist die Ostpreußische nach wie vor die einzige, die den gesamten ländlichen Grundbesitz umfaßt.

3. DAS LANDSCHAFTLICHE KREDITSYSTEM IM DIENSTE DES BÄUERLICHEN GRUNDBESITZES.

I. Die Periode von 1849—1879.

Mit der Ausdehnung des landschaftlichen Kreditsystems auf den bäuerlichen Grundbesitz war wenigstens der erste Schritt zu einer Reform des bäuerlichen Kreditwesens getan. Ob sich die landschaftliche Organisation des bäuerlichen Bodenkredits bewähren würde, mußte nun die weitere Entwicklung zeigen. Wie diese sich in den einzelnen Provinzen gestaltet hat, soll nunmehr dargelegt werden.

In Ostpreußen vollzog sich die Organisation des bäuerlichen Bodenkredits, wie ausgeführt, durch die Aufnahme der bäuerlichen Grundbesitzer in die Landschaft. Seit dem 4. Mai 1849 sind in dem Bezirke der Ostpreußischen Landschaft beleihungsfähig: „Alle Landgüter, deren landschaftlich ermittelter Wert mindestens 500 Taler beträgt, und die sich ohne Rücksicht auf den Nebenverdienst des Besitzers zu einer selbständigen Ackerwirtschaft eignen.“ In der Auslegung dieser Bedingungen scheint die Landschaft nun im Anfange sehr rigoros vorgegangen zu sein. Die meisten Bauern wurden nämlich mit ihren Darlehensanträgen zurückgewiesen mit der Begründung, daß ihre Güter den nach dem Reglement zur Beleihung erforderlichen Bedingungen nicht genügten. Viele Bauern, die ihren Grundbesitz auf mehr als 500 Taler bewertet hatten, wurden von der Landschaft darüber belehrt, daß diese Schätzung zu hoch gegriffen sei. Die landschaftlichen Taxen blieben nämlich meistens weit hinter dem wirklichen Werte der Grundstücke zurück. Dies hatte seine Ursache darin, daß die eigentlich nur für die größeren Güter bestimmten Taxprinzipien den Besonderheiten des bäuerlichen Grundbesitzes in keiner Weise Rechnung trugen.

So wurde z. B. in den Landschaftstaxen der Wert der Baulichkeiten, der bei den kleineren Gütern verhältnismäßig stark ins Gewicht fiel, nicht in Anschlag gebracht. Infolge der niedrigen Taxen konnten die Bauern meistens nur geringe, ihren Kreditbedürfnissen nicht entsprechende Darlehen erhalten. Auch mit einer Beleihung auf Grund des Erwerbspreises war den Bauern in den meisten Fällen nicht gedient, da die Beleihung die Höhe von einem Drittel des Erwerbspreises nicht übersteigen durfte. Die Darlehensgesuche aus den bäuerlichen Kreisen gingen daher in der Regel weit über die zugelassene Beleihungsgrenze hinaus. Von 540 bäuerlichen Besitzern, die in der Zeit von 1849—1852 mit Darlehensanträgen an die Landschaft herantraten, wurden nicht weniger als 375 abgewiesen. Noch ungünstiger gestaltete sich das Verhältnis in den nachfolgenden Jahren. Im Jahre 1858 waren von 602 beantragten bäuerlichen Beleihungen erst 129 zustandegekommen. Die Generallandschaftsdirektion mußte unter diesen Umständen selbst zugeben,[1]) daß der Landschaftskredit von 80% der Bauern überhaupt nicht benutzt werden konnte. Hierin trat auch in den folgenden zehn Jahren keine Änderung ein. Von den 3300000 Talern, die die Landschaft von 1859—1865, also in der Zeit der größten Kreditnot, dem ländlichen Grundbesitze zuführte, entfielen nur ungefähr 5% auf die im Jahre 1849 aufgenommenen bäuerlichen Besitzer. Zur Deckung der Kreditbedürfnisse des Bauernstandes trug daher die Landschaft in dieser Periode sehr wenig bei. Größere Fortschritte machte die Beleihung des bäuerlichen Grundbesitzes erst, nachdem im Jahre 1867 die Beleihungsgrenze von $^1/_3$ auf $^2/_3$ des Taxwertes heraufgesetzt worden war; denn diese Maßnahme ermöglichte es vielen Grundbesitzern, Landschaftsdarlehen zwecks Ablösung von hochverzinslichen Privathypotheken aufzunehmen.

Hierbei zeigte es sich, daß es doch nicht nur in technischer, sondern auch in wirtschaftlicher Hinsicht von größter Bedeutung war, in welcher Weise die Organisation des bäuerlichen Bodenkredits sich vollzogen hatte. Waren nämlich, wie

[1]) Bericht d. G. L. D. v. 1857.

in Ostpreußen, die Bauern als gleichberechtigte Genossen in die Landschaft aufgenommen worden, so mußte ihnen auch jede Erweiterung des Landschaftskredits zugutekommen. In den Landesteilen, in welchen besondere bäuerliche Kreditinstitute gegründet worden waren, konnte man aber die Ausdehnung der Kreditgewährung auf den Großgrundbesitz beschränken, was denn auch tatsächlich vielfach geschehen ist.

Seit 1867 wurde die Ostpreußische Landschaft also von den bäuerlichen Grundbesitzern in steigendem Maße in Anspruch genommen. Von 1867—1870 allein wurden mehr Bauerngüter beliehen als in den vorhergegangenen 18 Jahren. Trotzdem blieb die Zahl der bepfandbrieften Bauerngüter im Vergleich zu der Gesamtzahl der bäuerlichen Besitzungen immerhin noch eine sehr geringe. Nach dem Berichte des Ostpreußischen landwirtschaftlichen Zentralvereins waren im Jahre 1879 noch nicht 2 % der bäuerlichen Nahrungen landschaftlich beliehen. Diese Angabe bedarf aber einer Berichtigung; man hat hierbei nämlich die Güter köllmischer Qualität, selbst wenn sie in wirtschaftlicher Hinsicht den Bauerngütern zuzurechnen waren, gar nicht mitgerechnet; einschließlich dieser Köllmergüter belief sich die Zahl der beliehenen Grundstücke in einer Größe bis zu 100 ha auf annähernd 2500, d. h. etwa 5 % der beleihungsfähigen Grundstücke dieser Größenklasse. War somit das Verhältnis günstiger, als man bisher annahm, so kann doch nicht davon die Rede sein, daß die Beleihungstätigkeit der Ostpreußischen Landschaft während der ersten 30 Jahre nach der Aufnahme des Bauernstandes ein befriedigendes Ergebnis gehabt hat.

Einen noch ungünstigeren Fortgang nahm die Entwicklung in Schlesien. Hier war der Kreis der beleihungsfähigen Güter sehr weit ausgedehnt worden. Nach dem Regulativ vom 4. Mai 1849 konnte „jedes ländliche Grundstück, das eine nutzbare Bodenfläche von mindestens einem Morgen besaß und einen Kredit von wenigstens 20 Talern rechtfertigte", von der Landschaft beliehen werden. Eine Einschränkung fand aber insofern statt, als denjenigen Bauern, deren Grundstücke noch mit Leistungen an die Gutsherrschaft belastet waren, Landschaftsdarlehen nur zwecks Ablösung dieser Lasten bewilligt werden durften. In solchen Fällen übernahm die Landschaft also die Funktion einer Ablösungsbank. Sie wurde aber in dieser Beziehung infolge der bereits 1850 stattgehabten Errichtung der Rentenbanken nur in sehr geringem Maße in Anspruch genommen. Dagegen war die Nachfrage nach dem unkündbaren Landschaftskredit im übrigen eine sehr große. Im ersten Jahre gingen bereits 1452 Darlehensgesuche von bäuerlichen Besitzern ein. Für die Befriedigung eines so umfangreichen Kreditbedürfnisses war jedoch die Landschaft nicht eingerichtet. Im ersten Jahre konnten daher nur 193 Abschätzungen stattfinden und 122 Darlehen bewilligt werden. Die weitere Zunahme der Beleihungen des nichtinkorporierten Grundbesitzes ergibt sich aus der folgenden Übersicht:

Jahr	Zahl der beliehenen Grundstücke	Betrag der darauf eingetragenen Landschaftsdarlehen Mark	Durchschnittsbetrag der Landschaftsdarlehen Mark
1854	553	3884250	7000
1859	677	5323680	7800
1864	782	6682920	8500
1869	881	7762995	8700
1874	1016	11342160	11100
1879	1613	22375395	13900

Diese Statistik zeigt zunächst, daß die Schlesische Landschaft nach dreißigjähriger Tätigkeit für den bäuerlichen Grundbesitz, erst wenig mehr als 1% der circa 140000 beleihungsfähigen Bauerngüter mit Kredit versorgt hatte. Ferner ergeben die steigenden Durchschnittsbeträge, daß die stärkere Zunahme der Beleihungstätigkeit während der 70er Jahre in der Hauptsache den größeren Besitzern zugutegekommen ist. Für die mittleren und kleinen Bauern kam der Landschaftskredit kaum in Betracht. Der Zeitaufwand, den die Beleihung erforderte, die hohen Taxkosten und die Formalien schreckten nämlich zahlreiche Bauern ab. Das Haupthindernis aber lag darin, daß der Kreditbedarf im allgemeinen über das zulässige Kreditmaximum hinausging.[1]) Wo der bäuerliche Grundbesitz bereits mit erststelligen Hypotheken belastet war, konnte die Landschaft infolge ihrer niedrigen Taxen nur wenig helfen. Die Ablösung dieser meist sehr hoch verzinslichen Privathypotheken gehörte aber eigentlich zu den wichtigsten Aufgaben der Landschaft. Weite Kreise der bäuerlichen Grundbesitzer waren deshalb mit der von der Landschaft geschaffenen Kreditorganisation sehr wenig zufrieden und wünschten die Errichtung eines unter bäuerlicher Verwaltung stehenden Kreditinstituts. Diese Bestrebungen scheiterten aber an dem Widerspruche der Regierung. So kam es, daß noch Ende der 70er Jahre in vielen Gegenden Schlesiens sechsprozentige Hypotheken auf Bauerngütern erststellig eingetragen waren. In dem Kreise Neiße hatten die Bauern derartig unter dem hohen Zinsfuße zu leiden, daß der Kreistag beschloß, lediglich zwecks Ausleihung an Bauern ein Darlehen bei der Provinzialhilfskasse aufzunehmen.[2]) Im Bereiche des bäuerlichen Kreditwesens blieben somit die Erfolge der Schlesischen Landschaft weit hinter den gehegten Erwartungen zurück.

Eine umfangreichere Tätigkeit als die bisher besprochenen Institute entfaltete die Neue Westpreußische Landschaft. Sie belieh im Durchschnitt jährlich die doppelte Zahl von Bauerngütern, wie die Schlesische Landschaft. Ihre Tätigkeit erstreckte sich jedoch in der Hauptsache nur auf die großbäuerlichen Besitzungen, die ja in Westpreußen besonders zahlreich waren. Von wie geringem Umfange die Teilnahme der kleineren Bauern an der Landschaft war, zeigt die folgende Übersicht über die Stückelung der Landschaftsdarlehen im Jahre 1880:

Darlehen	Zahl
bis Mk. 6 000	871
über „ 6 000 bis 15 000	966
„ „ 15 000 „ 60 000	768
„ „ 60 000	178
	2783

[1]) Vgl. Jahres-Bericht des landw. Centralvereins für Schlesien (1879).
[2]) Vgl. Verhandlungen d. L. Oek. C. v. 1882.

Es ergibt sich somit, daß nur ungefähr 31 % der bewilligten Darlehen sich auf weniger als 6000 Mk. beliefen. Von diesen entfiel aber noch ein Teil auf größere Besitzungen, die den Landschaftskredit nicht sofort voll ausgenutzt hatten und daher in der obigen Statistik nicht mit dem Gesamtdarlehen, sondern mit den einzelnen Posten figurieren. Die geringe Beteiligung des mittleren und kleinen bäuerlichen Grundbesitzes hatte verschiedene Ursachen. Zunächst war die Landschaft schon von vornherein infolge des hoch normierten Minimalwertes von 4500 Mk. nur einem Teile der selbständigen bäuerlichen Nahrungen zugänglich.[1]) Ferner aber reichte bei den zur Teilnahme zugelassenen Grundbesitzern infolge allzu niedriger Taxen das zulässige Landschaftsdarlehen häufig nicht zur Deckung des Kreditbedürfnisses aus. Vielen Bauern war auch der Landschaftskredit zu teuer. Die Kreditnehmer hatten nämlich beim Empfange des Darlehens 1 % zum Betriebsfonds, und außerdem noch folgende Jahresleistungen zu entrichten: 1. die Zinsen, die 4 % bzw. 4 1/2 % betrugen, 2. einen Zuschlag hierzu als Beitrag zu dem Tilgungsfonds, dem Sicherheitsfonds und den Verwaltungskosten, der für die ersten sieben Jahre 1 3/4 %, von da an 1 % betrug. Die Jahresleistungen beliefen sich also im Anfange auf mehr als 6 %. In Hinblick hierauf erscheint es auffallend, daß bäuerliche Grundbesitzer sich überhaupt der Landschaft bedienten. Seine Erklärung findet dies aber darin, „daß die Bauern, die in den von den Verkehrswegen der Provinz entlegeneren Wegen ansässig waren, vor der Eröffnung der neuen Landschaft überhaupt wenig Hypothekenkredit genossen hatten“.[2]) Sie machten nunmehr von dem ihnen gebotenen teueren Kredit Gebrauch, den sie ihrer bisherigen Kreditlage gegenüber immerhin als einen Fortschritt empfinden mußten. Ferner wurden gerade in den 60er Jahren, als die Bauernlandschaft ihre Tätigkeit begann, viele Privathypotheken zur Rückzahlung gekündigt. Den einzigen Ersatz für sie bot der Landschaftskredit. Von den 1 500 000 Talern, die dem bäuer-

[1]) M. A. L. S. spec. Westpreußen, 52.

[2]) Bericht d. Westpr. G. L. D. v. 30. Dezember 1867.

lichen Grundbesitze seitens der Landschaft von 1861—1865 zuflossen, wurden über 90% zu Ablösungszwecken benutzt.[1])

Außerordentlich förderlich für die Ausdehnung der landschaftlichen Tätigkeit wurde die im Jahre 1875 eingeführte Ermäßigung der Jahresleistungen. Zu einer Ausbreitung des Landschaftskredits in den Kreisen des kleineren Grundbesitzes hat diese Maßnahme aber nicht geführt. So stand die Neue Westpreußische Landschaft auch noch am Ende der 70er Jahre fast ausschließlich im Dienste der Großbauern. Eine allgemeine und durchgreifende Besserung der gesamten bäuerlichen Kreditverhältnisse war aber nicht zu erreichen, solange die Landschaft ihre Tätigkeit immer noch mit Beschränkung auf gewisse Kreise ausübte.

Bei der nunmehr folgenden Betrachtung der Kreditverhältnisse in der Provinz Posen muß man sich zunächst vergegenwärtigen, daß hier keine besondere Bauernlandschaft existierte. Die Pflege des bäuerlichen Bodenkredits lag vielmehr in den Händen des im Jahre 1857 errichteten Neuen Landschaftlichen Kreditvereins, dessen Wirken sich auch auf die Rittergüter erstreckte. Diesen kam nun der Landschaftskredit in weit höherem Maße zugute, als dem bäuerlichen Grundbesitze. Von den Beleihungen des Kreditvereins in der Zeit von 1857 bis 1867 entfielen dem Betrage nach nur etwa 10% auf nichtadelige Güter. Günstiger erscheint das Verhältnis für diese, wenn man von der Zahl der beliehenen Grundstücke ausgeht. Im Jahre 1867 waren nämlich 482 Rittergüter und 305 nichtadelige Güter landschaftlich beliehen. Wie sich diese Grundstücke auf die einzelnen Taxwertklassen verteilten, zeigt die nachstehende Zusammenstellung:

Taxwert Taler	Zahl d. bel. Grdst.	Betrag der darauf haftenden landschaftlichen Darlehen Taler
5000—10000	128	449380
10000—25000	153	1197430
25000—50000	173	3177400
über 50000	324	15739300

[1]) Rodbertus-Jagetzow: Zur Erklärung und Abhülfe der heutigen Kreditnot des Grundbesitzes (1876), Anm. a. S. 16.

Das Schwergewicht der Tätigkeit des landschaftlichen Kreditvereins lag also bei dem größeren Grundbesitze. Güter „unter 5000 Taler Taxwert“ waren von der landschaftlichen Beleihung überhaupt ausgeschlossen. Infolge der Festsetzung eines so hohen Mindestwertes konnte der eigentliche Bauernstand den Landschaftskredit überhaupt nicht in Anspruch nehmen. Der Oberpräsident von Puttkamer, der dies vorausgesehen hatte, war bereits bei der Gründung des Vereins für die Herabsetzung des Minimalwertes auf 2500 Taler eingetreten, „damit wenigstens die bäuerlichen Wirtschaften in der Größe von 175—200 Morgen zur Teilnahme an dem Kreditverein berechtigt seien“.[1]) Der Regierung schien es jedoch geboten, mit Rücksicht auf die Sicherheit des Kreditvereins an der Minimalgrenze von 5000 Talern festzuhalten. Dies hatte zur Folge, daß der kleine bäuerliche Grundbesitz die Vorteile des organisierten Kredits entbehren mußte und einer wucherischen Ausbeutung auch ferner ausgesetzt blieb.[2])
Zahlreiche Bauerngüter kamen infolgedessen zur Subhastation, und ganze Dorfschaften gingen ihres Besitzes verlustig.

Infolge dieser Kreditkalamität entstand Ende der 60er Jahre eine Bewegung zugunsten der Errichtung eines Instituts für die von dem Landschaftlichen Kreditverein ausgeschlossenen Grundbesitzer.[3]) Eine Versammlung von Landwirten aus allen Kreisen der Provinz, die im Jahre 1870 in Posen tagte, schlug vor, unter der Direktion des Neuen Landschaftlichen Kreditvereins eine besondere Anstalt zur Beleihung aller ländlichen Grundstücke im Werte von 2000 bis 5000 Talern zu begründen. Die Generallandschaftsdirektion sprach sich aber gegen diesen Plan aus, weil ein derartiges Institut keine genügende Sicherheit biete. Die Generalversammlung des Kreditvereins lehnte denn auch den Antrag auf Erweiterung des landschaftlichen Wirkungskreises ab. Die Angelegenheit ruhte nun solange, bis die Regierung ihrerseits sie einige Jahre später aufnahm.[4])

---

[1]) M. A. L. S. spec. Prov, Posen, 20, I.

[2]) L. A. Posen Gen. 82.

[3]) L. A. Posen Gen. 94.

[4]) L. A. Posen Gen. 82.

Auf Veranlassung des Landwirtschaftsministers fand im November 1876 in Berlin eine Konferenz über die Gründung einer Posenschen Bauernlandschaft statt. Bei den Beratungen, an denen außer den beteiligten Behörden auch mehrere Interessenten teilnahmen, wurde die Beseitigung der Kreditnot für dringend erwünscht erklärt. Da aber die Errichtung eines besonderen bäuerlichen Kreditinstituts wegen der damit verknüpften Kosten unausführbar erschien, beschloß man, die Aufnahme des kleineren Grundbesitzes in den landschaftlichen Kreditverein anzuregen. Der Engere Ausschuß der Landschaft erklärte sich auch hiermit einverstanden und wollte den zur Beleihungsfähigkeit erforderlichen Mindesttaxwert von 15000 auf 3000 Mk. herabsetzen. Die Generalversammlung aber, in der die Großgrundbesitzer die Mehrheit hatten, trat diesem Beschlusse nicht bei, sondern stimmte gegen jede Erweiterung des landschaftlichen Verbandes. Gleichzeitig beschloß sie, daß die Beleihungsgrenze für die bereits inkorporierten Güter von 1/2 auf 2/3 des Taxwertes heraufgesetzt werden sollte. Die Parole lautete also: Mehr Kredit für die größeren und keinen Kredit für die kleineren Grundbesitzer. Hiermit drang man aber bei der Regierung nicht durch. Der Minister lehnte die Erhöhung der Beleihungsgrenze mit der sehr treffenden Motivierung ab, „daß die Generalversammlung ja durch die Ablehnung der beantragten Aufnahme der kleineren Güter selbst einem entschiedenen Mißtrauen gegen die Erweiterungsfähigkeit des Instituts Ausdruck gegeben habe“.

Der status quo blieb also aufrechterhalten, jedoch nur für kurze Zeit. Am 31. Juli 1878 beschloß nämlich das Abgeordnetenhaus, „die Staatsregierung aufzufordern, die Gründung eines Kreditinstituts für den kleineren Grundbesitz in der Provinz Posen möglichst im Anschlusse an die bestehende Landschaft und nötigenfalls durch Bewilligung eines unverzinslichen Darlehens von 600000 Mk. zu fördern“. Inzwischen war nämlich die Auflösung des alten Kreditvereins von 1821 erfolgt, und dadurch ein entsprechendes Kapital verfügbar geworden. Dieses wurde nun dem neuen Kreditvereine zugesagt, für den Fall, daß er seine Tätigkeit auf den kleinen bäuerlichen Grundbesitz ausdehnen werde. Erst daraufhin erklärte sich die landschaftliche Generalversammlung mit dieser Maßnahme einverstanden; sie setzte den zum Beitritt erforderlichen Minimaltaxwert herab, aber nicht, wie vorgeschlagen war, auf 3000, sondern nur auf 6000 Mk. Man blieb also auf halbem Wege stehen. Immerhin wurde auch durch diese beschränkte Herabsetzung der Kreis der beleihungsfähigen Bauerngüter schon ansehnlich erweitert. Für zahlreiche bäuerliche Gutsbesitzer kam diese Verbesserung ihrer Kreditverhältnisse allerdings zu spät. Wäre sie nicht erst im Jahre 1879, sondern bereits 20 Jahre früher eingetreten, so hätte von den 8000 spannfähigen bäuerlichen Nahrungen, die in dieser Zeit in der Provinz Posen untergegangen sind, gar manche erhalten bleiben können.

Zu den mannigfachen Hindernissen, die einer ausgiebigen Benutzung des Landschaftskredits durch die bäuerlichen Grundbesitzer im Wege standen, kam Mitte der 60er Jahre noch ein weiteres hinzu. Die steigende Bewegung des Zinsfußes,[1]) die damals einsetzte, drückte nämlich auf den Kurs der Pfandbriefe. Der Gutsbesitzer, der die Pfandbriefe von der Landschaft als Darlehensvaluta zum Nominalwert übernehmen mußte, erlitt daher beim Weiterverkauf einen beträchtlichen Verlust. Dieser Barvalutaausfall hielt viele Grundbesitzer von der Benutzung des Landschaftskredits zurück, besonders da, wo die Möglichkeit bestand, sich auf anderem Wege Kredit, wenn auch nicht unkündbaren, zu beschaffen. Es war dies der Hauptgrund dafür, daß der im Jahre 1864 geschaffene „Landschaftliche Kreditverband der Provinz Sachsen“ zu keiner gedeihlichen Entwicklung gelangen konnte. Ein weiteres Hemmnis in dieser Richtung bildete die überaus niedrige Beleihungsgrenze. Um das kostspielige und umständliche Taxverfahren zu vermeiden, hatte man nämlich festgesetzt, daß jedes Grundstück ohne Weiteres bis zum fünfzehnfachen Grundsteuerreinertrag beliehen werden dürfe. Dem Grundbesitze war aber, wie sich sehr bald zeigte, mit Darlehen in dieser Höhe nicht gedient. Der Kreditverband stellte daher bereits im Jahre 1867 bei der Regierung

[1]) Kahn a. a. O. S. 171.

den Antrag, die Kreditgewährung bis zum zwanzigfachen Grundsteuerreinertrag ausdehnen zu dürfen. Die Genehmigung hierzu wurde auch erteilt; jedoch geschah dies erst im Jahre 1872. Eine nennenswerte Bedeutung für den kleineren bäuerlichen Grundbesitz hat der Kreditverband aber auch dann noch nicht gewonnen; denn die Bestimmung, daß nur Güter mit einem Grundsteuerreinertrag von wenigstens 150 Mk. beliehen werden durften, schloß den eigentlichen Kleingrundbesitz von der Teilnahme an dem Kreditverband aus.

Eine mit der Sächsischen Landschaft übereinstimmende Begrenzung des Kreises der landschaftlich beleihungsfähigen Güter nahm das Neue Brandenburgische Kreditinstitut vor. Dies allein hätte hier aber eine umfangreiche Beleihungstätigkeit nicht gehindert; denn die Zahl der beleihungsfähigen Güter belief sich immer noch auf mehrere Tausend. Von ihnen wurden in der Zeit von 1869—1879 nur 46 durch das Kreditinstitut beliehen. Diese geringe Inanspruchnahme hatte ihren Grund einerseits in den zu hohen Annuitäten, die das Institut forderte, und andererseits darin, daß die sehr knapp bemessenen Darlehen zur Deckung des Kreditbedürfnisses nicht genügten.

Noch geringer waren die Erfolge, welche der Pommersche Landkreditverband aufzuweisen hatte. Sämtliche denkbaren Momente, die der Ausbreitung des Landschaftskredits in den bäuerlichen Kreisen hinderlich sein konnten, trafen bei ihm zusammen. Beleihungsfähig waren nur die größeren Bauerngüter mit einem Grundsteuerreinertrag von wenigstens 240 Mk.; die Beleihungen wurden so niedrig bemessen, daß in manchen Fällen nicht einmal die Hälfte des von der Sparkasse bewilligten Darlehens gewährt werden konnte;[1]) die Annuitäten waren relativ hoch, die Beleihungstransaktion umständlich, zumal da die Landschaft keine Einrichtungen getroffen hatte, um den Verkauf der Pfandbriefe zu erleichtern. Der Effekt war der, daß der Pommersche Landkreditverband nach zehnjähriger Tätigkeit erst acht Bauerngüter beliehen hatte.

---

[1]) Vgl. Ostsee-Zeitung v. 30. Dezember 1874.

Fassen wir unsere bisherigen Untersuchungen kurz zusammen, so kommen wir zu folgenden Resultaten:

Die durch die Ausdehnung des landschaftlichen Kreditsystems auf den bäuerlichen Grundbesitz angebahnte Reform des bäuerlichen Kreditwesens hat bis zum Ende der 70er Jahre wesentliche Erfolge nicht gehabt. Eine Organisation des bäuerlichen Bodenkredits war zwar jetzt vorhanden; ihre praktische Bedeutung aber war nur gering, da eine ganze Reihe von Hindernissen der Ausbreitung des Landschaftskredits in den bäuerlichen Kreisen im Wege stand. Die hauptsächlichsten waren die folgenden:

1. Die zu enge Begrenzung des landschaftlichen Wirkungskreises infolge der Festsetzung eines zu hohen Minimalwertes,
2. Die Unfähigkeit der Landschaften zur Befriedigung des berechtigten Kreditbedürfnisses infolge unzulänglicher Taxprinzipien und der zu niedrigen Beleihungsgrenze,
3. Die Verteuerung des Landschaftskredits durch die jährlichen Beiträge zu den Sicherheits- und Betriebsfonds,
4. Die allzu formelle Handhabung des Geschäftsbetriebes, die eine Verzögerung der Kreditbewilligung zur Folge hatte.[1]

Zu alledem kam noch: die mangelnde Lokalisierung des Landschaftskredits infolge der großen Entfernung der Landschaftssitze von den Wohnorten der Bauern, die hohen Taxkosten und die damit verbundenen Kostenvorschüsse, und endlich, in einzelnen Fällen, das Fehlen jeglicher Einrichtung zur Erleichterung des Pfandbriefsverkaufs, hinzu.

Diese Mängel waren sämtlich darauf zurückzuführen, daß das landschaftliche Kreditsystem seiner ganzen Verfassung und Organisation nach lediglich den Bedürfnissen des größeren Grundbesitzes angepaßt war. Bei der Ausdehnung des Kreditsystems auf den bäuerlichen Grundbesitz hatte man versäumt, Einrichtungen zu schaffen, die der Eigenart der Bauern gerecht wurden.

Wie schwerwiegend dieser Übelstand aber nun auch war,

---

[1]) Berliner Revue Bd. 69. S. 328. (1872.)

so darf doch nicht übersehen werden, daß auch durch die Natur und die Gewohnheiten der Bauern selbst die Ausbreitung des Landschaftskredits erschwert wurde. In dieser Beziehung ist in erster Linie die Schwerfälligkeit der Bauern, ihre Scheu vor einer öffentlichen Darlehensaufnahme, ihre Abneigung gegen den bei sämtlichen Landschaften bestehenden Feuerversicherungszwang, sowie endlich die Institution der sogenannten Familienhypotheken zu erwähnen. Unter diesen spielten die hypothekarisch sichergestellten Erbportionen der Geschwister des Gutsübernehmers die Hauptrolle. Die Versuche, diese Hypotheken durch Landschaftsdarlehen abzulösen, stießen meistens auf große Schwierigkeiten. Sie gelangen nur dann, wenn allen Beteiligten die Herauszahlung erwünscht war. Dies kam aber nur selten vor. Die Geschwister des Haupterben sahen vielfach in der Erbhypothek das letzte Band, das sie noch mit ihrem väterlichen Gute verknüpfte, und sträubten sich daher gegen dessen Lösung. Hierbei sprachen allerdings oft auch Gründe materieller Natur mit, zumal dann, wenn eine höhere Verzinsung der Erbportionen vorgesehen als bei anderweitiger Anlage zu erzielen war. Endlich machte auch die Eintragung zu hoher Altenteile und Ausgedinge häufig die Benutzung des Landschaftskredits unmöglich[1]).

Der Mißerfolg der durch die Landschaften bewirkten Organisation des bäuerlichen Bodenkredits erklärt sich demnach einerseits aus Organisationsfehlern und andererseits aus gewissen, der Eigenart der bäuerlichen Verhältnisse innewohnenden Momenten.

Allenfalls kann man auch noch sagen, daß die ungünstige Gestaltung des Geldmarktes während der 60er Jahre und die dadurch bedingten niedrigen Pfandbriefkurse der Tätigkeit der Landschaften wenig förderlich gewesen sind. Unrichtig wäre es aber, die Konkurrenz, die den landschaftlichen Kreditinstituten besonders im Laufe der 70er Jahre im Bereiche des bäuerlichen Kreditverkehrs entstanden ist, für die geringen Fortschritte auf diesem Gebiete verantwortlich zu machen. Gewiß haben die

[1]) Vgl. Lackner, Darstellung der wirtschaftl. u. pol. Verhältnisse einer Ostpreuß. Landgemeinde (1889).

Sparkassen und eine Anzahl Hypothekenbanken[1]) in jener Zeit sehr eifrig an der Pflege des ländlichen Bodenkredits teilgenommen und dem bäuerlichen Grundbesitz ansehnliche Kapitalien zugeführt. Diese umfangreiche Beteiligung an dem ländlichen Hypothekendarlehensgeschäft war ihnen aber nur dadurch ermöglicht worden, daß die Landschaften den berechtigten Kreditbedarf nicht zu befriedigen vermocht hatten[2]). Die Konkurrenz war also nicht die Ursache der mangelhaften Entwicklung der bäuerlichen Kreditorganisation, sondern deren Folge. Hätten die Landschaften in Westpreußen und Posen den dortigen Bauern einen ausreichenden Kredit zur Verfügung gestellt, so würden diese nicht die teuern Hypothekenbankdarlehen genommen haben. Hierzu wurden sie nur durch den Umstand verleitet, daß sie von den Banken ein höheres Darlehen erhielten als von den Landschaften. So gaben die Hypothekenbanken den Grundbesitzern in Westpreußen Kredit bis zu $^2/_3$ der Landschaftstaxe, während die Landschaft selbst mit ihren Beleihungen nur bis zur Hälfte der Taxe ging[3]).

Infolge der übertriebenen Ängstlichkeit, mit der die Landschaften bei der Kreditgewährung an den bäuerlichen Grundbesitz vorgingen, erleichterten sie es den Sparkassen, mit ihnen zu konkurrieren. Die Erfolge, die diese Anstalten im Bereiche des ländlichen Bodenkreditwesens erzielt haben, beruhen allerdings zum großen Teil auch auf anderen Momenten. Die Sparkassen sind nämlich den Landschaften gegenüber insofern im Vorteil, als sie bei der Kreditgewährung die Prinzipien der Lokalisierung und der Individualisierung zur Durchführung bringen können. Bei den Sparkassen ist stets der Kontakt mit den Darlehensnehmern vorhanden. Sie können diesen den Kredit gewissermaßen ins Haus bringen. Der Bauer kann unter Vermeidung des schriftlichen Weges sein Darlehensgesuch mündlich vorbringen. Die Sparkasse ihrerseits kann bei der Kredit-

[1]) Vgl. Hecht, F.: Die deutschen Hypothekenbanken (1903).

[2]) Vgl. Verhandl. des Hauses der Abgeordneten v. 4. Dezbr. 1883.

[3]) Vgl. Bericht über den Zustand der Landeskulten in Westpreußen (1892).

bemessung auf die Persönlichkeit des Darlehensnehmers Rücksicht nehmen, sie kann individualisieren. Mit anderen Worten: Die Bodenkreditgewährung der Sparkassen vollzog sich in einer Form, die dem bäuerlichen Charakter und der bäuerlichen Eigenart Rechnung trug. Die Landschaften dagegen nahmen bei der Organisation des bäuerlichen Bodenkredits auf die Psychologie der Bauern wenig Rücksicht. Dies war der innerste Grund für die relativ geringen Erfolge, die sie bis zum Ende der 70er Jahre im Bereiche des bäuerlichen Kreditverkehrs zu verzeichnen hatten.

II. Die Periode von 1880—1905.

Die Bedrängnis, in der sich die Landwirtschaft anfangs der 80er Jahre des XIX. Jahrhunderts infolge des Rückganges der Getreidepreise befand, gab sowohl der Preußischen Staatsregierung, wie auch dem Verein für Sozialpolitik [1]) Veranlassung, Erhebungen über die Lage des bäuerlichen Grundbesitzes anzustellen. Es wurde hierdurch auch Klarheit über den Stand des bäuerlichen Kreditwesens geschaffen. In dieser Beziehung ergaben die Ermittelungen, daß ein Kreditmangel nicht mehr bestehe, daß aber die Organisation des bäuerlichen Kredits noch sehr mangelhaft sei. Der Deutsche Landwirtschaftsrat und das Preußische Landesökonomiekollegium regten daher einen weiteren Ausbau der bestehenden bäuerlichen Kreditorganisation an. Diese Anregung fiel auf fruchtbaren Boden. Die Landschaften, die zum Teil schon zu Ende der 70er Jahre eine den Interessen des bäuerlichen Grundbesitzes entsprechende Revision ihrer Taxgrundsätze vorgenommen hatten, bestrebten sich, die Kreditgewährung von lästigen Erschwerungen zu befreien. Sie ermäßigten die Jahresleistungen ihrer Schuldner, indem sie die oft übermäßige und daher unwirtschaftliche Anhäufung von Sicherheits- und Reservefonds einschränkten [2]). Die hierdurch eintretende Verbilligung des Landschaftskredits trug wesentlich zu seiner Ausbreitung in den bäuerlichen Kreisen bei. In noch

[1]) Vgl. Schriften des Vereins für Sozialpolitik XXIII.

[2]) Preußens landwirtschaftliche Verwaltung 1881—83.

höherem Maße würde dies der Fall gewesen sein, wenn die Landschaften gleichzeitig eine ausreichende Kreditbemessung eingeführt haben würden. Hierzu konnten sie sich aber, hauptsächlich wohl in Hinblick auf die gesunkene Rentabilität der Landwirtschaft, nicht entschließen. Noch Ende der 80er Jahre klagte man ganz allgemein darüber, daß der den Bauern zur Verfügung stehende Landschaftskredit ungenügend sei[1]). Hierdurch wurde die Ablösung der teuern Privathypotheken sehr erschwert.

Eine Ausdehnung des landschaftlichen Wirkungskreises vollzog sich während der 80 er Jahre bei dem Posener Kreditvereine. Gelegentlich der oben erwähnten Erhebungen über die Lage des bäuerlichen Grundbesitzes war von verschiedenen Seiten betont worden, daß infolge des bei dem Posener Institute geforderten hohen Minimalwertes von 6000 Mark zahlreiche spannfähige Bauernstellen nicht beleihungsfähig seien. Mit Rücksicht hierauf wurde der zur Beleihungsfähigkeit erforderliche Minimaltaxwert im Jahre 1884 auf 4000 Mark herabgesetzt.

Auch die Landschaft der Provinz Westfalen erweiterte in jener Zeit den Kreis der beleihungsfähigen Grundstücke. Hier durften ursprünglich nur Güter mit einem Grundsteuer-Reinertrage von wenigstens 150 Mark landschaftlich beliehen werden. Im Jahre 1882 wurde dieser Betrag auf 100 und 1885 auf 75 Mark herabgesetzt.

In entsprechender Weise ging im Jahre 1890 eine Erweiterung des landschaftlichen Wirkungskreises in Pommern und Brandenburg vor sich. Die dortigen Bauernlandschaften ermäßigten damals den zum Beitritt erforderlichen Minimalreinertrag von Mk. 240 bezw. 150 auf 100 Mark. Diese Maßnahmen waren zwar von Erfolg begleitet, aber nicht in dem erwarteten Umfange[2]). Der Kleingrundbesitz blieb auch jetzt den Landschaften fern[3]); ihre Fortschritte in den bäuerlichen

---

[1]) Bericht des D. Lwr. v. 1887.

[2]) Vgl. Archiv d. D. Lwr. Jahrg. 1897 u. 1898.

[3]) Conrad, M.: Die neue westpreuß. Landschaft und das Kreditbedürfnis des kleinen Bauern, i. d. Jahrb. f. N. u. St. III. Flge. XVI. 666.

Kreisen beschränkten sich auf den größeren und mittleren Besitz. Mit Recht wurde daher auf der Agrarkonferenz im Jahre 1894 darauf hingewiesen, daß es in Zukunft die Hauptaufgabe der Landschaften sein werde, auch dem Kleingrundbesitz ihren Kredit zuzuführen.

Ein Umschwung in der Entwicklung des landschaftlichen Kreditwesens trat dann mit dem Jahre 1895 ein. Durch das Gesetz vom 30. Juni 1894 war den Landwirtschaftskammern ausdrücklich die Mitwirkung bei der Organisation des ländlichen Kredits übertragen worden. Hierin kam bereits die Absicht der Staatsregierung, den Ausbau des landwirtschaftlichen Kreditwesens in systematischer Weise zu fördern, zum Ausdruck. Es fanden ferner im Jahre 1895 in allen Provinzen zwischen den Staatsbehörden und den Interessenten Beratungen über die fernere Ausgestaltung der ländlichen Realkreditverhältnisse statt [1]). Von allen Seiten wurde hierbei anerkannt, daß die Organisation des bäuerlichen Bodenkredits noch weiterer Verbesserungen fähig sei. Man einigte sich dahin, von der Errichtung neuer Institute abzusehen und beschloß dahin zu wirken, daß die bestehenden Organisationen, vor allem die Landschaften, im Interesse des bäuerlichen Grundbesitzes noch weiter ausgebaut werden sollten [2]).

Bei sämtlichen landschaftlichen Kreditinstituten wurden daraufhin Beratungen darüber eingeleitet, in welcher Weise eine erhöhte Nutzbarmachung des Landschaftskredits für die bäuerlichen Grundbesitzer zu erreichen sei. Das Resultat dieser sehr eingehenden Verhandlungen trat in den zahlreichen organisatorischen Veränderungen, die in den folgenden Jahren bei sämtlichen Landschaften vorgenommen wurden, in Erscheinung.

Zunächst erfolgte überall eine Erweiterung des landschaftlichen Wirkungskreises. Es wurde dabei als Grundprinzip angenommen, daß alle selbständigen Ackernahrungen beleihungs-

---

[1]) Meitzen-Großmann VI. S. 392 ff.

[2]) Denkschrift über die zur Förderung der Landwirtschaft in den letzten Jahren ergriffenen Maßnahmen. Berlin 1896.

fähig sein müßten. Dementsprechend fanden folgende Veränderungen statt:

	ℳ		ℳ
Bei der Neuen Westpreuß. Landschaft: Herabsetzung des Minimaltaxwertes von . .	4500	auf	3000
Bei der Posener Landschaft: Herabsetzung des Minimaltaxwertes von	4000	„	3000
Bei dem Neuen Brandenburg. Kredit-Inst.: Herabsetzung des Minimal-Grundst.-Reinertr. von	100	„	75
Bei der Neuen Pommerschen L. f. d. Kleingrundbstz.: Herabsetzung des Minimal-Grundst.-Reinertr. von	100	„	60
Bei dem Landsch. Kreditverb. d. Pr. Schlesw.-Holst.: Herabsetzung des Minimal-Grundst.-Reinertr. von	150	„	50
Bei der Landsch. der Pr. Westfalen: Herabsetzung des Minimal-Grundst.-Reinertr. von . .	75	„	50
Bei der Landsch. d. Pr. Sachsen: Herabsetzung des Minimal-Grundst.-Reinertr. von . .	150	„	90

Erheblich mehr als die obigen Institute, absichtlich auch unterhalb der Grenze der selbständigen Ackernahrungen erweiterte die Schlesische Landschaft ihre Beleihungstätigkeit, indem sie alle Grundstücke mit einem Grundsteuer-Reinertrag von wenigstens 15 Mark für beleihungsfähig erklärte[1]). Bei der Ostpreußischen Landschaft erfolgte keine Veränderung des Minimaltaxwerts, da dieser mit 1500 Mark bereits alle selbständigen Ackernahrungen umfaßte.

Eine weitere Gruppe von Maßregeln im Interesse der bäuerlichen Grundbesitzer erstreckte sich auf eine Steigerung der Kreditbemessung. Die Beleihungsgrenze wurde bei sämtlichen Instituten auf 2/3 des Taxwertes festgesetzt. Diese Erhöhung fand bei der Neuen Westpreußischen Landschaft erst

[1]) Die Folge hiervon ist, daß die Schlesische Landschaft im Jahre 1905 nicht weniger als 1123 Grundstücke in einer Größe von weniger als 5 ha beliehen hatte (Vgl. Tabelle IIIa). Es muß als ein Verdienst der Schlesischen Landschaft anerkannt werden, daß sie auch dem kleinsten ländlichen Grundbesitze die Vorteile des Landschaftskredits zukommen läßt.

im Jahre 1900 statt, nachdem 1896 die beleihbare Quote des Taxwerts von 1/2 auf 3/5 heraufgesetzt worden war. Wie sehr sich bei diesem Institute die Kreditbemessung noch bis in die letzten Jahre hinein erhöht hat, ergibt sich aus der Tatsache, daß die Beleihungen von 1894 bis 1899 durchschnittlich dem 36,2fachen und von 1900—1904 dem 42,2fachen Grundsteuerreinertrag entsprachen.

Außer durch organisatorische Veränderungen haben die Landschaften noch weiterhin durch Verwaltungsanordnungen und beleihungstechnische Maßnahmen für die Ausbreitung des Landschaftskredits in den bäuerlichen Kreisen gewirkt. Eine Schilderung dessen, was jede der Landschaften nach dieser Richtung hin geleistet hat, würde zu weit führen. Es seien deshalb hier nur einige Beispiele hervorgehoben.

Bis zum Ende der 70er Jahre des vorigen Jahrhunderts hat die Ostpreußische Landschaft, wie bereits ausgeführt wurde, wesentliche Erfolge in den bäuerlichen Kreisen nicht zu verzeichnen gehabt. Bereits während der 80er Jahre trat hierin infolge einer 1879 vorgenommenen Umgestaltung des Taxwesens eine Wendung zum Besseren ein. Im Jahre 1888 waren etwa 5500 Grundstücke in einer Größe von weniger als 100 ha beliehen, was zwar gegen 1879 einen beträchtlichen Fortschritt bedeutet, aber doch recht wenig erscheint, wenn man in Betracht zieht, daß die Zahl der beleihungsfähigen Grundstücke auf ungefähr 60000 geschätzt wurde. In richtiger Erkenntnis dieser Sachlage hat die Ostpreußische Landschaft seit 1888 ununterbrochen an der Ausdehnung ihrer Tätigkeit innerhalb des bäuerlichen Grundbesitzes gearbeitet[1]):

Besondere Berücksichtigung fanden die kleineren Güter zuerst auf dem Generallandtage von 1892. Zur Verminderung der Taxkosten wurde beschlossen, „für Grundstücke bis zu 50 ha die von den Landmessern örtlich auszuführende Feldvergleichung fortfallen zu lassen und die zuständigen Landschaftsräte damit

---

[1]) Leweck: Bon, Generallandschafts-Direktor in Ostpreußen (1887—1905) 1906. S. 13 ff.

zu betrauen, die Veränderungen in den Kulturarten der Grundsteuer-Veranlagung gleichzeitig bei der Bonitierung festzustellen und ins Vermessungsregister einzutragen". Auch wurde für solche Taxen statt der bisherigen Taxkarte eine durch den Katasterkontrolleur von der Grundsteuerkarte auf Pausleinwand gefertigte Handzeichnung für genügend erachtet. Von diesen Erleichterungen wurde mehr als die Hälfte aller Taxen berührt und die Beschaffung der Taxunterlagen um 50—65 % verbilligt.

In der Zeit von 1895—99 wurden alljährlich am Anfange jeder Taxperiode die Darlehensbedingungen der Landschaft durch die Kreisblätter bekannt gemacht, worauf seitens der Landräte ausdrücklich hingewiesen wurde. Mehrere Landräte, Landschaftsräte und sonstige größere Besitzer haben gleichzeitig auch durch persönliches Eingreifen, Belehrung über die Vorteile der landschaftlichen Beleihung, sowie sonstige Unterstützung die landschaftliche Kreditgewährung gehoben. Ferner wurden seit 1897 Landschaftsbeamte in die Kreisstädte und andere günstig gelegene Ortschaften entsandt, um denjenigen Besitzern, die ein Landschaftsdarlehen aufzunehmen beabsichtigten, über alle hierbei in Betracht kommenden Fragen kostenfrei Auskunft zu erteilen und die zur Beschaffung der Taxunterlagen an die verschiedenen Stellen zu richtenden schriftlichen Anträge aufzusetzen. Die Zahl der von 1897—1905 abgehaltenen Auskunftstermine, sowie der Umfang der hierbei entwickelten Tätigkeit ergibt sich aus der folgenden Übersicht:

Jahr	Zahl der Auskunftstermine	Zahl der Auskunftssuchenden.
1897	21	556
1898	33	450
1899	16	187
1900	7	83
1902	6	172
1903	6	239
1904	9	278
1905	5	79
	103	2044

Von wesentlicher Bedeutung für die Ausbreitung des Landschaftskredits waren weiterhin die Beschlüsse des Generallandtages von 1898, durch welche die Beleihung nach dem 15fachen Grundsteuerreinertrag und die Wertschätzung ohne Grund- und Bodentaxe bis zum dreißigfachen Grundsteuerreinertrag, sowie bis zur Hälfte des Erwerbswertes eingeführt wurde. Die Landschaft war dadurch in die Lage versetzt, ein unerwartet hervortretendes nicht allzugroßes Geldbedürfnis ohne vorherige zeitraubende Taxation alsbald befriedigen zu können.

Des Weitern wurden die Taxkosten bei Gütern unter 50 ha, die derselben Gemeinde angehörten, ermäßigt, wenn die Taxen im Anschluß aneinander zur Aufnahme gelangte, d. h. sogenannte Dorftaxen angefertigt werden konnten. Bis zum Jahre 1905 wurden bereits 390 Dorftaxen aufgenommen.

Seit 1904 gewährt die Landschaft auch den Besitzern von Gütern unter 100 ha für die Taxkosten einen Vorschuß der nach Aufnahme des Darlehens in Raten zurückerstattet wird. Im Jahre 1903 gelangte eine Druckschrift: „Der landschaftliche Kredit und seine Benutzung im Bezirke der Ostpreußischen Landschaft“ in den Kreisen der Interessenten zur Verbreitung und wurde auch vielfach zum Gegenstand von Vorträgen in den landwirtschaftlichen Vereinen gemacht. Ganz besonders dem Interesse der kleineren geschäftsunkundigen Bauern entspricht die neuerdings versuchsweise eingeführte Beschaffung der Taxunterlagen. Denn hierfür haben bisher vielfach die kleineren Besitzer oft teuer zu bezahlende Hilfe von Winkelkonsulenten in Anspruch genommen. Jetzt hat der Besitzer der Landschaft nur den Antrag auf Beschaffung der Taxunterlagen zu unterschreiben, die erforderlichen Angaben über das abzuschätzende Grundstück zu machen und der Landschaft einen später zu verrechnenden Kostenvorschuß von 25 Mark einzusenden.

Schließlich sei noch die im Juli 1905 erfolgte Einrichtung einer Geschäftsstelle der landschaftlichen Bank in Allenstein erwähnt. Sie wurde gegründet, um den im Süden des Landschaftsbezirkes wohnenden ländlichen Grundbesitzern den Verkehr mit der Landschaft zu erleichtern. Sie ist in der kurzen Zeit ihres

Bestehens bereits vielfach in Tax- und Beleihungsangelegenheiten tätig gewesen.

In ähnlicher Weise, wie die Ostpreußische Landschaft haben auch die meisten übrigen Institute sich die Pflege des bäuerlichen Bodenkredits während des letzten Jahrzehnts angelegen sein lassen. Ein Unterschied zwischen den gemischten Instituten, die alle Kategorien des ländlichen Grundbesitzes umfassen, und den Bauernlandschaften besteht nach dieser Richtung nicht. Als Beispiel für letztere möge das dem Kur- und Neumärkischen Ritterschaftlichen Kredit-Institute angegliederte Neue Brandenburgische Kreditinstitut dienen. Dieses hatte, wie bereits oben erwähnt wurde, im Jahre 1879, nach zehnjähriger Tätigkeit, erst 46 Grundstücke beliehen. An diesem Mißerfolge des Kreditinstituts waren zum Teil die hohen Nebenleistungen Schuld, die aber im Laufe der 80er Jahre wesentlich ermäßigt wurden. Gleichzeitig wurde durch entsprechende Abänderungen der Taxvorschriften eine Erhöhung der Kreditbemessung erzielt. Der Kreis der beleihungsfähigen Güter wurde 1890 um etwa zehntausend und 1896 wiederum um einige weitere Tausend ausgedehnt. Hand in Hand mit diesen organisatorischen Maßnahmen gingen Verwaltungsanordnungen, die den Zweck verfolgten, die Grundbesitzer auf die Vorteile des Landschaftskredits aufmerksam zu machen und ihnen eine Beteiligung an dem Kreditinstitute nahezulegen. Die vier Provinziallandschaftsdirektionen wurden angewiesen, fortgesetzt mit Hilfe der landwirtschaftlichen Vereine und der Lokalpresse Aufklärung über das Kreditinstitut und seine Einrichtungen zu verbreiten. Diese Bemühungen fanden bei den landschaftlichen Kreiskommissarien, die von den assoziierten Grundbesitzern gewählt werden, tatkräftige Unterstützung. Die Provinziallandschaftsdirektionen wurden ferner ermächtigt, von der Einforderung eines Vorschusses für die Taxkosten abzusehen. Zu deren Deckung, sowie zur Bestreitung der sonstigen Kosten des Beleihungsverfahrens kann der Besitzer einen baren Vorschuß in Höhe von 3 % des aufgenommenen Darlehens erhalten. Die Tilgung dieses Vorschußdarlehens erfolgt allmählich durch die Amortisationsbeiträge.

Von großer Bedeutung für die fortschreitende Entwicklung des Neuen Brandenburgischen Kreditinstituts ist auch die Tätigkeit, die die Ritterschaftliche Darlehenskasse zur Unterstützung der Beleihungen entfaltet. Sie gewährt aus ihren eignen Fonds verzinsliche Darlehen und Vorschüsse, um eine in Aussicht genommene landschaftliche Beleihung zu ermöglichen. Derartige Vorschüsse können, wenn das Kreditinstitut hinsichtlich des Ranges seiner Hypothek sichergestellt ist, auch schon vor der endgiltigen Darlehensbewilligung bis zum 20fachen Grundsteuerreinertrage bewilligt werden. Wenn es sich um Ablösung bereits eingetragener Hypotheken handelt, können ausnahmsweise auch Vorschüsse innerhalb des fünften Sechstels des festgesetzten Taxwertes bewilligt werden. Die Leistungen der Darlehenskasse für die bäuerlichen Grundbesitzer sind um so höher zu veranschlagen, als die Haftung für dieses Institut ausschließlich dem Großgrundbesitze zur Last fällt.

Endlich ist noch zu erwähnen, daß die Hauptritterschaftsdirektion auch den Versuch gemacht hat, in systematischer Weise die Umwandlung hochverzinslicher Privathypotheken ganzer Ortschaften in Landschaftsdarlehen vorzunehmen; zu einem greifbaren Ergebnis hat dieser Versuch jedoch nicht geführt.

Auch seitens der Landschaft der Provinz Sachsen sind derartige Grundbuchbereinigungen unternommen worden. Man hat ihnen dort ein ganz besonderes Interesse gewidmet; ihr Verlauf soll daher kurz skizziert werden[1]):

Die ersten Versuche einer Grundbuchbereinigung fanden im Jahre 1896 statt. Sie erfolgten in der Weise, daß bei einem Amtsgericht, in dessen Bezirk der Kleinbesitz stark vertreten war, durch Einsicht in das Grundbuch festgestellt wurde, welche beleihungsfähigen Grundstücke mit Privathypotheken belastet waren. Die betreffenden Besitzer wurden sodann mit den landschaftlichen Beleihungsbedingungen bekannt gemacht und erhielten eine Aufforderung, der Landschaft beizutreten. Von ihnen

---

[1]) Die nachfolgende Darstellung beruht auf den Akten betr. Grundbuchbereinigung (L. A. Halle. Bd. I—IV).

— es waren im ganzen 380 — meldete sich nur ein einziger und dieser wünschte ein Darlehen, das über die landschaftliche Beleihungsgrenze hinausging. Der Versuch hatte also nicht das erhoffte Resultat. Die Ursache hierfür lag darin, daß der Landschaftskredit in den meisten Fällen zur Ablösung der Privathypotheken nicht ausreichte, und die Landschaft keine Fonds zur Gewährung von Nachtrags-Darlehen besaß. Dieses Hindernis wurde zum Teil durch die Errichtung der landschaftlichen Bank im Jahre 1899 beseitigt. Mit Rücksicht darauf, daß deren Kreditgewährung aber nur eine beschränkte sein konnte, entschloß sich die Landschaft, die Unterstützung noch anderer Stellen für die Umwandlung der kündbaren Privathypotheken in unkündbare Landschaftsdarlehen in Anspruch zu nehmen. Sie wandte sich deshalb an die ländlichen Genossenschaften und an die Sparkassen. Von letzteren erklärten sich aber nur wenige bereit, die Grundbuchbereinigung durch Gewährung von Nachhypotheken bis zur Grenze der Mündelsicherheit zu unterstützen. Die meisten Sparkassen verhielten sich dem Wunsche der Landschaft gegenüber ablehnend, weil sie in ihr nur eine Konkurrenz sahen, die ihnen ihre Betätigung auf dem Gebiete des ländlichen Hypothekenverkehrs erschwerte. Einige Sparkassen erklärten ganz offen, daß es nicht in ihrem Interesse liege, die Ausbreitung des Landschaftskredits zu fördern. Andere motivierten ihre ablehnende Haltung damit, daß ihre eigenen Einrichtungen zur Befriedigung des Kreditbedarfes des ländlichen Grundbesitzes denen der Landschaft gleichwertig seien.

Eine freundlichere Stellung als die Sparkassen nahmen die ländlichen Genossenschaften zu den Bestrebungen der Landschaft, wenngleich auch sie die Grundbuchbereinigung durch Hergabe von Darlehen nicht zu unterstützen vermochten. Sie kamen bei ihren diesbezüglichen Beratungen zu dem Ergebnis, daß „die ländlichen Spar- und Darlehenskassen wohl geneigt seien, die ländliche Bevölkerung über die Vorteile der amortisierbaren Landschaftsdarlehen aufzuklären und ihnen den Verkehr mit der Landschaft zu erleichtern, daß aber Beleihungen hinter der Landschaft, die nur auf eine verschleierte Realkreditsbefriedigung hinausliefen, im Interesse der Sicherheit und des Gedeihens der ländlichen Kassen zu vermeiden seien".

Unter diesen Umständen war die Landschaft darauf angewiesen, die Grundbuchbereinigung aus eigener Kraft weiter zu betreiben. Die Voraussetzung hierfür war, daß sie ihre Kreditbemessung in dem Maße erhöhte, daß der Landschaftskredit zur Ablösung der innerhalb der Sicherheitsgrenze liegenden Privathypotheken ausreichte. Eine dementsprechende Abänderung der Taxgrundsätze fand im Jahre 1903 statt, und die Landschaft nahm daraufhin die Grundbuchbereinigung in 14 Amtsgerichtsbezirken in Angriff. Überall wurden Auskunftspersonen bestellt, die zumeist nicht Mitglieder der Landschaft, sondern Lehrer, kleine Beamte oder Kaufleute waren. Jeder Besitzer konnte daher in unmittelbarer Nähe seines Wohnorts Information über den Landschaftskredit erhalten. Mit allen diesen Maßnahmen ist bisher ein durchgreifender Erfolg nicht erzielt worden. Wenn immerhin wenigstens eine Anzahl von Privathypotheken zur Ablösung gelangt sind, so ist dies nur dadurch ermöglicht worden, daß die Landschaft selbst aus ihren eigenen Fonds Ergänzungsdarlehen hergab.

Über die Erfolge, die im ganzen durch die seit 1895 betriebene systematische Förderung des Landschaftskredits in den bäuerlichen Kreisen erzielt worden sind, gibt die nachfolgende Tabelle Aufschluß:

Zahl der landschaftlich beliehenen Grundstücke unter 100 ha

	1905	Hiervon seit 1895
Schlesische Landschaft	13 153	7 400[1])
Ostpreußische „	11 795	5 000[1])
Neues Brandenb. Kr. Inst. . . .	9 450[1])	4 300[1])
Neue Westpr. Landsch.	7 707	4 533
Posener Landschaft	5 715	3 355
Landsch. d. Prov. Westfalen . .	3 453	1 764
„Krvb.„ „ Schlesw.-Holst.	1 906	1 660
„ „ „ Sachsen . . .	1 712	1 082
N. Pomm. L. f. d. Kleingrdbstz. .	964	935
	55 855	30 029

[1]) ungefähr.

Die vorstehende Tabelle zeigt, daß von den im Jahre 1905 beliehenen Bauerngütern weit mehr als die Hälfte erst während der letzten 10 Jahre landschaftlich beliehen worden sind.

In Hinblick darauf, daß der Landschaftskredit jetzt bereits mehr als 55000 Bauerngütern zugute gekommen ist, kann man heute nicht mehr sagen, daß die landschaftliche Kreditorganisation vorwiegend im Dienste des Großgrundbesitzes steht. Gleichwohl haben sich aber die Landschaften innerhalb des bäuerlichen Kreditverkehrs noch nicht die dominierende Position errungen wie im Bereiche des Großgrundbesitzes.

Während von den Gütern in einer Größe von mehr als 100 ha 66,3 % den Landschaftskredit in Anspruch genommen haben, beläuft sich die entsprechende Zahl bei den Bauerngütern durchschnittlich auf nur 13,5 %.

Die in der Anlage beigefügte Tabelle IV gibt darüber Aufschluß, wie sich das Verhältnis in den einzelnen Landschaftsbezirken gestaltet.

Hiernach sind von den im Jahre 1895 gezählten landwirtschaftlichen Betrieben landschaftlich beliehen:

Größenklasse	5	bis unter	20	ha:	5,8 %
„	20	„ „	100	„ :	21,3 %

Hieraus geht hervor, daß der Landschaftskredit in den bäuerlichen Kreisen noch nicht annähernd den Mindestumfang erreicht hat, der vom volkswirtschaftlichen Standpunkt aus erwünscht wäre.

Die Landschaften müssen daher auch in Zukunft die Pflege des bäuerlichen Bodenkredits als ihre wichtigste Aufgabe betrachten. Sie werden hierbei zweckmäßig darauf Bedacht zu nehmen haben, ihrer Tätigkeit durch Schaffung eines Agentennetzes und durch Gewährung von Vermittlungsprovisionen ein weiteres Feld zu erschließen. Es werden jederzeit nur diejenigen Bodenkreditinstitute, die eine bis in die kleinsten Orte ihres Wirkungsgebietes reichende Organisation besitzen, imstande sein, innerhalb des bäuerlichen Kreditverkehrs mit dauerndem Erfolge zu arbeiten.

Von einschneidender Bedeutung für die zukünftige Entwicklung des landschaftlichen Kreditwesens wird ferner die Gestaltung des Verhältnisses zwischen Landschaften und Sparkassen sein. Es ist in hohem Maße erwünscht, daß diese beiden im ländlichen Hypothekendarlehensgeschäft konkurrierenden Kreditgeber sich über eine Abgrenzung ihrer Interessensphären verständigen. Dies wäre in der Weise möglich, daß die Landschaften, nach dem Vorbilde der Landesbank der Rheinprovinz, den Sparkassen die Kredite von unter 1500 Mk. überlassen und sie für die Zuweisung der übrigen Beleihungen jeweils durch eine Vermittlungsprovision entschädigen.

Solche, von einer weitausschauenden Politik getragenen Maßnahmen würden den landschaftlichen Kreditinstituten auch ferner eine gedeihliche Entwicklung sichern. Der kaufmännische Geist, dem die Landschaften ihre Entstehung verdanken, würde auf diese Weise in ihnen wachgehalten werden, unbeschadet ihres Charakters als einer landwirtschaftlichen Kreditorganisation.

ERGEBNISSE.

I. DIE AGRARGESCHICHTLICHE UND VOLKSWIRTSCHAFTLICHE BEDEUTUNG DES LANDSCHAFTLICHEN KREDITWESENS.

Mehr als jede andere wirtschaftliche Tatsache ist die Grundbesitzverteilung dazu angetan, auf die politische und gesellschaftliche Gliederung eines Volkes bestimmend einzuwirken. Ihre Entwicklung ist daher volkswirtschaftlich von der größten Bedeutung.

Zu den Faktoren, die geeignet sind, die Verteilung des Grundeigentums zu beeinflussen, gehört auch das Kreditwesen. Dieser Tatsache hat man bisher nur wenig Beachtung geschenkt, hauptsächlich wohl deshalb, weil es an den entsprechenden historischen Unterlagen fehlte. Eine solche haben wir gewonnen, indem wir die Beziehungen zwischen dem landschaftlichen Kreditsystem und der Gestaltung der ländlichen Verfassung in den älteren Teilen Preußens klar legten.

Es ergab sich, daß das landschaftliche Kreditsystem auf die Verteilung des ländlichen Grundbesitzes seit dem letzten Drittel des 18. Jahrhunderts einen bestimmenden Einfluß ausgeübt hat.

Die Einwirkungen des Kreditsystems auf die Grundbesitzverschiebungen erfolgten teils direkt, teils indirekt. Von einer direkten Einwirkung konnten wir dann sprechen, wenn die landschaftlichen Kreditinstitute durch Verwaltungsmaßnahmen die Verfügungsfreiheit der Gutsbesitzer über den Grund und Boden einschränkten. Eine derartige unmittelbare Beeinflussung des Grundstückverkehrs hat mehrfach stattgefunden. Das treffendste Beispiel lieferte uns in dieser Beziehung das von so großem

Erfolge begleitete Vorgehen der Schlesischen Landschaft gegen die Dismembrationsbewegung am Ende des XVIII. und zu Beginne des XIX. Jahrhunderts.

Den direkten Eingriffen der Landschaften in die Bodenbewegung ist es charakteristisch, daß es sich stets nur um Präventivmaßregeln handelt. Es wird keine Umwälzung der Besitzverhältnisse hervorgerufen, sondern verhindert.

Das Umgekehrte ist bei den indirekten Einwirkungen des Kreditsystems auf die Grundeigentumsverhältnisse der Fall. Hierbei greifen nicht die einzelnen Kreditinstitute handelnd in die Entschließungen der Gutsbesitzer ein, sondern die durch eine bestimmte Organisation des Bodenkredits bedingte Gestaltung des Kreditmarktes veranlaßt die Grundeigentümer zu Maßnahmen, die eine Verschiebung der Besitzverhältnisse herbeiführen. Die indirekten Einwirkungen erstrecken sich daher im Gegensatze zu den direkten nicht auf bestimmte Personen, sondern auf den ganzen Kreis der in den Kredit- und Grundstücksverkehr einbezogenen Besitzer. Das Kreditsystem kann also bewirken, daß innerhalb der Bodenbewegung eine bestimmte Tendenz zum Ausdrucke gelangt.

So hat auch das landschaftliche Kreditsystem Preußens die Entwicklung der Grundbesitzverteilung in maßgebender Weise beeinflußt. Es verschaffte einer Klasse der Grundbesitzer reichlichen, unkündbaren und billigen Kredit, versagte ihn aber allen übrigen. Der begünstigten Klasse wurde es dadurch leicht gemacht, ihren Besitz auf Kosten der von der Teilnahme an dem Kreditsystem ausgeschlossenen Klasse zu erweitern.

Bei dieser Bewegung kam es nun durchaus nicht immer darauf an, wer den größeren Landbesitz hatte. Der kleine Grundbesitzer, dem ein ausreichender Kredit zur Verfügung stand, hat vielfach auch den größeren aber kreditlosen Besitzer verdrängt. Der kleine ostpreußische Rittergutsbesitzer, der ein Gut im Werte von 10000 Talern sein eigen nannte, konnte infolge der Übermacht an Kredit den benachbarten Köllmer auskaufen, selbst wenn dessen Gut dem Rittergut an Wert und Umfang überlegen war.

In der Hauptsache aber trat die Einwirkung des Kreditsystems auf die Grundbesitzverteilung in der Weise in Erscheinung, daß es die Aufsaugung der kleineren Betriebe durch die größeren begünstigte. Das Kreditsystem stärkte die Aufsaugungskraft des Großgrundbesitzes durch reichliche Kreditzufuhr und schwächte die Widerstandsfähigkeit des bäuerlichen Besitzes durch die Kreditversagung.

Das Gesamtergebnis der direkten und indirekten Einwirwirkungen des landschaftlichen Kreditsystems auf die Gestaltung der ländlichen Grundeigentumsverteilung bestand somit darin, daß die Entwicklung des ländlichen Mittelstandes gehemmt und räumlich beschränkt wurde.

Hieraus ergibt sich zweierlei:

Erstens: *Die Kreditverfassung entsteht nicht unabhängig von der Agrarverfassung, sondern wächst aus ihr heraus; sie trägt dann dazu bei, die ihr adäquate Agrarverfassung zu stärken und zu befestigen.*

Zweitens: *Solange der Kredit nur der oberen Klasse zugänglich ist, vermehrt er ihre Übermacht und kann so die ungesunde Eigentumsverteilung noch ungesunder machen.* Dieser von Schmoller mit besonderer Beziehung auf den Geschäftskredit ausgesprochene Satz[1]) gilt auch für den Agrarkredit.

Die weiteren Ergebnisse der volkswirtschaftlichen Betrachtung des landschaftlichen Kreditsystems kann man, wie folgt, zusammenfassen:

Die fortschreitende Entwicklung von der Natural- zur Geldwirtschaft, der Übergang von der extensiven zur intensiven Wirtschaftsweise, die steigende Mobilisierung des ländlichen Grundbesitzes, die Lösung des gutsherrlich-bäuerlichen Verhältnisses — und endlich die Ausbildung des Rechtes im Sinne einer gleichmäßigen Behandlung der Erben — haben im Laufe der Zeit den ländlichen Grundbesitz mehr und mehr auf die Wege des Kreditverkehrs gedrängt.

Gegenüber den immer stärker hervortretenden Kreditbedürf-

---

[1]) Schmoller, G. Grundriß d. allg. Volkswl. Tl. II. S. 197.

nissen erwiesen sich nun die seitherigen Quellen des Bodenkredits als unzureichend und zwar sowohl hinsichtlich des Maßes, als auch der Form der Kreditgewährung. Es erschien daher angezeigt, die Verfassung des ländlichen Kreditwesens einer Umgestaltung zu unterziehen. Nur ein reichlicher, unkündbarer und relativ billiger Kredit entsprach dem wirtschaftlichen Interesse der Grundbesitzer. Der Individualkredit erfüllte diese Forderungen nicht. An seine Stelle sollte deshalb der organisierte Kredit treten.

Mit der Aufgabe, den Individualkredit in den organisierten Kredit überzuleiten sind für den bei weitem größten Teil des Preußischen Staates die Landschaften betraut worden. Der Übergang in die neue Kreditform hat sich nun hier in zwei Abschnitten vollzogen. Zunächst drang der Landschaftskredit innerhalb des Großgrundbesitzes vor. Auf Perioden großer Fortschritte folgten aber wiederholt Jahre des Stillstandes oder gar des Rückganges. Schließlich nach mehr als hundertjährigem Wirken, am Ende des XIX. Jahrunderts, hat das Kreditsystem sein Ziel erreicht, jedoch nur hinsichtlich des Großgrundbesitzes.

Auf dem Gebiete des bäuerlichen Bodenkredits wurde zwar der bis in die Mitte des vorigen Jahrhunderts allein dominierende Individualkredit gleichfalls zurückgedrängt; doch stehen wir hier noch am Anfange der Entwicklung. Die volkswirtschaftliche Bedeutung des landschaftlichen Kreditsystems wird in Zukunft davon abhängen, inwieweit es dem organisierten Kredit zur Herrschaft im Bereiche des bäuerlichen Grundbesitzes verhelfen wird.

II. DIE BODENKREDITPOLITIK DES PREUSSISCHEN STAATES.

Der Wunsch nach einem Eingreifen des Staates auf dem Gebiete des ländlichen Bodenkreditwesens machte sich in Preußen bereits unter der Regierung Friedrich Wilhelms I. geltend. Er beabsichtigte die Gründung einer Landeskreditkasse für die adeligen und köllmischen Grundbesitzer in Ostpreußen, brachte aber dieses Projekt nicht zur Ausführung.

Der Gedanke, den Gutsbesitzern durch Schaffung einer Organisation die Erlangung des von ihnen benötigten Kredits zu erleichtern, fand dann während der Regierung Friedrichs des Großen seine Verwirklichung. Die von ihm getroffenen Maßnahmen zur Errichtung des landschaftlichen Kreditsystems bilden den Anfang der Bodenkreditpolitik des Preußischen Staates. Wenn wir diese, soweit sie sich auf den ländlichen Grundbesitz erstreckt, bis in unsere Zeit verfolgen, so können wir vier Epochen unterscheiden:

I. DIE STÄNDISCHE BODENKREDITPOLITIK.

Die positiven Maßnahmen, mit denen der absolute Staat in das ländliche Bodenkreditwesen eingriff, betrafen ausschließlich den ritterschaftlichen Grundbesitz. Nur für diesen wurde in den Landschaften ein Kreditsystem geschaffen. Der Bodenkredit wurde somit in ständischem Sinne organisiert. Der streng durchgeführte Ausschluß aller nichtadeligen Güter von den Landschaften legt hiervon Zeugnis ab.

Dem Bauer wurde die staatliche Fürsorge auf diesem Gebiete nur insofern zuteil, als man Maßnahmen traf, die ihn vor einer zu hohen Verschuldung bewahren sollten. Dies glaubte man durch Verschuldungs- und Kreditbeschränkungen erreichen zu können.

Die verschiedenartige Behandlung des ritterschaftlichen und bäuerlichen Grundbesitzes wurde bestimmt durch die in den leitenden Kreisen herrschende Anschauung, daß der grundbesitzende Adel eines ausgedehnten Kredits bedürfe, während ein solcher für den Bauernstand unnötig, ja gefährlich sei. Mit anderen Worten: Nur der Gutsherr, nicht der Bauer ist reif für die Kreditwirtschaft.

Die Bodenkreditpolitik des absoluten Staates fügte sich in den Rahmen seiner gesamten Agrarpolitik aufs Beste ein. Das gemeinsame Ziel war die Erhaltung des ritterschaftlichen wie des bäuerlichen Grundbesitzes in ihrem damaligen Bestande. Die positiven staatlichen Maßnahmen im Bereiche des ländlichen Bodenkredits waren von dem besten Erfolge begleitet. Die repressive Kreditpolitik dagegen, die man den Bauern gegenüber beobachtete, übte keine günstige Wirkung aus. Sie bewirkte vielmehr indirekt Veränderungen in der Grundbesitzverteilung, die von staatlichem Standpunkt aus im höchsten Grade unerwünscht waren und hat zudem nicht einmal eine hohe Verschuldung der bäuerlichen Grundeigentümer zu verhindern vermocht.

II. DIE LIBERALE BODENKREDITPOLITIK.

Der völlige Umschwung in der gesamten inneren Politik, der nach dem Zusammenbruche des alten Staates eintrat, machte sich auch auf dem Gebiete des ländlichen Bodenkredits geltend. Die herrschende physiokratisch-liberale Theorie forderte freie wirtschaftliche Entwicklung auf allen Gebieten, und die leitenden Staatsmänner strebten darnach, diesem Grundsatz in der Praxis zur Verwirklichung zu verhelfen. Die Konsequenz hiervon war, daß man auch ein neues System der Bodenkreditpolitik einführte.

Die erste Maßregel, in der die neue Politik zum Ausdrucke gelangte, war die Aufnahme der Köllmer in die Ostpreußische Landschaft. Weitere gleichartige Maßnahmen sollten folgen; sie gelangten jedoch nicht zur Ausführung, weil reaktionäre, gegen „die Entfesselung des Agrarkredits" gerichtete Bestrebungen die Oberhand gewannen. Bereits das Regulierungsedikt vom 14. September 1811 brachte einen Rückschritt, indem es die durch die Agrarreform neu geschaffenen und mit vollem Eigentum ausgestatteten Bauernstellen einer weitgehenden Verschuldungsbeschränkung unterwarf. Die Schaffung bäuerlicher Kreditorganisationen wurde dadurch unmöglich gemacht. Mit der Einführung der Verschuldungsbeschränkung erreichte eigentlich die liberale Kreditpolitik bereits ihr Ende.

III. DIE REPRESSIVE BODENKREDITPOLITIK.

Hatte die liberale Theorie zu viel von der Entfesselung des Bodenkredits erhofft, so dachte die darauf folgende Reaktion zu pessimistisch darüber. Ein völliger Wandel in den Anschauungen trat ein, wesentlich beeinflußt durch den Zusammenbruch des ritterschaftlichen Grundbesitzes während der 20er Jahre. Die innere Ursache jener Krisis glaubte man in der Kreditüberspannung suchen zu müssen. Man ging daher auf der ganzen

Linie zurück. Die Krediterlangung wurde den Rittergutsbesitzern erschwert, den Bauern nahezu unmöglich gemacht. Fast alle Maßnahmen, die der Staat damals auf dem Gebiete des ländlichen Bodenkredits ergriff, waren repressiver Natur. Man stand eben völlig im Banne der Vorstellung, daß Krediterleichterungen die Verschuldung befördern. Daß diese bis zu einer gewissen Grenze unschädlich und in Hinblick auf die veränderte Technik des landwirtschaftlichen Betriebes unvermeidlich war, ist den leitenden Staatsmännern nicht zum Bewußtsein gekommen. Man glaubte konservative Politik zu treiben und übersah, daß die Kreditversagung den Kreditbedürftigen nicht auf seinem Besitze erhält, sondern ihn davon vertreibt.

Die repressive Bodenkreditpolitik, die bis in die 40er Jahre hinein aufrechterhalten wurde, hat eine hohe Verschuldung des ländlichen Grundbesitzes nicht zu verhindern vermocht, sie vielmehr in falsche Bahnen gelenkt. Ihr allein ist es zuzuschreiben, daß das landschaftliche Kreditsystem von seinem auf die Verdrängung des Individualkredits gerichteten Ziele in der Mitte des vorigen Jahrhunderts weiter entfernt war, als bei dessen Beginn.

IV. DIE SOZIALPOLITISCHE BODENKREDITPOLITIK.

Den ersten Stoß erhielt die repressive Bodenkreditpolitik, als die Regierung sich im Jahre 1843 genötigt sah, die Verschuldungsbeschränkung von 1811 aufzuheben. Mit dieser Maßregel wurde jedoch noch nicht viel erreicht, denn von der Freiheit des Kreditverkehrs bis zu seiner Organisation ist noch ein weiter Schritt.

Mit der Umgestaltung des Staatswesens zu Ende der 40er Jahre griff dann ein neues System der Bodenkreditpolitik Platz. Es war seinem Kerne nach sozialpolitischer Natur. Die staatliche Fürsorge wandte sich nunmehr vor allem dem Bauernstande zu. Er sollte jetzt die so langersehnten Krediteinrichtungen erhalten. Auf diesem Gebiete sollte eine völlige Gleichstellung zwischen Großgrundbesitz und Bauernstand eintreten. Deshalb legte die Regierung Wert darauf, daß die bäuerliche

Kreditorganisation der bestehenden ritterschaftlichen angegliedert werde. Sie unterstützte somit die Ausdehnung des landschaftlichen Kreditsystems auf den bäuerlichen Grundbesitz im Wesentlichen aus sozialpolitischen Motiven. Erst im Laufe der Zeit traten diese mehr in den Hintergrund, und man ließ sich durch Erwägungen wirtschaftlicher Natur dazu bestimmen, die Organisation des bäuerlichen Bodenkredits zu fördern.

Erst während der letzten drei Dezennien des XIX. Jahrhunderts ist aber der Satz zur allgemeinen Anerkennung gelangt, daß der bäuerliche Grundbesitz zu seiner Erhaltung eines Bodenkredits bedarf, der unkündbar, relativ billig und amortisabel ist. Da diesen Anforderungen nur der Landschaftskredit genügt, so hat es die Regierung als ihre Aufgabe betrachtet, seine Ausbreitung in den bäuerlichen Kreisen nach Möglichkeit zu fördern. In dieser Aera der staatlichen Betätigung auf dem Gebiete des ländlichen Bodenkredits befinden wir uns noch heute. Das Ziel ist: Verdrängung des Individualkredits durch den organisierten Kredit.

Diese Forderung, die Friedrich der Große für den grundbesitzenden Adel erhoben hat, stellt der heutige Staat für den gesamten, insbesondere auch für den bäuerlichen Grundbesitz.

ANHANG.

DAS LANDSCHAFTLICHE KREDITWESEN UND DIE ENTSCHULDUNG DES LÄNDLICHEN GRUNDBESITZES.

Die Frage der Verschuldungsform des ländlichen Grundbesitzes, die in der vorliegenden Arbeit behandelt ist, steht gegenwärtig nicht im Vordergrunde des Interesses; den Mittelpunkt der Agrarkreditpolitik bildet vielmehr zur Zeit die Entschuldungsfrage. Diese selbst liegt außerhalb des Rahmens unserer Abhandlung. Wohl aber mag noch im Zusammenhange damit erörtert werden, ob die Landschaften mit Hilfe ihrer Amortisationseinrichtungen die Schuldentlastung des ländlichen Grundbesitzes gefördort haben.

Der Amortisationszwang, d. h. die Verpflichtung der Schuldner, periodisch einen kleinen Bruchteil des Darlehens zurückzuzahlen, war ursprünglich dem landschaftlichen Kreditsystem fremd gewesen. Von einer systematischen Tilgung der Pfandbriefe war weder in Bürings „Plan"[1]), noch in der Kabinetsordre vom 29. August 1769 die Rede. Wohl aber gab Friedrich der Große die Anregung zur Errichtung landschaftlicher Amortisationsfonds. Hierbei war jedoch keineswegs die Einführung eines Amortisations*systems* beabsichtigt; denn der Fonds sollte nicht aus Leistungen der Gutsbesitzer, sondern aus Zinserspar-

---

[1]) Die entgegengesetzte Behauptung findet sich außer bei älteren Schriftstellern neuerdings auch bei Wegener (a. a. O. S. 548) und bei v. d. Goltz (Gesch. d. Dtsch. Landw., S. 439). v. Brünneck hat jedoch bereits nachgewiesen, daß Büring ein Amortisationsverfahren *nicht* in Vorschlag gebracht hat (Beitr. z. Erl. d. D. R. III. Flge. Jahrg. VIII. S. 489). Vgl. auch den Plan Bürings (Beilage II).

nissen der Landschaft gebildet werden. So äußerte sich der König gelegentlich einer Audienz der Deputierten der Märkischen Stände am 18. Januar 1776 in folgender Weise: „will Ich auch das noch gerne thun, Ihnen ein Capital von 300—400000 Thalern anzuschaffen zu 4 procent, auch wohl noch drunter, wovon Sie durch das ersparte procent einen fond d'amortissement machen können“[1]). Bei diesem Vorschlage ging der König von der Voraussetzung aus, daß die Gutsbesitzer in der Mark 5 % Zinsen für den Landschaftskredit würden entrichten müssen. Als es aber im Jahre 1777 zur Errichtung des Kur- und Neumärkischen Ritterschaftlichen Kredit-Instituts kam, beschloß man von den Gutsbesitzern eine Verzinsung der Darlehen in Höhe von nur $4^1/_2$ % zu verlangen und im Jahre 1780 wurde der Zinsfuß sogar auf 4 % herabgesetzt. Der Gedanke, aus Zinsersparnissen einen Amortisationsfonds anzusammeln, konnte infolgedessen nicht verwirklicht werden.

Der Vorschlag Friedrichs des Großen geriet aber nicht in Vergessenheit, sondern wurde von dem Justizminister von Danckelmann wieder aufgenommen, als man bei der Schlesischen Landschaft im Jahre 1786 eine Zinsfußreduktion in Erwägung zog. Dabei trat der Großkanzler von Carmer für die unbedingte Ermäßigung des Landschaftszinsfußes auf 4 % ein[2]), während Danckelmann die Zinsfußreduktion nur bei gleichzeitiger Errichtung eines Tilgungsfonds genehmigt wissen wollte[3]). Er drang aber mit seinem Wunsche dem übermächtigen Großkanzler gegenüber nicht durch. Die Einführung der Amortisation unterblieb; die Amortisationsfrage verschwand aber fortan nicht mehr aus der Literatur.

Besonders eingehend beschäftigte sich ein Aufsatz in den Schlesischen Provinzialblättern vom Oktober 1795[4]) mit der

---

[1]) Denkschrift zur Säkularfeier des Kur- und Neumärk. Rittersch.-Kred.-Inst. S. 11.

[2]) Der Landschaftszinsfuß war in Schlesien ursprünglich 5 %, seit 1777 aber nur $4^2/_3$ % gewesen; in Pommern, Ost- und Westpreußen betrug er von Anfang an 4 %.

[3]) Geh. St. A. 96. 249. D.

[4]) Bd. 22. S. 336.

Frage der successiven Tilgung der Pfandbriefe. Der Verfasser betonte dabei, wie schädlich es sei, Schulden aufzunehmen, ohne an deren Tilgung zu denken und stellte eine Rechnung auf, wie sämtliche Pfandbriefe innerhalb von 45 Jahren aus den Zinsüberschüssen getilgt werden könnten.

Durch das stete Anwachsen der Pfandbriefschulden, insbesondere bei der Schlesischen Landschaft, wurde es denn auch der Regierung nahegelegt, die Einführung der Zwangsamortisation ins Auge zu fassen. In dem bereits an anderer Stelle erwähnten Immediatberichte vom 15. September 1799 brachten die Minister Graf Hoym und Freiherr von der Reck als Mittel gegen die andauernde Vermehrung der Schlesischen Pfandbriefe u. a. auch die Errichtung eines Amortisationsfonds in Antrag[1]). Der Engere Ausschuß der Schlesischen Landschaft erklärte nun zwar im Jahre 1800 sein Einverständnis mit diesem Vorschlage, richtete aber zwei Jahre später, als der für den Beginn der Amortisation in Aussicht genommene Termin herangekommen war, an den Minister die Bitte, die Bildung des Amortisationsfonds noch hinausschieben zu dürfen[2]). Der Minister Freiherr von der Reck, der sich den Wünschen der Schlesischen Landschaft gegenüber stets sehr willfährig gezeigt hatte, gab auch in diesem Falle nach. Damit war die Einführung der Amortisation bei den Landschaften wiederum auf unbestimmte Zeit vertagt. Die Kriegsperiode, während der die Gutsbesitzer kaum die Zinsen aufzubringen vermochten, war natürlich für die Schaffung von Tilgungsfonds gänzlich ungeeignet. Doch war die Angelegenheit keineswegs in Vergessenheit geraten, wie die Kabinetsordre vom 24. Dezember 1808 ‚über den Beitritt der Königlichen Domänen zur Ostpreußischen Landschaft beweist. Es hieß darin: „Wir behalten uns übrigens zur besseren Begründung des Landes-Credits die Einführung eines Amortisations-Systems, wodurch die auf den Gütern eingetragenen Pfandbriefe nach und nach getilgt werden, nach vorheriger Berathschlagung und Beschließung der Landschaftlichen Behörden, zu seiner Zeit bevor“. Dieses

[1]) Geh. St. A. 89. 62. B.

[2]) M. A. L. S. spez. Schlesien 48 vol. 2.

Projekt gelangte aber auch in der Folgezeit noch nicht zur Verwirklichung, weil die ungünstige wirtschaftliche Lage des ritterschaftlichen Grundbesitzes eine Erhöhung der Lasten nicht angängig erscheinen ließ.

Anders verhielt es sich in dieser Beziehung in der Provinz Posen, wo ein landschaftliches Kreditinstitut überhaupt noch nicht bestand. Hier konnte bei der Einführung des Kreditsystems den Gutsbesitzern sehr wohl die Entrichtung von Amortisationsbeiträgen zugemutet werden; denn trotz dieser blieben die Jahresleistungen noch wesentlich hinter den Zinsen zurück, die die Posenschen Gutsbesitzer bisher zu zahlen gewohnt waren. Der bei den Vorberatungen über die Errichtung einer Posenschen Landschaft im Jahre 1818 von dem Oberpräsidenten Zerboni di Sposetti gestellte Antrag, von Anfang an ein Amortisationssystem einzuführen, stieß daher auch auf keinerlei Widerstand bei den Beteiligten. Die Anregung zu seinem Vorschlage hatte der Oberpräsident offenbar durch eine im Jahre 1815 erschienene Schrift des Oberlandesgerichtspräsidenten Ernst Wilhelm von Reibnitz erhalten[1]). Es wurde darin anempfohlen, ein Kreditinstitut für Posen ins Leben zu rufen, das mit dem Zwecke der Krediterleichterung den der Schuldentilgung verbinden könnte.

Die Zwangsamortisation wurde nun bei dem Posener Institut in der Form des Annuitätensystems eingeführt. Charakteristisch ist diesem, daß der Schuldner alljährlich einen gleich großen Betrag, der sich aus Zins und Amortisationsquote zusammensetzt, zu entrichten hat. Die durch die Zahlung der Tilgungsbeiträge alljährlich eintretende Schuldverminderung findet also nicht in einer Herabsetzung der dem Schuldner obliegenden Jahresleistungen ihren Ausdruck, es werden vielmehr die für den getilgten Betrag gezahlten Zinsen ebenfalls zur Amortisation verwendet. Das zurückzuzahlende Kapital wird infolge dieser Methode nur zum kleineren Teil durch die Zahlungen des Schuldners, zum größeren durch die Zinsen und Zinseszinsen der Amortisationsquoten aufgebracht. So wird z. B. ein Annuitätendarlehen bei einer Verzinsung von 4 % und einer Amor-

[1]) v. Reibnitz, „Vorschläge für das Großherzogtum Posen" (1815) S. 31.

tisation von $^1/_2$ % — halbjährliche Zinszahlung vorausgesetzt — in ca. 55 Jahren getilgt sein, wobei nur 27 $^1/_2$ % des Kapitals durch die Amortisationsbeiträge, der Rest durch die Zinsen aufgebracht sind[1]).

Bei dem Posener Kreditvereine wurde die Amortisationsquote für die auf Grund des Reglements vom 15. Dezember 1821 bewilligten Darlehen auf 1 % festgesetzt und die Dauer der Amortisationsperiode auf 41 Jahre berechnet. Die gemäß der Verordnung vom 15. April 1842 gegebenen Darlehen sollten dagegen bei einer jährlichen Amortisationsquote von 1 $^1/_2$ % nach Ablauf von 35 Jahren getilgt sein. Dieser Tilgungsplan ist auch eingehalten worden; denn im Jahre 1877 waren die von dem Kreditvereine gegebenen Darlehen sämtlich zur Tilgung gelangt. Eine Entschuldung des ritterschaftlichen Grundbesitzes ist aber trotz dieser strikten Durchführung der Zwangsamortisation nicht eingetreten. Die Gutsbesitzer haben zwar auf der einen Seite ihre Schulden abgezahlt, auf der anderen Seite aber neue aufgenommen. Die Mehrzahl der Rittergutsbesitzer, deren zwischen 1821 und 1828 aufgenommenen Landschaftsdarlehen während der 60er Jahre zur Tilgung und Löschung gelangten, ließen ihre Güter alsbald bei dem 1857 errichteten Kreditvereine neu beleihen. Allein in der Zeit von 1860—1867 haben nicht weniger als 378 Rittergutsbesitzer diesen Weg eingeschlagen.

An eine Einführung des Amortisationssystems bei den alten Landschaften war während der Agrarkrisis in den 20er Jahren selbstverständlich nicht zu denken. Sobald aber die wirtschaftlichen Verhältnisse eine Besserung aufwiesen, regte die Regierung sowohl bei der Ost- wie bei der Westpreußischen Landschaft die Bildung von Tilgungsfonds an. Der Ostpreussische Generallandtag beschloß denn auch im Jahre 1832, die Jahresleistungen der Schuldner, zwecks Errichtung eines solchen Fonds, um $^1/_6$ % zu erhöhen[2]). Mit Hilfe des Tilgungsfonds

[1]) Hecht, F., Der Europäische Bodenkredit, S. 7.

[2]) Vgl. Denkschrift zur Feier des einhundertjähr. Bestehens d. Ostpreuß. Landschaft.

sollte die seit dem Jahre 1807 eingestellte Einlösung der seitens der Inhaber gekündigten Pfandbriefe wiederaufgenommen werden. Dementsprechend bestimmte eine Kabinetsordre vom 13. September 1832, daß die Landschaft fortan wieder die ihr aufgekündigten Pfandbriefe zu bezahlen verpflichtet sein sollte, insoweit die hierfür reservierten Bestände des Tilgungsfonds ausreichten. Bei diesem Amortisationssystem handelte es sich also nicht um eine Schuldentlastung der Gutsbesitzer, sondern um eine Konsolidierung der Landschaft, die sich in jenem Fonds eine stille Reserve schuf. Der Tilgungsfonds war nichts Anderes als ein Reservefonds. Dies trat auch später ganz klar zutage. Im Jahre 1838 wurden nämlich die zu dem Tilgungsfonds gehörigen Pfandbriefe wieder in Kurs gesetzt und aus ihrem Erlöse die Kosten der damaligen Konvertierung bestritten. Nach der Konvertierung wurde aber ein neues Tilgungssystem eingeführt, das eine Erhöhung der Amortisationsquote mit sich brachte. Die Regierung machte nämlich ihre Zustimmung zu der Herabsetzung des Pfandbriefzinsfußes von 4 % auf 3 1/2 % davon abhängig, daß die Schuldner auch weiterhin 4 1/2 % bezahlten, und daß das überschießende 1 %, soweit es nicht als Verwaltungskostenbeitrag diente, zu Amortisationszwecken verwandt würde. Einen Fonds zur Einlösung der gekündigten Pfandbriefe hatte man jetzt nicht mehr nötig, weil im Zusammenhange mit der Konversion das Kündigungsrecht der Pfandbriefinhaber aufgehoben wurde. Die Tilgungsbeiträge hätten daher jetzt tatsächlich zur Schuldentlastung verwandt werden können. Dies geschah jedoch nicht. Es machte sich nämlich alsbald in den Kreisen der Gutsbesitzer eine lebhafte Opposition gegen den Amortisationszwang geltend, und die Landschaft beschloß deshalb bereits im Jahre 1841 die Jahresleistungen der Schuldner von 4 1/2 % auf 4 % herabzusetzen. Das nach Berichtigung der Pfandbriefzinsen der Landschaft verbleibende 1/2 % sollte, soweit es nicht zur Bestreitung der Verwaltungskosten erforderlich war, zur Bildung eines „eigentümlichen Fonds“ benutzt werden, und erst, wenn dieser den Betrag von 800 000 Talern erreicht hätte, sollte die Amortisation wiederaufgenommen werden. Mit diesen durch die Kabinetsordre vom 15. Dezember 1843 bestätigten Beschlüssen erreichte die Zwangsamortisation bei der Ostpreußischen Landschaft zunächst ihr Ende. Die von 1838—1843 geleisteten Amortisationsbeiträge wurden dem „eigentümlichen Fonds" zugeführt.

In ähnlicher Weise verlief die Einführung der Zwangsamortisation bei der Westpreußischen Landschaft. Auch hier wurde im Jahre 1832 zu Einlösungszwecken ei Tilgungsfonds errichtet und später zur Bestreitung der Konvertierungskosten herangezogen. Nach der Konversion im Jahre 1838 wurde sodann, ebenso wie in Ostpreußen, die Amortisationsquote zunächst erhöht und 1844 gänzlich aufgehoben[1]).

Bei der Pommerschen Landschaft wurde die Einführung der Zwangsamortisation im Jahre 1836 zwar im Prinzip beschlossen, gleichzeitig aber festgesetzt, daß die Amortisationszahlungen erst eintreten sollten, wenn die Verwaltungskostenbeiträge aufgehoben werden könnten. Dies geschah erst im Jahre 1858[2]).

Bei den bisher behandelten Landschaften ist es der Regierung also nicht gelungen, in Verbindung mit der Zinsfußreduktion eine dauernde Zwangsamortisation zu schaffen. Mehr Erfolg hatte sie in dieser Beziehung bei dem Kur- und Neumärkischen Ritterschaftlichen Kredit-Institute, das sich bereits im Jahre 1826 für die Einrichtung der Amortisation ausgesprochen hatte und nunmehr beschloß, aus den nach der Konvertierung eintretenden Zinsersparnissen einen Amortisationsfonds zu bilden. Dieser Beschluß gelangte auch zur Durchführung.

Ungleich schwieriger gestaltete sich die Einführung der Zwangsamortisation bei der Schlesischen Landschaft. Es waren nämlich im Laufe der 30er Jahre in Schlesien vielfach Stimmen lautgeworden, die sich gegen den Tilgungszwang aussprachen

---

[1]) Vgl. Ullrich, Denkschrift zur Säkular-Feier der Westpreußischen Landschaft.

[2]) Vgl. Hildebrandt, Denkschrift zur Säkular-Feier der Pommerschen Landschaft.

und eine Herabsetzung des Zinsfußes ohne gleichzeitige Einführung der Amortisation verlangten. Hiervon wollte aber die Regierung nichts wissen, obwohl die Mehrzahl der Gutsbesitzer diesem Vorhaben sympathisch gegenüberstand. Wiederholt mußte die Konvertierung verschoben werden, weil über die Amortisationsfrage zwischen Regierung und Landschaft eine Einigung nicht zu erzielen war. Die Regierung bestand darauf, daß die Zinsfußreduktion mit der Einführung der Zwangsamortisation verbunden werde und drang auch schließlich mit ihrem Verlangen gegenüber der Landschaft durch. Mit der auf diese Weise erfolgten Begründung eines Tilgungsfonds wurde eine Forderung erfüllt, die der oben erwähnte Minister von Danckelmann fünfzig Jahre zuvor aufgestellt hatte.

Nachdem so die Amortisation zur Einführung gelangt war, wurde bereits auf dem General-Landtage des Jahres 1848 die Ausschüttung des Amortisationsfonds, der inzwischen auf etwa 1,3 Mill. Tlr. angewachsen war, in Vorschlag gebracht. Dieser Antrag wurde in folgender Weise begründet: Die Amortisation sei geschaffen worden, um eine Sparkasse für die Gutsbesitzer zu begründen, die sich ihnen in der Zeit der Not unbedingt, und in gewöhnlichen Zeiten wenigstens unter gewissen Voraussetzungen öffnen solle; in Hinblick auf den bestehenden Notstand sei daher jetzt eine Auszahlung der Amortisationsguthaben gerechtfertigt. Der General-Landtag schloß sich in seiner Mehrheit dieser Auffassung an und faßte den nachfolgenden Beschluß: „In Betracht und zu Milderung der Geldkalamität, von welcher infolge der außerordentlichen Zeitereignisse viele schlesische Gutsbesitzer sich bedroht sehen, wird den landschaftlichen Pfandbriefschuldnern hiemit die Befugnis eingeräumt: die Verwendung ihrer Anteile an dem bisher aufgesammelten und bis Weihnachten d. J. aufzusammelnden Pfandbriefamortisationsfonds zur Abzahlung sowohl rückständiger landschaftlicher Forderungen, als auch zur Berichtigung der in Weihnachten dieses und weiterhin der in Johannis künftigen Jahres fällig werdenden Forderungen der Landschaft zu verlangen. Insoweit als nach Absolvierung des Johannistermins 1849 der Fondsanteil eines

Schuldners aus der mit Weihnachten 1848 abschließenden Sammelperiode zu solcher Verwendung nicht verbraucht, oder dadurch nicht erschöpft ist, soll der Schuldner befugt sein, die Ausantwortung des Bestandes zu fordern, welche alsdann je nach dem Ermessen der Ausführungsbehörde, in Pfandbriefen oder in barem Gelde geleistet werden wird."

Die Gutsbesitzer haben von dem ihnen durch diesen Beschluß eingeräumten Verfügungsrecht über ihr Amortisationsguthaben in umfangreichstem Maße Gebrauch gemacht, sodaß der Amortisationsfonds, der sich Ende 1848 auf mehr als 1,3 Mill. Tlr. belief, am Johannistermine 1849 nur noch einen Bestand von 191 000 Tlrn. aufzuweisen hatte.

Dieser Vorgang zeigt klar, daß die Amortisation in Schlesien nicht Entschuldungszwecken gedient, sondern die Schaffung einer außerordentlichen Reserve für die Schuldner bezweckt hat, was bei den Verhandlungen ja auch klar ausgesprochen wurde. Hierauf hinzuweisen erscheint deshalb geboten, weil neuerdings die Meinung Platz gegriffen hat, daß die Zwangsamortisation von Anfang an als eine Entschuldungsmaßregel gedacht gewesen sei [1]). Für die fünf alten Landschaften trifft dies jedenfalls nicht zu. Bei ihnen hat vielmehr die Regierung die Bildung von Amortisationsfonds in erster Linie deshalb gewünscht, um den Pfandbriefen eine erhöhte Sicherheit zu geben [2]). Hierzu lag eine dringende Veranlassung vor, weil gleichzeitig mit der Konvertierung das Kündigungsrecht der Pfandbriefinhaber aufgehoben wurde. Aus diesem Gesichtspunkt erscheint es auch verständlich, daß die Regierung zu der in Ostpreußen, Westpreußen und Pommern beschlossenen Aufhebung der Amortisationsbeiträge zugunsten von Zahlungen an die „eigentümlichen Fonds" ihre Zustimmung gab. Hätte die Amortisation den Zweck gehabt, die Schuldentlastung des Grundbesitzes zu fördern, so wäre jene Maßregel nicht zu rechtfertigen gewesen; so aber, da sie

[1]) Vgl. Verhdl. d. Kgl. preuß. Landes-Ökonomie-Kollegiums im Februar 1906. (Eröffnungsrede des Landwirtschaftsministers von Podbielski.)

[2]) Auf die Bedeutung der Amortisation in dieser Beziehung hat bereits Hermes hingewiesen. (Handw. d. Staatsw. Artikel: Landschaften.)

der Schaffung einer Reserve diente, war es unwesentlich, welchem Fonds die Tilgungsbeiträge zuflossen.

Während der zweiten Hälfte des XIX. Jahrhunderts hat sich nun das Amortisationswesen bei den einzelnen Landschaften in durchaus verschiedener Weise entwickelt. Bei der Westpreußischen Landschaft wurde die Zwangsamortisation im Jahre 1851 wiedereingeführt. Hierbei kam der Charakter des Tilgungsfonds als eines „Sicherheitsfonds“ deutlich zum Ausdruck. Das revidierte Landschaftsreglement vom 25. Juni 1851 bestimmte nämlich, daß jeder Schuldner solange einen jährlichen Tilgungsbeitrag von $^1/_2$ % zu entrichten habe, bis sein Anteil am Tilgungsfonds 5 % seiner Schuld betrage; über diese 5 % hinaus bestand eine Tilgungspflicht nicht. Später wurde allerdings für neu aufgenommene Darlehen die dauernde Tilgungspflicht eingeführt, jedoch mit der Einschränkung, daß der Schuldner, sobald 10 % des Darlehens getilgt sind, das Recht hat, den 5 % überschreitenden Betrag abzuheben. Da die Gutsbesitzer von diesem Verfügungsrechte noch heute fast ausnahmslos Gebrauch machen, besteht praktisch auch hier nur eine beschränkte Tilgungspflicht. Noch jetzt enthält das Reglement der Westpreußischen Landschaft — und das ist sehr wesentlich für unsere Betrachtung — den Passus: Der Tilgungsfonds hat den Zweck, den Pfandbriefs-Inhabern selbst in den unglücklichsten Zeiten die regelmäßige Auszahlung der Zinsen zu sichern [1]).

Von anderen Prinzipien ist das Amortisationssystem der Ostpreußischen Landschaft beherrscht. Bei ihr wurde die im Jahre 1843 beseitigte Zwangsamortisation 1866 wiedereingeführt, jedoch mit der Maßgabe, daß nur die Güter, die über die Hälfte der Taxe hinaus beliehen sind, dem Tilgungszwang unterliegen. Die Ausschüttung des Amortisationsfonds kann indessen auch bei diesen Gütern erfolgen, sobald 5 % des Gesamtdarlehens getilgt sind. Dem Amortisationsfonds kann daher höchstens die Bedeutung einer Zwangssparkasse beigemessen werden.

---

[1]) Westpr. L. Regl., § 121.

Wieder ein anderes Tilgungssystem findet sich bei der Pommerschen Landschaft, bei der die Zwangsamortisation im Jahre 1858 eingeführt wurde. Hier sind den Schuldnern zwei Wege offen gelassen: entweder sie begeben sich nach Amortisation von 5% ihrer Schuld unwiderruflich der Verfügung über den getilgten Betrag — in diesem Falle besteht keine weitere Tilgungspflicht — oder sie verzichten auf ihr Verfügungsrecht nicht, dann können sie wohl die Ausschüttung des Amortisationsfonds verlangen, sobald dieser sich auf 10% ihrer Schuld beläuft, die Tilgungspflicht besteht aber fort.

Bei den bisher behandelten drei alten Landschaften ist ferner eine Auszahlung der Amortisationsguthaben zu Konvertierungszwecken gestattet. Der Tilgungsfonds hat in diesem Falle die Bestimmung einer Reserve für außergewöhnliche Ausgaben, was ja mit seinem Charakter als Zwangssparkasse durchaus vereinbar ist.

Auch bei der Schlesischen Landschaft hat der Amortisationsfonds noch heute die Bedeutung einer Reserve zugunsten der Schuldner. Dies ist erst neuerdings wieder dadurch zum Ausdrucke gekommen, daß der Generallandtag im Jahre 1904 die Auszahlung der Amortisationsguthaben für die von dem Hochwasserschaden im Juli 1903 betroffenen Güter ohne Rücksicht auf die Höhe des amortisierten Betrages gestattet hat. Im allgemeinen haben nämlich die Schuldner ein Verfügungsrecht nur dann, wenn ihr Anteil am Tilgungsfonds den zehnten Teil des Darlehens erreicht hat. Diese Bestimmung ist auch bei den meisten übrigen Landschaften noch in Kraft, bei dem Kur- und Neumärkischen Kredit-Institute jedoch mit der Einschränkung, daß der Tilgungsbestand außer zur Ablösung des Darlehens nur zur Abtragung eines etwaigen bei der Beleihung gewährten Kursdifferenzzuschusses oder eines Vorschuß-Darlehens verwendet werden darf.

Im Übrigen weichen die Amortisationsbestimmungen bei den verschiedenen Landschaften in den Einzelheiten sehr erheblich von einander ab; jedoch ist ihnen allen das Eine gemeinsam, daß die Tilgungsbeiträge nicht von der Schuld abgeschrieben, sondern in einem besonderen Fonds angesammelt werden, über den der Schuldner unter gewissen Voraussetzungen verfügen kann.

Diese Form der Amortisation kann als ein geeignetes Mittel zur Herbeiführung einer Schuldentlastung des Grundbesitzes nicht erachtet werden; vielmehr müßte das landschaftliche Amortisationssystem zur Nutzbarmachung für die Entschuldung des Grundbesitzes einer tiefgreifenden Reform unterzogen werden. Eine solche hat der Deutsche Landwirtschaftsrat im Jahre 1901 in Vorschlag gebracht und dabei folgende Leitsätze aufgestellt[1]):

1. Die Tilgung ist für die ganze innerhalb der Beleihungsgrenze stehende Schuld obligatorisch zu gestalten.

2. Als Minimalsatz dieser Tilgung ist, sofern die wirtschaftlichen Verhältnisse des Bezirks nicht einen höheren Satz zulassen, bei neuer Schuldaufnahme in der Regel nicht weniger als $^{3}/_{4}\%$ der von dem Kreditinstitut gewährten Gesamtbeleihung in Aussicht zu nehmen.

3. Die Tilgungsbedingungen sind möglichst beweglich zu gestalten und den Wünschen und der wirtschaftlichen Kraft der Schuldner anzupassen, insbesondere dahin, daß die Tilgung über den Zwangssatz hinaus, sowohl von vornherein, wie auch im Laufe der Tilgungsfrist, verstärkt, ein so verstärkter Satz wieder auf den Zwangssatz ermäßigt werden, die Verstärkung der Tilgung auch nur für einen Teil der Schuld vorgenommen und dieser hinsichtlich seiner Löschung oder Erneuerung als eine selbständige Schuld behandelt werden darf.

4. Die Herausgabe des Tilgungsfonds ist, soweit eine solche zur Zeit zulässig ist, für die Folge auf die Fälle des Besitzwechsels (Tod oder Veräußerung) und der Abstoßung von höher verzinslichen Nachhypotheken zu beschränken.

Diese von dem Deutschen Landwirtschaftsrat im Jahre 1901 angeregte Reform ist bisher bei keiner Landschaft zur Durchführung gelangt. Bei den meisten Instituten ist die Mehrheit der Kreditverbundenen für die Reform nicht zu ge-

---

[1]) Vgl. Archiv des Deutschen Landwirtschaftsrat (1901).

winnen. Außerdem aber hat sich inzwischen die Erkenntnis Bahn gebrochen, daß nicht eine Rückzahlung der relativ billigen Landschaftsdarlehen, sondern eine Abstoßung der teuern Nachhypotheken die Voraussetzung für eine Entschuldung des ländlichen Grundbesitzes ist.

Von diesem Gesichtspunkt ausgehend, sucht man Mittel und Wege, um die Amortisation der Ablösung der Nachhypotheken dienstbar zu machen. Sowohl das Kur- und Neumärkische Ritterschaftliche Kredit-Institut, wie die Ostpreußische Landschaft haben in neuester Zeit vorbereitende Schritte nach dieser Richtung hin unternommen.

Auf jeden Fall muß betont werden, daß die Aufgabe der landschaftlichen Kreditinstitute nicht darin besteht, die Verschuldung des ländlichen Grundbesitzes zu beseitigen, sondern sie in die volkswirtschaftlich erwünschte Form überzuleiten. Daß die Landschaften diese Aufgabe hinsichtlich des bäuerlichen Grundbesitzes noch nicht gelöst haben, ist früher dargelegt.

Volkswirtschaftlich betrachtet wäre es höchst unerwünscht, wenn die Beteiligung der Landschaften an den Entschuldungs*versuchen* — denn um solche handelt es sich — dazu führen würde, sie ihrer eigentlichen Aufgabe zu entfremden. Diese ist aber, wie nochmals hervorgehoben sei, die Umwandlung der auf dem ländlichen Grundbesitze noch ruhenden *kündbaren* Hypotheken in die *unkündbaren* Landschaftsdarlehen, die diejenige Verschuldungsform darstellen, die einzig und allein der Natur des landwirtschaftlichen Gewerbes entspricht.

BEILAGEN.

I. STATISTIK DES LANDSCHAFTLICHEN KREDITWESENS.[1])

VERZEICHNIS DER TABELLEN.

[1]) Die statistische Darstellung des landschaftlichen Kreditwesens ist in den nachstehenden Tabellen nur insoweit erfolgt als es zur Ergänzung und Erläuterung der vorliegenden Abhandlung notwendig erschien. Eine Gesamtstatistik des landschaftlichen Kreditwesens liegt bisher überhaupt nicht vor; doch wird diese Lücke durch den demnächst erscheinenden vierten Band von Hecht „Organisation des Bodenkredits in Deutschland" ausgefüllt werden.

Das landschaftliche Kreditwesen in den Jahren 1805 und 1905.

Tabelle Ia 1805.

Namen der landschaftlichen Kredit-institute:	Gründungsjahr:	Zahl der beliehenen Güter:	Gesamtbetrag der Beleihungen Taler:
1. Schlesische Landschaft .	1770	1200 *)	24 121 148
2. Kur- und Neumärk. Ritterschaftl. Kred.-Inst. . . .	1777	214	3 769 650
3. Pommersche Landschaft .	1781	654	6 830 200
4. Westpreußische Landschaft	1787	500*	9 897 600
5. Ostpreußische Landschaft .	1788	445	9 000 075
Summa		3013 *)	53 618 673

*) schätzungsweise.

Tabelle Ib 1905.

Namen der landschaftlichen Kredit-institute:	Gründungsjahr	Zahl der beliehenen Grundstücke	Gesamtbetrag der Beleihungen Mark:
1. Schlesische Landschaft .	1770	15 480	580 710 750
2. Kur- und Neumärk. Ritterschaftl. Kred.-Inst. . . .	1777	955	192 291 160
3. Pommersche Landschaft .	1781	1 499	253 908 000
4. Westpreußische Landschaft	1787	780	134 616 780
5. Ostpreußische Landschaft	1788	14 748	403 938 425
6. Posener Landschaft . .	1857	7 480	348 215 800
7. Neue Westpreußische Landschaft	1861	8 247	161 937 890
8. Landschaft der Provinz Sachsen	1864	2 271	141 460 600
9. Neues Brandenburg. Kredit-Institut	1869	9 931	141 729 150
10. Neue Pommersche Landsch. f. d. Kleingrundbesitz	1871	1 208	25 238 800
11. Landschaft der Provinz Westfalen	1877	3 846	70 700 900
12. Landschaftl. Kredit.-Verband f. d. Pr. Schlesw.-H.	1883	2 017	38 638 700
13. Schleswig-Holsteinische Landschaft	1895	92	18 526 850
Summa		68 554	2511913805

Übersicht über die Entwicklung der landschaftlichen Kredit-Institute.

Tabelle II a.

Die Schlesische Landschaft. [1])

1. Inkorporierter Grundbesitz (Rittergüter).			2. Nichtinkorporierter Grundbesitz (Güter ohne Rittergutsqualität).		
Jahr	Zahl der beliehenen Güter	Gesamtbetrag der Beleihungen Taler	Jahr	Zahl der beliehenen Grundstücke	Gesamtbetrag der Beleihungen Mk.
1805	1200 *)	24 121 148	1865	810	6 974 025
1835	1900 *)	40 782 180	1875	1025	13 050 300
		Mk.			
1870	2012	178 154 250	1885	2987	41 657 415
1895	2094	337 231 740	1895	7901	106 266 600
1905	2006	392 014 500	1905	13 474	188 696 250

1) Der Landschaftsbezirk umfaßt die Provinz Schlesien und den Brandenburg. Kreis Schwiebus.

Tabelle II b.

Die landschaftlichen Kredit-Institute der Provinz Brandenburg.

1. Kur- und Neumärk. Ritterschaftl. Kredit-Institut. [1])			2. Neues Brandenburg. Kredit-Institut. [4])		
Jahr	Zahl der beliehenen Güter	Gesamtbetrag der Beleihungen Taler	Jahr	Zahl der beliehenen Grundstücke	Gesamtbetrag der Beleihungen Mk.
1805	214	3 769 650	1880	93	3 694 600
1835	—	11 552 550	1885	1377	30 144 800
		Mk.			
1870	590	63 348 390	1890	4195	74 274 300
1880	777	120 618 460	1895	6649	105 672 900
1890	1008	180 169 500	1900	9700	130 972 350
1905	955 [2]) [3])	192 291 160	1905	9931 [5])	141 729 150

1) Der Wirkungskreis des Instituts umfaßt außer der heutigen Provinz Brandenburg auch Teile der Provinzen Sachsen, Pommern, Westpreußen und Schlesien; insbesondere auch die Altmark, weil die betreffenden Gebiete 1777 zu Kur- und Neumark gehörten.

2) Hiervon sind 127 ohne Rittergutsqualität.

3) Hiervon liegen 68 in der Prov. Pommern, 55 in der Altmark.

4) Der Wirkungskreis des Instituts umfaßt dasjenige Gebiet, das 1823/25 der Provinz Brandenburg zugeteilt worden ist, insbesondere also die heutige Provinz Brandenburg, jedoch ohne die Niederlausitz, ferner die Altmark und kleine Teile der Prov. Pommern und Schlesien.

5) Hiervon sind 25 Rittergüter.

*) Schätzungsweise.

Tabelle II c.

Die landschaftlichen Kredit-Institute der Provinz Pommern.

1. Pommersche Landschaft.[1])

Jahr	Zahl der beliehenen Güter	Gesamtbetrag der Beleihungen Taler
1805	654	6 830 200
1825	950	12 893 875
1850	1216	15 071 875
		Mk.
1870	1161	85 672 425
1890	1533	229 815 600
1905	1499	253 908 000

2. Neue Pommersche Landschaft für den Kleingrundbesitz.[1])

Jahr	Zahl der beliehenen Grundstücke	Gesamtbetrag der Beleihungen Mk.
1880	8	271 350
1885	25	1 029 500
1890	107	2 586 800
1895	205	4 906 350
1900	471	8 825 200
1905	1208	25 238 800

[1]) Der Landschaftsbezirk umfaßt die Provinz Pommern ausschließlich der Kreise Dramburg und Schivelbein.

Tabelle II d.

Die landschaftlichen Kredit-Institute der Provinz Westpreußen.

1. Westpreußische Landschaft.[1])

Jahr	Zahl der beliehenen Güter	Gesamtbetrag der Beleihungen Taler
1805	500*)	9 897 600
1866	919	21 696 563
		Mk.
1884	1114	158 432 435
1895	917**)	143 757 880
1905	780**)	134 616 780

2. Neue Westpreußische Landschaft.[2])

Jahr	Zahl der beliehenen Grundstücke	Gesamtbetrag der Beleihungen Taler
1866	376	2 449 570
		Mk.
1875	1262	21 125 850
1885	3994	79 759 060
1895	5464	103 088 650
1905	8247	161 937 890

[1]) Der Wirkungskreis erstreckt sich auf dasjenige Gebiet, das im Jahre 1787 zu der Erbprovinz Westpreußen gehörte; er umfaßt daher außer der heutigen Provinz Westpreußen auch den zur Provinz Posen gehörigen Netzedistrikt.

[2]) Der Wirkungskreis erstreckt sich nur auf die jetzige Provinz Westpreußen.

*) Schätzungsweise.

**) Der Rückgang erklärt sich aus den Ablösungen für die von der Ansiedelungskommission angekauften Güter.

Tabelle IIe.

Ostpreußische Landschaft.[1]

Zahl der beliehenen Grundstücke.

Jahr	Rittergüter	Güter ohne Rittergutsqual. in e. Größe von mehr als 100 ha	Bauerngüter von weniger als 100 ha	Insgesamt	Gesamtbetrag der Beleihungen
					Taler
1805	445	—	—	445	9 000 075
1828	624[2]	191[3]	—	815	10 746 275
1850	940	314	7	1261	10 679 375
					Mk.
1879	1316*)	683*)	2447	4446	153 271 525
1895	1469	1090[4]	8166	10 725	302 253 275
1905	2953 (zusammen)		11 795	14 748	403 938 425

1) Der Landschaftsbezirk umfaßt die heutige Provinz Ostpreußen und die zur Provinz Westpreußen gehörigen ehemaligen Erbhauptämter Schomberg und Eylau.

2) Hierunter befinden sich 17 ehemalige Domänen.

3) Güter köllmischer Qualität.

4) Hiervon sind 798 köllmischer, 292 bäuerlicher Qualität.

*) Schätzungsweise.

Tabelle IIf.

Posener Landschaft.[1]

Zahl der beliehenen Grundstücke.

Jahr	Rittergüter	Güter ohne Rittergutsqual. von mehr als M. 15000 Taxwert	Bauerngüter von weniger als M. 15000 Taxwert	Insgesamt	Gesamtbetrag der Beleihungen
					Taler
1867	482	305	—	787	20 856 910
					Mk.
1885	2478 (zusammen)		1758	4236	263 995 000
1895	2967 (zusammen)		3266	6233	275 401 000
1905	901	2511	4068	7480	348 215 800

1) Der Landschaftsbezirk umfaßt die Provinz Posen.

Tabelle IIg.

Landschaft der Provinz Sachsen.[1])

Zahl der beliehenen Grundstücke:

Jahr	Rittergüter	Güter ohne Rittergutsqualität	Insgesamt	Gesamtbetrag der Beleihungen Mk.
1875	17	111	128	6 158 425
1885	94	334	428	30 210 525
1895	218	1009	1227	76 231 100
1905	318	1953	2271	141 460 600

[1]) Der Landschaftsbezirk umfaßt die Provinz Sachsen.

Tabelle IIh.

Landschaft der Provinz Westfalen.[1])

Jahr	Zahl der beliehenen Grundstücke	Gesamtbetrag der Beleihungen Mk.
1885	1362	17 832 100
1895	2817	42 256 700
1905	3846	70 700 900

[1]) Der Landschaftsbezirk umfaßt die Provinz Westfalen, 6 Kreise der Rheinprovinz, nämlich Rees, Ruhrort, Mülheim, Stadt- und Landkreis Essen, Stadtkreis Duisburg, sowie die Fürstentümer Waldeck und Pyrmont.

Tabelle IIi.

Landschaftl. Kreditverband für die Prov. Schleswig-Holstein.[1])

Jahr	Zahl der beliehenen Grundstücke	Gesamtbetrag der Beleihungen Mk.
1885	232	5 223 900
1895	521	10 210 100
1905	2017	38 638 700

[1]) Der Landschaftsbezirk umfaßt die Provinz Schleswig-Holstein.

Tabelle IIk.

Schleswig-Holsteinische Landschaft.[1])

Jahr	Zahl der beliehenen Grundstücke	Gesamtbetrag der Beleihungen Mk.
1905	92[2])	18 526 850

[1]) Der Landschaftsbezirk umfaßt die Provinz Schleswig-Holstein und Teile des Großherzogtums Oldenburg.
[2]) Hiervon sind 79 Rittergüter einschl. von 5 Meierhöfen.

Einteilung der im Jahre 1905 landschaftlich beliehenen Grundstücke nach Grössenklassen.[1]

Tabelle III a.

Schlesische Landschaft. Nichtinkorporierter Grundbesitz.

Grundstücke in einer Größe von	Zahl	Hiervon wurden seit 1895 beliehen Zahl	d. h. %
weniger als 5 ha	1123	720	*64,1*
5 bis 20 „	6447	3762	*58,4*
20 bis 75 „	5410	2851	*52,7*
mehr als 75 „	494	206	*41,7*
Sa.	13474	7539	*55,9*

Tabelle III b.

Neues Brandenburgisches Kredit-Institut.

Grundstücke in einer Größe von	Zahl	Hiervon wurden seit 1895 beliehen Zahl	d. h. %	Betrag der Beleihungen (1904/05) Mk.
weniger als 20 ha	3591	1613	*44,9*	23 787 950
20 bis 50 „	3965	1802	*45,4*	47 841 750
50 bis 100 „	1729	714	*41,3*	35 718 350
mehr als 100 „	475	143	*30,1*	32 480 900
Sa.	9760	4272	*43,7*	139 828 950

Tabelle III c.

Ostpreußische Landschaft.

Grundstücke in einer Größe von	Zahl im Jahre 1896	Zahl im Jahre 1905	Zunahme von 1896—1905 Zahl	d. h. %	Betrag der Beleihungen (1905) Mk.
weniger als 20 ha	1041	2377	1336	*128,3*	8 276 900
20 bis 50 „	4181	6004	1823	*43,6*	48 085 250
50 bis 100 „	2873	3414	541	*18,8*	63 874 950
mehr als 100 „	2794	2953	159	*5,7*	283 701 325
Sa.	10889	14748	3859	*35,4*	403 938 425

[1] Die Tabellen IIIa—IIIi. u. IV sind eigens für die vorliegende Arbeit angefertigt und bisher noch nicht veröffentlicht worden. Sie lassen erkennen, wie sich die Beleihungen der Landschaften auf die einzelnen Größenklassen verteilen.

Tabelle III d.
Posener Landschaft.

Grundstücke in einer Größe von	Zahl	Hiervon wurden seit 1896 beliehen Zahl	d. h. %	Betrag der Beleihungen seit 1896 Mk.
weniger als 20 ha	2384	1319	*55,3*	6 232 700
20 bis 50 „	2637	1636	*62,4*	14 209 400
50 bis 100 „	694	400	*57,6*	7 369 600
mehr als 100 „	1415	758	*53,5*	100 830 900
Sa.	7130	4113	*57,6*	128 612 600

Tabelle III e.
Neue Westpreußische Landschaft.

Grundstücke in einer Größe von	Zahl	Betrag der Beleihungen (1905) Mk.
weniger als 20 ha	3160	20 366 420
20 bis 50 „	3368	43 534 340
50 bis 100 „	1179	40 649 190
mehr als 100 „	540	57 387 940
Sa.	8247	161 937 890

Tabelle III f.
Neue Pommersche Landschaft für den Kleingrundbesitz.

Grundstücke in einer Größe von	Zahl	Betrag der Beleihungen (1905) Mk.
weniger als 20 ha	239	1 545 350
20 bis 50 „	450	6 757 800
50 bis 100 „	275	7 187 000
mehr als 100 „	141	8 173 050
Sa.	1105	23 663 200

Tabelle III g.

Landschaft der Provinz Westfalen.

Grundstücke in einer Größe von	Provinz Westfalen Zahl	Rhein-provinz Zahl	Fürstent. Waldeck Zahl	Insgesamt
weniger als 20 ha	1458	47	92	1597
20 bis 50 „	1438	60	41	1539
50 bis 100 „	470	18	5	493
mehr als 100 „	204	11	2	217
Sa.	3570	136	140	3846

Tabelle III h.

Landschaft der Provinz Sachsen.

Grundstücke in einer Größe von	Zahl 1905	Davon seit 1895
weniger als 20 ha	787	526
20 bis 50 „	613	371
50 bis 100 „	312	185
mehr als 100 „	348	165
Sa.	2060	1247

Tabelle III i.

Landschaftl. Kreditverband für die Provinz Schleswig-Holstein.

Grundstücke in einer Größe von	Zahl 1905	Davon seit 1895	Betrag der Beleihungen 1905 Mk.
weniger als 20 ha	554	508	3 955 700
20 bis 50 „	918	792	15 166 800
50 bis 100 „	434	360	13 637 100
mehr als 100 „	111	92	6 879 100
Sa.	2017	1752	38 638 700

Das Verhältnis der landschaftlich beliehenen Grundstücke zu der Gesamtzahl der Grundstücke in den einzelnen Größenklassen im Jahre 1905.

a = Zahl der bei der Betriebszählung von 1895 ermittelten landschaftlichen Betriebe, in der Größenklasse III abzüglich der schätzungsweise ermittelten Zahl der seit 1895 infolge der staatlichen und privaten Parzellierungen aus dieser Größenklasse ausgeschiedenen Güter.
b = Zahl der landschaftlich beliehenen Grundstücke.
c = Prozentualer Anteil der landschaftlich beliehenen an der Gesamtzahl der vorhandenen Grundstücke.

Größenklasse:	I. 5 ha bis unter 20 ha			II. 20 ha bis unter 100 ha			III. 100 ha und mehr.		
Landschafts-Bezirk: [1]	a	b	c	a	b	c	a	b	c
Schlesische Landschaft	80326	6447	*8,0*	16477	5583	*33,9*	2750	2327	*84,6*
Ostpreußische Landschaft	38021	2377	*6,3*	25879	9418	*36,4*	3400	2953	*86,8*
Neue Westpreuß. Landschaft	27378	3160	*11,5*	13715	4547	*33,2*	2000	1110	*55,5*[3])
Posener Landschaft	41125	2384	*5,8*	12658	2637	*20,8*	2020	1618[2])	*80,1*
Neues Brandenbg. Kredit-Inst.	41500	3591	*8,6*	23500	5694	*24,2*	2100	1430	*68,1*
Neue Pommersche Landschaft f. d. Klgdbstz.	30116	239	*0,8*	11973	725	*6,1*	2500	1604	*64,2*
Ostelbien	258466	18198	*7,0*	104202	28604	*27,5*	14770	11042	*74,8*
Landschaft der Prov. Sachsen	42357	787	*1,9*	16477	925	*5,6*	1610	348	*21,6*
Landschaft d. Prov. Westfalen	37746	1458	*3,9*	11836	1908	*16,1*	303	204	*67,3*
Landschaftl. Kreditverb. für die Prov. Schleswig-Holstein	22997	554	*2,4*	21586	1352	*6,3*	1091	198	*18,1*
Westelbien	103100	2799	*2,7*	49899	4185	*8,4*	3004	750	*25,0*
Kgr. Preußen	361566	20997	*5,8*	154101	32789	*21,3*	17774	11792	*66,3*

[1]) In den Fällen, in denen ein Kreis zu zwei Landschaftsbezirken gehört, sind die in dem betreffenden Kreis liegenden Grundstücke zur Hälfte der einen und zur Hälfte der anderen Landschaft zugerechnet worden.
[2]) Hiervon sind beliehen: 1415 von der Posener und 203 von der Westpreußischen Landschaft.
[3]) Diese auffallend geringe Zahl erklärt sich in der Hauptsache wohl aus dem Umstande, daß in Westpreußen zahlreiche Güter in einer Größe von über 100 ha seitens der Preußischen Centralbodenkredit-Aktiengesellschaft beliehen sind.

II. PLAN[1])

AUF WAS ART UND WEISE DEM LAND UEBERFLUSS VON GELDE UND CREDIT ZU VERSCHAFFEN, UND WIE ES AUF DIE SOLIDESTE ART ANZUFANGEN, DEM IN VERFALL GEKOMMENEN ADEL WIEDER AUFZUHELFEN.

Das wahre Vermögen dieses Landes bestehet in baarem Gelde und Grundstücken, letzteres überwieget das Baare mehr wie zehnfach, und würde nur ein Theil von demselben auf eine solide Art coursabel gemacht, so wäre es zum Ueberfluss hinreichend, des ganzen Landes Credit und Wohlfahrt zu bewürken.

Um hierzu zu gelangen wäre nothwendig, eine Generallandschaftscasse zu errichten, welcher alle adeliche Güter, so es ohne Zwang verlangen, nach einen fest bestimmten Satz taxiret, dieselbe einträgt und ihnen die Hälfte oder ²/₃ des vollen Werthes auf Hypotheque giebt, um ihre quälende Creditores damit auszuzahlen.

Diese Zahlungen geschehen folgender Gestalt als:

Erstens. Werden landschaftliche Hypothekencoupons oder Pfandbriefe, wie man sie nennen will, gemacht; au Porteur von 500 bis 1000 Rtlr. a 4 pr. C., wofür diese gemeldete Hypothekencasse, an Capital und Interessen durch ihre Unterschrift, Kraft dieses verhypothecirten Gutes garantirt, mit diesen Coupons oder Pfandbriefen zahlet die Casse den ¹/₂ oder ²/₃ Werth des Landgutes, so wie man es zu bestimmen für gut finden möchte.

Zweytens. Der Debitor als Eigenthümer des Gutes zahlet aber 4¹/₂ pr. C. bis 5 pr. C. Interessen alle halbe Jahre an diese Generalhypothekencasse; dahingegen die Casse nur alle Jahr ein-

---

[1]) Die Wiedergabe erfolgt nach dem in den Schlesischen Provinzialblättern Jahrgang 1799 befindlichen Abdruck.

mal die Interessen a 4 pr. C. an den Inhaber der Billets bezahlt. Mit diesen Coupons zahlt der Debitor seine Creditores aus, und wird solches unter Aufsicht der Hypothekencasse bewürket, und die alte Schuld des Gutes damit getilget.

Drittens. Das ½ pr. C. oder 1 pr. C. bleibt also der Casse übrig zur Bestreitung der Kosten und Salairs, und die grosse Summe so noch übrig bleibt von diesen, und der Nutzung der ½ jährigen Interessen kommt zu einem aparten Fonds, der destinirt ist, für die Unglücksfälle; als Viehsterben, Hagelschaden, Feuer, Miswachs und Krieg; dann in diesem Fall würde der Adel, so dieses träfe, auser Stand gesetzt, seine Interessen abzuführen und ausserdem das Landguth ruinirt werden, um hierin nun sicher zu gehen würde solches gleich taxirt und der Schaden aus diesem Fonds ersetzt; es versteht sich aber von selbst dass der Schaden nach der Proportion des Anlehn und der vollen Taxe der Güter gerechnet wird, im Uebrigen werden bey der Taxe die Cammerprincipien zu Grunde genommen.

Da nun Ew. K. M. so gnädig seyn, ein Capitel zu dieses Werks Unterstützung vorzuschiessen; könnten die Interessen auch davon zu diesem Zweck mit emploirt werden. Demjenigen, so alsdann seine Interessen nicht prompt entrichtet, würde das Guth gleich zum Verkauf angeschlagen. Ich halte von keiner Administration; denn darauf ruhet ein ewiger Fluch.

Viertens. Wäre dahin zu sehn, dass in Ansehung der Lehngüter nur der Consens der dreyen nächsten Lehnvetter nöthig, oder noch besser ein Lehnstamm festgesetzt würde.

Fünftens. Dass kein Concurs stattfindet und das Capital und Interessen dieser Coupons beständig unalteriert bleiben.

Sechstens. Da ja zu diesem grossen und wichtigen Werk eigentlich kein baares Geld nothwendig wäre, als nur im Anfang beim ersten Ankauf, wo es dann gut wäre, dass Ew. K. M. einen Fonds dazu gnädigst destinirten, sonsten könnte die Banco, die doch Geld genug a 3 pr. C. erhält, die Realisirung dieser Billets au Porteur übernehmen und dagegen die 4 pr. C. Interessen einziehen, hingegen müsste die Banco auf jedes Verlangen diese Papiere gegen baar Geld und Zahlung der verfallenen Interessen, so lange welche vorhanden sind herausgeben, sonst ziehet die Banco alle Interessen und das Land ist ruinirt.

Siebentens. Alle diese Papiere könnten au Porteur gestelt, und die Realisirung, sowie die Banconoten versichert werden. Dann es ist garnicht zu vermuthen, dass gar zu grose Summen zu realisiren verlangt werden, und in kurzer Zeit werden diese Papiere mit Agio weggesucht werden, derohalben ist auch ganz unnöthig, dass der Name des Debitors oder Guths im Pfandbriefe benennet steht.

Dieses wichtige Werk könnte gleich eingerichtet werden, ohne vieles con- und referiren, weil einem jeden frey steht, sich dieser Hülfe zu bedienen, oder nicht, und keine Garantie der Landstände erfordert wird. Die Generalhypotheken-Casse ist ganz allein Garantie genug, und diese ist durch die verpfändeten Güther und prompte Justice im Stande ihrer Garantie Genüge zu leisten.

Achtens. Müsste bey schwerer Strafe verboten werden, keine dergleichen Pfandbriefe ausser Landes zu senden, auch keinen Fremden erlaubt seyn, durch sich selbst oder hiesige dieselben zu kaufen, und die Interessen ausser Landes zu ziehen, bey Verlust des ganzen Capitals, als die ½te dem Angeber, und die ½te an die Generalhypotheken-Casse. Es sey dann, dass der Fremde seine Interessen hier im Lande verzehrt, auf diese Art gehen keine Interessen ausser Landes und die Sache hilft, und regulirt sich durch sich selbst, und ist weit vortheilhafter, als wann zu den allerniedrigsten Interessen ausser Landes ein Capital negociirt würde, wo in einer gewissen Zeit das ganze negocirte Capital durch die Interessen ausser Landes geht und après das Land dennoch das ganze Capital ausser Landes zu zahlen schuldig bleibt. Man nehme nur zum Beyspiel, in Holland tragen die Landschaftlichen Obligations nur 2½ pr.C. Interessen, und können nicht gleich in's Geld gesetzt werden, wie diese Papiere. Wie viel mehreren Werth haben also nicht diese Papiere, die 4 pr.C. Interessen tragen, und alle Tage, wanns einer verlangt, in Baaren können verwandelt werden; würden nicht die Holländer uns unvermerkt alle unsere Papiere wegfischen, und uns durch uns selbst ruiniren?

Neuntens. Müssten alle diese Papiere in allen Handel und Wandel als baar Geld coursiren, und selbst die Interessen auf Tag und Stunde mit in Anschlag kommen, um aber den Posten nicht zu schaden, müsste bey Versendung dieser Papiere 1/4 pr. Ct. Porto davon bezahlt werden, sonst würden die Posten an dem Transport des baaren Geldes zu viel leiden.

Wollte man nun diese Papiere successive auf eine solide Art wieder aus der Welt haben, welches nach der Politique absolument nothwendig ist, so wäre zugleich dieser Satz zu nehmen: dass es keinen Capitalisten erlaubt wäre, auf die ersten Hypotheken der Landgüter mehr als 4 pr. Ct. Zinsen zu nehmen.

Sobald nun durch diesen Plan der Ueberfluss an baarem Gelde durch diese Papiere erfolgt ist, so ist es ganz natürlich, dass die Interessen fallen; die Gütherbesitzer haben also Gelegenheit à 4 pr. Ct. Zinsen, und darunter von dem Capitalisten Gelder zu erhalten, sie brauchen nach diesem Plan keine Aufkündigung bey der General-Hypotheken-Casse; Sie nehmen Pfandbriefe, aber kein baar Geld: reichen es der General-Hypotheken-Casse ein, und sogleich ist ihre Hypothek gelöscht; und auf diese Art wandern die Papiere aus der Welt, und dieses bewürket das 1/2 pr. Ct., oder besser 1 pr. C. Interesse, so die General-Hypotheken-Casse mehr nimmt, als der Capitaliste. Es ist eine sichere, und unumstössliche Regel, dass man niemalen eine Sache einrichten muss, wenn sie zum Wohl des ganzen Staats sonst reussiren soll, dass man vor Ueberfluss sorgt, auch nicht weniger auf den Abfluss Bedacht genommen wird, sonst kommt das baare Geld ausser seinen Werth (und geht so, wie das Sprichwort heisst, am Ende gilt der Beutel, so viel, wie das Geld). Es ist die grösste Finance, die in einem Staat absolut muss observirt werden, dass Geld, Grundstücke und Waaren, gegeneinander in einem billigen und verhältnissmässigen Werth erhalten werden, sonst zerfällt die beste Einrichtung, und ruinirt sich Eins mit dem Andern.

Es ist gar keine Kunst, durch diesen Plan die Grundstücke in Werth mehr als 50 pr. Ct. steigend zu machen; Dieses ist aber eben so unglücklich für das Land, als der Verfall der Grundstücke selbst.

Man könnte annoch den Einwurf machen, was diejenigen Eigenthümer der Grundstücke von diesem Plan profitiren würden, die $^{3}/_{4}$ und darüber bereits verschuldet? Solches ergiebt sich klar aus allem Vorhergehenden, dass

A. selbige dadurch profitiren, dass sie, da die Gelder vermehrt, nicht so sehr von ihren Creditores gedrückt werden dürfen.

B. Und gesetzt es käme bey denenselben zum Concurs, so würden die Güther auf 20 bis 30 pr. Ct. höher im Preis verkauft werden, da ein jeder der Käufer gleich die $^{1}/_{2}$ à $^{2}/_{3}$ der Taxe Darlehn zu nehmen weiss. Dagegen selbige anjezo noch unter die Concurs Taxe weggehen, so, dass öfters kaum die $^{1}/_{2}$ der Hypotheken-Gläubiger bezahlt werden, da im Gegentheil durch diesen Plan, wenn nicht etwas Ueberfluss, doch dieses wenigstens nie arriviren kann. Einen Plan aber zu entwerfen, demjenigen zu helfen, welcher schon über und über verschuldet, ist, ohne ihm baares Geld zu schenken nicht möglich.

Man rechne da die Mehresten des Adels fast ruinirt, wie es in Ansehung Ihrer Landgüther beschaffen seye; welche theils nicht mit hinlänglichem Vieh besetzt, wodurch der Dünger ausfällt, gefolglich auch successive die Erndten schlechter werden müssen: wovon sollen nun diese ihre Zinsen bezahlen? Ihre Güther werden täglich mehr deteriorirt und schlechter im Werth, man gehe auf ihre Unterthanen zurück, die bei Misswachs und Viehsterben, ihre Unterstützung bey der Herrschaft, die sich jezt selber nicht helfen kann, suchen sollen; und wo werden am Ende die Prästanda, die sie dem Könige leisten müssen, herkommen? Durch den deteriorten Acker verliehret nicht allein der Eigenthümer und Unterthan, sondern auch der König und das ganze Land.

Es wäre zu wünschen, dass Ew. K. M. unmaassgeblich diesen Plan gemäss auf die Grundstücke derer Häuser in den Hauptstädten des Landes ebenfalls etabliren liessen, welches sehr leicht einzurichten wäre: So würden viele hundert Prozesse cessiren und nicht so erstaunend viele unwissende Menschen unglücklich gemacht, und gänzlich um das Ihrige gebracht werden. Dieses Werk kann für des ganzen Landes Wohlfahrt eines der wichtigsten werden, wenn es reell und mit der gehörigen Vorsicht eingerichtet wird, und wird es in der Folge dem ganzen Staat eine innere Force geben, die fast die genauesten und grössten Einsichten übersteigen wird.

Hierbey erfolgt noch ein Plan zur Unterstützung dieses vom nemlichen Dato entworfen in Ansehung des Getreydes. Desgleichen auch ein Plan, wie es auf die Grundstücke der Häuser zu appliciren, wo es nicht so difficil, wie auf die Landgüther; wie es bereits den 25. Februar 1767 auf Allerhöchst Königl. Specialbefehl vom 24. Febr. in Vorschlag gebracht.

III. VERZEICHNIS DER BENUTZTEN AKTEN UND DRUCKSCHRIFTEN.

I. AKTEN.

A. Geheimes Staats-Archiv zu Berlin.[1])

Acta des Kabinets König Friedrichs II.: Schlesische Landschaft. Rep. 96. 426. R.

Acta des Kabinets König Friedrich Wilhelms II. Die Landschaft und das Creditwesen in Schlesien. Rep. 96. 249. D.

Acta des Kabinets König Friedrich Wilhelms III.:

1) Die Schlesische Landschaft. 1797—1804. Rep. 89. 62. B.
2) Die Ostpreussische Landschaft. 1798—1804. Rep. 89. 62. C.
3) Die Westpreussische Landschaft. 1798—1804. Rep. 89. 62. D.
4) Die Pommersche Landschaft. 1798—1804. Rep. 89. 62. E.
5) Gravamina der Ostpreussischen Stände. Rep. 89. 118. B.

Acta der Geheimen Registratur des Staatskanzlers:

1) Landschaftssachen: Generalia. Rep. 74. J. IV. 2.
2) Landschaft und Stände, Ostpreussen 2. Rep. 74. J. IV.
3) „ „ „ Pommern 2. Rep. 74. J. IV.
4) „ „ „ Schlesien 2. Rep. 74. J. IV.

Acta der Registratur des Civil-Cabinets: Die Association der unadlichen Grundstükke mit dem ritterschaftlichen Creditsysteme, sowie die allgemeinen ständischen und landschaftlichen Verhältnisse der köllmischen Gutsbesitzer in Ostpreussen und Littauen. Rep. 89. A. XXVI. 6.

Acta des Ministeriums des Innern:

1) Ländliche Grundstücke, Gerechtsame und Verpflichtungen. Rep. 87. B. XIX. Gen. 3 vol. I—IV.
2) Die Erbverpachtung, Parzellierung, Veräusserung, Verschuldung und Vererbung ländlicher Güter und Grundstücke. Rep. 87. B. XIX. 2 vol. I—XVII.
3) Die Bestimmung des Werts und die hypothekarische Verschul-

---

1) Außer den hier aufgeführten Akten wurden bei den Landschaften noch zahlreiche Beleihungs- und Taxakten eingesehen, auf die, soweit es erforderlich erscheint, in den Fußnoten hingewiesen ist.

dung und Vererbung ländlicher Güter und Grundstücke. Rep. 87. B. XIX. 2 vol. I—XVII.

3) Die Bestimmung des Werts und die hypothekarische Verschuldung der Bauernhöfe. Rep. 87. B. XIX. 22 vol. I—IV.

4) Die Wahrnehmung der Rechte der Landschaften bei den prioritätischen Verpfändungen der bäuerlichen Abfindungen behufs der Gutseinrichtungskosten. Rep. 87. B, XXIII. 42.

Sitzungs-Protokolle der interimistischen Landesrepräsentanten. Rep. 77. 322. II. Reihe vol. 1—4.

B. Archiv des Ministeriums für Landwirtschaft, Domänen und Forsten zu Berlin.

Acta: Landschaftssachen, Generalia betreffend:

1) mehrere Vorschläge zur Verbesserung der landschaftlichen Credit-Institute. Gen. 9.
2) die in Antrag gebrachte Teilnahme bürgerlicher Gutsbesitzer an dem landschaftlichen Creditsystem in specie Westpreussen. Gen. 13.
3) den Zustand der landschaftlichen Creditsysteme. Gen. 15.
4) die Verhältnisse der landschaftlichen Creditinstitute gegen die obersten Staatsbehörden. Gen. 16.
5) den Einfluss des Ediktes vom 14. September 1811 wegen Regulirung der gutsherrlich-bäuerlichen Verhältnisse auf die landschaftlichen Creditsysteme. Gen. 21.
6) das Verhältnis der landschaftlichen Institute zu den Provinzial-Ständen. Gen. 33.

Acta: Landschafts-Sachen, Specialia:

1) Schlesien, Nr. 23. 36. 48.
2) Kur- und Neumark, Nr. 10.
3) Westpreussen, Nr. 4. 5. 14. 52.
4) Ostpreussen, Nr. 1.
5) Pommern, Nr. 28.
6) Posen, Nr. 1.
7) Provinz Posen, Nr. 20.
8) Schleswig-Holstein, Nr. 1.

Acta: Credit- und Bank-Sachen: Provinz Brandenburg, 2.

C. Staats-Archiv zu Danzig.

Acta Ober-Präsidialia:

1) v. Schön'sche Papiere: Statistische Nachrichten über den adligen Grundbesitz in Westpreussen. 161, Nr. 1.
2) betr. die Neue Westpreussische Landschaft. 161, Nr. 482.

3) betr. den Verkauf von Gütern, welche wegen landschaftlicher Zinsenreste zur Subhastation gestellt sind. 161, Nr. 503.
4) betr. den Westpreussischen landschaftl. General-Landtag im Jahre 1857. 161. Nr. 533.
5) betr. das Landschafts-Departement Bromberg. (Bepfandbriefungen). 161. Nr. 539.

D. Staats-Archiv zu Königsberg.

Acta in Sachen der Ostpreussischen Landschafts-Direction. 88 d.

Acta wegen eines für das Königreich Preussen zu projectirenden Credit-Reglements. 84 d.

Acta wegen einer vor Ostpreussen anzulegenden Credit-Casse. 84 d.

E. Staats-Archiv zu Posen.

Oberpräsidial-Akten:

1) Die Auseinandersetzung der Grundeigentümer mit ihren Gläubigern im Grossherzogtum Posen. Die Einführung eines landschaftl. Kredit-Systems. XV. A. 3.
2) Der Beitritt der Königl. Haupt-Bank mit ihren in hiesiger Provinz acquirierten Gütern zu dem landschaftlichen Kredit-System. XV. A. 21.
3) Die Petition der Landstände und die Bewilligung eines fernerweiten und freien Zutritts zu dem landschaftlichen Kredit-System. XV. A. 23.
4) Der Antrag der Provinzial-Landschafts-Direktionen auf Erhöhung der Taxen von bepfandbrieften Gütern. 1828—1844. XV. A. 24.
5) Die Einberufung der Generalversammlung der Landschaft. 1827. XV. B. 1.
6) Die Versammlung des Engeren Ausschusses im Jahre 1827. XV. B. 12.
7) Verschiedene Anträge wegen Regulierung der gutsherrlich-bäuerlichen Verhältnisse und die deshalb erhobenen Beschwerden. XVI. C. 3.

F. Staats-Archiv zu Stettin.

Acta Camera, wegen Einrichtung des Creditwesens von den von Adel in Pommern. I. 809.

G. Landschafts-Archiv zu Breslau.

Acta der Schlesischen General-Landschaftsdirektion:

1) Generalia betr. Einrichtung, Verfassung und Gesetzgebung der Landschaft. II. 30.

2) Die Verhandlungen des Engeren Ausschusses von 1770—1817. A. II. 1—53.
3) Generalia betr. Dismembrationen von Dominialvorwerken und Grundstücken. XII. 2.
4) Das Conclusum des Engeren Ausschusses von 1819 über total dismembrierte Güter.
5) Die gutsherrlichen und bäuerlichen Dienst-Reluitions-Verhältnisse auf Grund der Edicte vom 14. September 1811 und 29. Mai 1816. XII. 11.
6) Die Erweiterung der Schlesischen Landschaft durch Aufnahme des nicht-ritterschaftlichen Grundeigentums in den Kreditverband. E. I. 7.

H. Archiv der Kur- und Neumärkischen Haupt-Ritterschafts-Direktion zu Berlin.

General-Akten der Haupt-Ritterschafts-Direktion:
1) Die Gründung und Einrichtung des Kredit-Institutes. I. 1—17.
2) Die Begrenzung des Institutes und die Erfordernisse zur Pfandbriefbeleihung. II.
3) Die Verhandlungen der General-Versammlungen. IV.
4) Das Taxverfahren. V.

Akten der Direktion des Neuen Brandenburgischen Kredit-Institutes:
1) Die Errichtung eines Kredit-Institutes für den bäuerlichen Grundbesitz der Mark.
2) Die zur Ausbreitung der Wirksamkeit des Neuen Brandenburgischen Kredit-Institutes getroffenen Massnahmen. Gen. B. I.

J. Landschafts-Archiv zu Königsberg i. Pr.

Acta der General-Landschafts-Direktion:
1) Die Verhandlungen des Engeren Ausschusses von 1788—1811. XVI. 22—52.
2) Relationes über die Eng. Aussch. und Bescheide des Präsidenten. XVI. 21.
3) Der bei der Thronbesteigung König Friedrich Wilhelms III. gehaltene Landtag der Stände. XVI. 58.
4) Der Ostpreussische Landtag von 1798. XVI. 59.
5) Die General-Landtage von 1809—1847. Protokolle und Beilagen. XVI. 62—111.
6) Die vom statistischen Bureau verlangten Nachrichten. II. 12.
7) Die Ausschliessung der bäuerlichen Besitzungen von der Bepfandbriefung. II. 42.
8) Die Abzahlung der Kaufgelder-Raten der unter erleichterten Bedingungen verkauften Güter. II. 106.

9) Vorschläge zur Beförderung des Wohlstandes der Gutsbesitzer. II. 107.
10) Landschaftliche Aufsätze, Nachrichten und Tabellen. II. 45.

K. Landschafts-Archiv zu Stettin.

Acta Generalia der General-Landschafts-Direktion:

1) Die Protocolle der Sitzungen des Engeren Ausschusses von 1782—1848.
2) Die Protocolle der General-Landtage von 1822—1871.

L. Landschafts-Archiv zu Danzig.

Acta der Kgl. Westpreussischen Provinzial-Landschafts-Direktion zu Danzig:

1) Die Verordnungen der Generallandschaftsdirektion, Protocolle und Beschlüsse des Engeren Ausschusses von 1794—1809.
2) Die General-Landtage von 1809-1855.

M. Landschafts-Archiv zu Posen.

Acta Generalia:

1) Die Verhandlungen des Engeren Ausschusses und der General-Versammlungen von 1857—95.
2) Die erweiterte Wirksamkeit der Neuen Posener Landschaft. Nr. 82.
3) Der bäuerliche Realkredit. Nr. 442.

N. Landschafts-Archiv zu Halle a. S.

Akten der Landschafts-Direktion:

1) Das Statut des landschaftlichen Kreditverbands der Provinz Sachsen. Gen. I. 3.
2) Die Grundbuchbereinigung. Bd. I—IV.

O. Landständisches Archiv der Provinz Brandenburg in Berlin.

Tableau von den zum Neumärkischen Land- u. Hypotheken-Buche ressortierenden Gütern. Abt. II. L. VIII. 11.

II. DRUCKSCHRIFTEN.

1. Von ungenannten Verfassern.[1])

Gedanken eines Patrioten über den Entwurf zur Wiederherstellung des allgemeinen Credits des Schlesischen Adels. Berlin 1770.

Bemerkungen über die Schlesische Landschaft, besonders in den gegenwärtigen Zeitläuften. Breslau 1778.

Sieben Capitel, veranlasst durch die Verordnung vom 31. December 1789. Breslau 1790.

Über die Schlesischen Pfandbriefe und besonders über die Verordnung vom 31. December 1789. Breslau 1790.

Kurze Anmerkungen zu denen ganz neulich erschienenen Betrachtungen über die Schlesischen Pfandbriefe, und bes. über die Verordnung vom 31. December 1789. Breslau 1790.

Nur ein Paar Worte über die Kurzen Anmerkungen zu denen ganz neulich erschienenen Betrachtungen über die schles. Pfandbriefe und bes. über die Verordnung vom 31. December 1789. Breslau 1790.

Beleuchtung der Schrift über die Schlesischen Pfandbriefe und besonders über die Verordnung vom 31. Dezember 1789. Breslau 1790.

Litterarische Chronik von Schlesien. Breslau 1790.

Ausführliche Nachrichten über Schlesien. Salzburg 1794.

Versuch über das Steigen der Preise von allen Grundstücken, besonders der Landgüter in Hinterpommern und Bemerkungen über das Abschätzen der Landgüter. Stargard 1798.

Welchen Einfluss hat das Schlesische Creditsystem und die fortdauernde Vermehrung der Pfandbriefe auf den Staat? Breslau 1800.

Etwas über die Pommerschen Pfandbriefe. (Jahrbücher der Preuss. Monarchie 1801.)

Verlieren oder gewinnen die Gutsbesitzer des Preussischen Staates durch die Edicte vom 14. September 1811? Berlin 1813.

Schlesische Provinzialblätter von 1786—1837.

Annalen der Landwirtschaft von 1844—1870.

Verhandlungen der Engeren Ausschüsse und der General-Landtage der Schlesischen Landschaft (1810—1905).

Verhandlungen der General-Landtage der Ostpreussischen Landschaft (1839—1905).

Bericht der zur Untersuchung der Geld-Kredit-Institute eingesetzten Kommission der II. Kammer. Berlin 1852.

---

[1]) Außer den hier aufgeführten Druckschriften wurden noch benutzt: Die Verwaltungs- und Rechenschaftsberichte der einzelnen landschaftlichen Kreditinstitute, insbesondere für die Jahre 1895—1905.

Verhandlungen des Hauses der Abgeordneten im Jahre 1857.
Der Credit des ländlichen Grundbesitzes und der landschaftliche Creditverein im Grossherzogtum Posen. Posen 1860.
Zeitschrift des Königl. Preuss. statist. Bureaus. Jahrgang 1867.
Schlesische Zeitung. Jahrgang 1868.
Ostsee-Zeitung vom 30. Dezember 1870.
Berliner Revue. Bd. 69. Berlin 1872.
Denkschrift zur Säkularfeier des Kur- und Neumärkischen Ritterschaftlichen Kredit-Instituts. Berlin 1877.
Jahres-Bericht des landwirtschaftlichen Centralvereins für Schlesien. Breslau 1879.
Verhandlungen des Hauses der Abgeordneten in den Jahren 1879 u. 1883.
Preussens landwirtschaftliche Verwaltung 1881—1883.
Verhandlungen des Königl. Landes-Ökonomie-Kollegiums. 1882 u. 1883.
Schriften des Vereins für Socialpolitik. Leipzig 1882 u. 1883.
Verhandlungen des Deutschen Landwirtschaftsrats. 1887.
Denkschrift zur Feier des einhundertjährigen Bestehens der Ostpreussischen Landschaft. Königsberg 1887.
Bericht über den Zustand der Landeskultur in Westpreussen im Jahre 1891, erstattet von der Hauptverwaltung des Centralvereins. Danzig 1892.
Die Agrarkonferenz vom 28. Mai bis 2. Juni 1894. Berlin 1894.
Denkschrift über die zur Förderung der Landwirtschaft in den letzten Jahren ergriffenen Maßnahmen. Berlin 1896.
Archiv des Deutschen Landwirtschaftsrats. Jahrgang 1897—1901.
Festschrift zur Feier des 25jährigen Bestehens der Landschaft der Provinz Westfalen. Münster 1902.
Verhandlungen des Königl. Landes-Ökonomie-Kollegiums. 1906.

2. Von genannten Verfassern.

Avenarius, Ludwig, Über den Verkauf zahlreicher adeliger Güter in der Provinz Preussen nebst einer gedrängten Beschreibung der zum Verkauf gestellten Güter selbst. Halberstadt 1827.
Bassewitz, von, Die Kurmark Brandenburg vor 1806. Leipzig 1847.
Bergmann, Robert, Geschichte der Ostpreussischen Stände und Steuern von 1688—1704 (Staats- und socialw. Forschungen, Bd. XIX).
Böhme, Karl, Gutsherrlich-bäuerliche Verhältnisse in Ostpreussen während der Reformzeit von 1770—1830. Leipzig 1902.
Bornhak, C., Preussische Staats- und Rechtsgeschichte. Berlin 1903.
Brentano, L., Die Agrarreform in Preussen. 1897. (Volksw. Zeitfragen, Heft 148 u. 149.)
Brämer, H., Die Grundkreditinstitute in Preussen. (Zeitschr. d. kgl. preuss. statist. Bureaus, Jahrgang 1867).

Brünneck, W. von, Beiträge zur Geschichte und Dogmatik der Pfandbriefsysteme nach preussischem Recht. (Beitr. zur Erl. d. Deutschen Rechts, III. Folge. VIII. Jahrgang.)

— — Besprechung von „Knapp, G. F., Die Bauern-Befreiung und der Ursprung der Landarbeiter in den älteren Teilen Preussens". (Jahrb. f. Nat. u. Stat. Neue Folge. Bd. XVI.)

Buchenberger, A., Agrarwesen und Agrarpolitik. 1893.

Bülow, E. von, auf Cummerow, Über die Mittel zur Erhaltung der Grundbesitzer. Berlin 1814.

— — Die Verwaltung des Staatskanzlers Fürsten von Hardenberg 1821.

— — Über Preussens landschaftliche Creditvereine, die Reformen, deren sie bedürfen und über ein richtiges System der Boden-Nutzung und Schätzung. Berlin 1843.

Cohen, A., Die Verschuldung des bäuerlichen Grundbesitzes in Bayern von der Entstehung der Hypothek bis zum Beginn der Aufklärungsperiode (1598—1745). Leipzig 1906.

Dessmann, G., Geschichte der Schlesischen Agrarverfassung. Straßburg 1904.

Franz, R., Die Landschaftlichen Kreditinstitute in Preußen. Berlin 1902.

Gamp, Der landwirtschaftliche Credit und seine Befriedigung. Berlin 1883.

Gebel, A., Über die tiefe Verschuldung der Schlesischen Rittergüter und ihre Rettung durch erhöhten allgemeinen Wohlstand und Verbesserung in der Verwaltung ihrer Schulden. Berlin 1836.

Goltz, H., Graf von der, Über das Verhältnis der Grundeigentümer zu den übrigen Staatsbürgern. Breslau 1815.

Goltz, Th., Frh. von der, „Landschaften" (Wörterbuch der Volkswirtschaft).

— — Geschichte der deutschen Landwirtschaft. Stuttgart u. Berlin 1902/03.

— — Agrarwesen und Agrarpolitik. 1904.

Görtz, K. S. von, Zu dem Einhundertjährigen Jubiläum der Schlesischen Landschaft. Breslau 1870.

— — Die Verfassung und Verwaltung der Schlesischen Landschaft. Breslau 1886.

Guradze, F., Der Bauer in Posen. (Zeitschr. d. histor. Ges. f. d. Prov. Posen, Bd. XVII.)

Haxthausen, A., Frh. von, Die ländliche Verfassung in den einzelnen Provinzen der preussischen Monarchie. 1839.

Hagen, C. H., Über das Agrargesetz und die Anwendbarkeit desselben. Königsberg 1814.

Hecht, Felix, Die staatlichen und provinziellen Bodenkreditinstitute in Deutschland. Leipzig 1891.

— — Der Europäische Bodenkredit. Leipzig 1900.

— — Die deutschen Hypothekenbanken. Leipzig 1903.

Hermes, Landschaften. (Handw. d. Staatswissenschaften. 2. Aufl. 1901.)

Hildebrandt, G., Denkschrift zur Säcular-Feier der Pommerschen Landschaft am 13. März 1881.

— — Nachtrag zur Denkschrift für die Säkularfeier der Pommerschen Landschaft. 1906.

Hintze, O., Preussische Reformbestrebungen vor 1806 (Histor. Zeitschr. N. F. Bd. 40).

Holsche, A. K., Der Netze-District; ein Beitrag zur Länder- und Völkerkunde, mit statistischen Nachrichten. Königsberg 1793.

— — Geographie und Statistik von Westpreussen, Süd- und Neu-Ostpreussen. Berlin 1800—1807.

Hübner, O., Die Banken. Leipzig 1854.

Hugenberg, A., Bank- und Kreditwirtschaft des deutschen Mittelstandes. München 1906.

Jacobi, L., Ländliche Zustände in Schlesien während des vorigen Jahrhunderts. Breslau 1884.

Kahn, J., Geschichte des Zinsfusses in Deutschland seit 1815 und die Ursachen seiner Veränderung. Stuttgart 1884.

Klebs, J., Die Landeskulturgesetzgebung, deren Ausführung und Erfolge im Grossherzogtum Posen. Berlin 1860.

Klöber, von, Schlesien vor und seit dem Jahre 1740. Freiburg 1785.

Knapp, G. F., Die Bauern-Befreiung und der Ursprung der Landarbeiter in den älteren Teilen Preussens. Leipzig 1887.

Knobloch, von, Bemerkung über den Entwurf zu einem Posenschen Creditsystem. Thorn 1819.

Krug, Leopold, Betrachtungen über den Nationalreichtum des preussischen Staates und den Wohlstand seiner Bewohner. Berlin 1805.

Krüger, J. F., Über das landschaftliche Institut für das Grossherzogtum Posen in Beziehung auf dessen Nützlichkeit, die für dasselbe gegebenen Abschätzungsgrundsätze und deren Anwendung. Posen 1822.

Lackner, Darstellung der wirtschaftlichen und socialen Verhältnisse einer ostpreussischen Landgemeinde. Insterburg 1889.

Leweck, Bon, General-Landschafts-Direktor in Ostpreussen (1887—1905). Königsberg 1906.

Lette, A., Die Verteilung des Grundeigentums im Zusammenhange mit der Geschichte, der Gesetzgebung und den Volkszuständen. 1858.

— — Das landwirthschaftliche Kredit- und Hypothekenwesen. Berlin 1868.

Lehmann, Max, Freiherr von Stein. Leipzig 1902—1905.

Maercker, H., Geschichte des Schwetzer Kreises. (Zeitschr. d. Westpr. Geschichts-Verein XVII.)

Mascher, A. H., Der landwirthschaftliche Real- und Gewerbekredit oder: Wie kann den Klagen der Preuss. Landwirthe über Geld- und Kreditmangel abgeholfen werden? Potsdam 1863.

Matern, J., Die volkswirthschaftliche Aufgabe der landschaftlichen Hypothek-

Kredit-Institute und Grundzüge für die nothwendige Reorganisation. Berlin 1868.

Mauer, H., Die Verschuldungsgrenze für Bauerngüter in Preußen (1811—1843). (Archiv f. Sozialw. u. Sozialpolitik XXIV. 3. 1907.)

Meier, E., Die Reform der Verwaltungs-Organisation unter Stein und Hardenberg. 1882.

Meitzen, A., Der Boden und die landwirthschaftlichen Verhältnisse des Preussischen Staates. Bd. I.—VII. Berlin 1871—1906.

Merkel, Fr. Th., Beiträge zur Untersuchung über die Zulässigkeit und den Nutzen der gänzlichen Dismembration von adligen Gütern in Schlesien. Breslau 1803.

Meyer, Rudolf, Das Sinken der Grundrente und dessen mögliche soziale und politische Folgen. 1894.

Miaskowski, A. von, Zur Geschichte der neueren Veränderungen in der Verteilung des deutschen Grundeigentums. (Schmollers Jahrb. Bd. VI. 1882.)

— — Das Problem der Grundeigentumsverteilung in geschichtlicher Entwickelung. Leipzig 1896.

Möser, Justus, Patriotische Phantasieen. 1804.

Niendorf, M. A., Die Rittergüter der östlichen Provinzen. Berlin 1871.

Padberg, Die ländliche Verfassung in der Provinz Pommern. Stettin 1861.

Pertz, G. H., Das Leben des Ministers Freiherrn vom Stein. Berlin 1850.

Plehn, H., Zur Geschichte der Agrarverfassung von Ost- und Westpreussen. (Forschungen zur Brandenburg. u. Preuss. Geschichte. Bd. XVII. 2.)

Poschinger, H. von, Bankwesen und Bankpolitik. Berlin 1878.

Rabe, C. Ld. H., Darstellung des Wesens der Pfandbriefe in den Königlich Preussischen Staaten und der daraus entspringenden Rechte und Verbindlichkeiten. Halle u. Berlin 1818.

Reibnitz, E. W. von, Vorschläge für das Grossherzogtum Posen. Berlin 1815.

Rodbertus-Jagetzow, Zur Erklärung und Abhülfe der heutigen Creditnoth des Grundbesitzes. Berlin 1868 u. 1876.

Roscius, Über Westpreussen. Marienwerder 1832.

Rühl, F., Briefe und Aktenstücke zur Geschichte Preussens unter Friedrich Wilhelm III., vorzugsweise aus dem Nachlass von F. A. von Stägemann. Leipzig 1900.

— — Aus der Franzosenzeit. Leipzig 1901.

Sänger, C. von, Das ländliche Creditwesen. (Mitteilg. d. landw. Centr. Ver. f. d. Netzedistrict. 1857.)

Scheidelwitz, Denkschrift zur Feier des Einzugs in das Geschäftsgebäude des Landschaftlichen Kreditverb. d. Prov. Sachsen zu Halle a. S. am 21. Oktober 1885.

Schmidt, H., Der Angerburger Kreis in geschichtlicher, statistischer und topographischer Beziehung. Angerburg 1860.

Schmoller, G., Die neuesten Publikationen über die Lage des preussischen und deutschen Bauernstandes (Schmollers Jahrb. VII. 1883).

— — Die Vorschläge zur Beseitigung oder Einschränkung des Hypothekenkredits (Jahrb. XI, 1887).

— — Der Kampf des preuss. Königtums um die Erhaltung des Bauernstandes (Jahrb. XII, 1888).

— — Grundriss der allgemeinen Volkswirtschaftslehre II. Leipzig 1904.

Schubert, F. W., Statist. Beurteilung und Vergleichung einiger früherer Zustände mit der Gegenwart für die Prov. Preussen. (Zeitschr. d. Ver. f. Dtsche. Statistik, Heft I. 1847.)

Sering, M., Die innere Kolonisation im östlichen Deutschland. (Schr. d. Ver. f. Socp. 1893.)

Sombart, W., Der moderne Kapitalismus. Leipzig 1902.

Stadelmann, R., Preussens Könige in ihrer Thätigkeit für die Landeskultur. Leipzig 1878.

Strehl, W., Chronik von Krafftshagen. Danzig 1905.

Struensee, von, Über das landschaftliche System in Schlesien. Liegnitz u. Leipzig 1777.

Szoldrski, Graf Johann, Die landwirtschaftliche Entwicklung der Provinz Grossherzogtum Posen von 1772—1900. Posen 1903.

Troch, E., Die wirtschaftliche Bedeutung der staatlichen und provinziellen Bodenkreditinstitute in Deutschland für den ländlichen Grundbesitz. Jena 1905.

Thünen, von, Der isolierte Staat in Bezug auf Landwirtschaft und Nationalökonomie. Rostock 1826.

Ucke, A., Die Agrarkrisis während der zwanziger Jahre dieses Jahrhunderts. Halle 1888.

Ulrich, R., Denkschrift zur Säkular-Feier der Westpreussischen Landschaft. Marienwerder 1887.

Voigt, Johannes, Darstellung der ständischen Verhältnisse Ostpreussens vorzüglich der neuesten Zeit. Königsberg 1822.

Voss, C. von, Das Credit-Institut der Kur- und Neumärkischen Ritterschaft in seinem Verhältnis zu den nichtassocirten Rittergutsbesitzern. Berlin 1835.

Wartanian, G., Geschichte des landschaftlichen Kreditsystems der Provinz Schlesien bis zum Jahre 1870. Strassburg 1884.

Wegener, Ed., Die Landschaften und die preussischen Hypotheken-Actienbanken unter besonderer Berücksichtigung ihrer Beziehungen zu dem ländlichen Grundbesitze in Preussen. (Annalen des Deutschen Reichs, Jahrg. 1898.)

Wutke, H., Die Schlesischen Stände, ihr Wesen, ihr Wirken, und ihr Werth in alter und neuer Zeit. Leipzig 1847.

Zöllner, Joh. Fr., Briefe über Schlesien und die Grafschaft Glatz. Berlin 1792.

FSC
www.fsc.org
MIX
Papier | Fördert gute Waldnutzung
FSC® C083411

Kolibri 360 GmbH
Ferdinand-Jühlke-Straße 7
99095 Erfurt, Deutschland
produktsicherheit@kolibri360.de